처음 읽는
공산당 선언

처음 읽는 공산당 선언

초판 1쇄 펴낸날 2022년 1월 28일

지은이 한형식
펴낸이 이건복
펴낸곳 도서출판 동녘

주간 곽종구
편집 구형민 정경윤 박소연 김혜윤
마케팅 박세린
관리 서숙희 이주원

등록 제311-1980-01호 1980년 3월 25일
주소 (10881) 경기도 파주시 회동길 77-26
전화 영업 031-955-3000 편집 031-955-3005 **전송** 031-955-3009
블로그 www.dongnyok.com **전자우편** editor@dongnyok.com
인쇄·제본 새한문화사 **라미네이팅** 북웨어 **종이** 한서지업사

ISBN 978-89-7297-021-7 03300

처음 읽는
공산당 선언

Manifest
der Kommynistischen
Partei

동녘

일러두기

- 이 책에서 인용한《공산당 선언》의 본문은 Karl Marx u. Friedrich Engels, Werke, Bd. 4, S.459~493(Dietz Verlag Berlin, 1974) 판본을 번역하여 사용했다.
- 인용하거나 참조한 자료들은 독자의 편의를 위해 주(註)로 표시하지 않고 본문에서 언급하거나 책 말미의 참고자료에 밝혔다.

책을 읽기 전에

이 책은《공산당 선언》을 읽는 독자들이 텍스트를 더 잘 이해하도록 도움을 주기 위해 씌어졌다.《공산당 선언》은 쉽지 않은 텍스트다. 저자들이 이론적 논증을 하지 않았기 때문에 처음 읽으면 언뜻 복잡하지 않게 보일 수 있다. 그러나《공산당 선언》은 마르크스와 엥겔스가 이 책을 쓰기 전까지 연구한 거의 모든 주제들과 앞으로의 실천을 위한 과제라고 여긴 문제들을 포괄하고 있기 때문에 다루는 주제가 무척 많다. 그럼에도 불구하고 그 주제들을 선언적으로만 제시하고 있기 때문에 마르크스와 엥겔스가《공산당 선언》이전과 이후에 쓴 텍스트들을 읽지 않는다면 이 주장의 근거와 배경을 쉽게 이해하기 힘들다.

마르크스와 엥겔스는 《공산당 선언》을 이론적 저술로서가
아니라, 공산주의를 실천하기 위한 정치적 결사체의 선언문으
로 썼다. 그들의 정치적 의도와 지향을 이해하기 위해서는 실
천의 맥락을 아는 것도 필요하다. 《공산당 선언》을 쓸 무렵 유
럽 안팎에서 일어난 정치, 경제, 사회, 문화적 상황을 염두에
두고 텍스트를 읽어야 한다. 마르크스와 엥겔스는 실천을 위해
현실에 역사적으로 접근해야 한다고 생각했다. 따라서 1848년
이전과 이후의 세계가 겪은 역사적 과정에 대한 지식도 필요
하다.

이 책은 《공산당 선언》에 제시된 중요한 주제들과 그 주제
들을 이해하는 데 도움이 될 이론과 현실에서의 맥락을 소개한
다. 《공산당 선언》을 꼼꼼히 읽어 이해하려면 더 필요한 것이
무엇인지를 안내하는 역할을 하려는 것이다. 이 책은 《공산당
선언》의 차례에 따라 서술한 1장, 2장, 3장(4장과 통합)과 필자가
생각하는 《공산당 선언》의 의미를 다룬 덧붙이는 글로 구성되
어 있다. 또한 책 말미에 도움이 될 읽을거리들도 소개한다. 이
책이 마르크스주의의 역사와 개념, 이론을 초심자에게 소개하
는 역할을 전부 다 하지는 못하기 때문이다. 애초에 실천적 목
적으로 쓴 텍스트이니만큼 당대의 현실에서 《공산당 선언》이
가진 의미와 함께 1848년 이후 오늘날까지의 현실에 어떤 영향
을 주었는지도 간략히 소개하려 한다. 책 말미에 실린 덧붙이는
글 1, 2와 3은 오늘의 세계를 《공산당 선언》의 관점에서 이해하

는 사례들이다.

　그리고 이 책은 저자 단독의 저술이 아니라 서울, 부산, 대구, 울산 등 여러 곳에서 노동자들과 함께 《공산당 선언》을 곱씹어 읽은 결과물을 정리한 것이다. "느리지만 꼼꼼히 읽겠습니다. 권위 있는 해석을 맹신하지 않겠습니다. 텍스트의 맥락을 무시하며 자의적으로 해석하지도 않겠습니다. 폭넓은 시야로 읽되 내 것이 되도록 노력하겠습니다. 곱씹으며 읽겠습니다." 모임의 참가자들은 이런 자세로 텍스트를 읽으려 했다. 이 책을 통해 《공산당 선언》에 접근하는 이들에게도 이렇게 곱씹어 읽기를 권하고 싶다.

차례

1장   부르주아와 프롤레타리아

2장   프롤레타리아와 공산주의자들

3장   프롤레타리아트의 공산주의와 다른 사회주의, 공산주의는 무엇이 다른가?

《공산당 선언》의 배경

1848년 무렵의 유럽

본문 앞의 짧은 이 글은《공산당 선언》이 출간될 무렵 유럽의 사회 상황과 두 사람이 이 책을 쓰게 된 계기를 알려준다. 글은 이렇게 시작한다. "하나의 유령이 유럽을 돌아다닌다. 공산주의라는 유령이. 낡은 유럽의 모든 세력들이 이 유령을 잡는 신성한 사냥을 위해 동맹을 맺었다. 교황과 차르, 메테르니히와 기조, 프랑스의 급진파와 독일의 경찰들이." 유럽에서는 1789년 프랑스혁명부터 1871년 파리코뮌에 이르기까지 백 년에 걸쳐 혁명이 반복적으로 일어났다. 혁명이 전 유럽으로 확산되자, 이에 맞서 기존 체제를 옹호하는 보수주의 정치 세력들은 신성동맹을 맺는다. "신성한 사냥"이란 표현은 신성동맹의 보수주의자들이 급진주의자들을 사냥하듯이 몰아내던 당시 상황을 보여준다. 교황, 러시아 황제인 차르, 오스트리아의 수상이었던 클레멘스 메테르니히Klemens Metternich는 신성동맹에 참여한 당시 보수 정치 세력의 대표자들이다. 교황을 대표로 하는 가톨릭 세력은 구체제를 대변했다. 러시아의 차르는 유럽에서 일어난 혁명을 군대를 동원해 진압하고 유럽의 왕실 세력을 혁명으로부터 구원했다. 19세기 이래 유럽의 진보 세력들은 러시아를 반동의 보루로 여겼다. 프랑수아 기조François Guizot는 프랑스 외무장관, 수상을 역임한 인물로 선거권 개혁과 사회보장법 개정에 반대함으로써 프랑스의 2월 혁명이 일어나도록 한 책임이 있다. 프랑스의 급진주의자들은 정치적 평등만 주장하고 경제적 문제, 소유권 문제는 도외시했다. 그래서 공산주의자들의 사적 소유 폐지 주장에 반대했다. 정치적 진보에 제한된 운동 노선의 한계를 잘 보여주는 사례다. 이 모든 세력들이 공산주의의 적대자들이었다.

그렇다면 공산주의자들은 누구인가? 공산주의의 등장은 노동자계급의 성장을 배경으로 한다. 성장하는 노동자계급은 진보적 부르주아지의 노선인 민주적 공화주의를 넘어선 사회적 변화를 요구했다. 이런 요구를 대표하는 인물이 프랑스혁명 시기 프랑수아 바뵈프François Babeuf였고 19세기 초, 공산주의는 그의 주장을 계승한 정치 노선을 주로 의미했다. 바뵈프는

1796년 평등주의자 음모 사건으로 처형되었지만 1828년 이후 바뵈프 노선을 계승한 필리포 부오나로티Filippo Buonarrotti의 영향으로 공산주의자들의 비밀결사가 잇달아 등장했다. 《공산당 선언》이라는 제목도 바뵈프의 〈평등한 자들의 선언〉을 연상시킨다. 마르크스는 바뵈프의 두 계승자인 부오나로티 그리고 테오도르 데자미Théodore Dézamy의 영향을 모두 받았다. 마르크스는 《신성가족》에서 데자미를 "가장 과학적인 프랑스 공산주의자들" 중 하나로 높이 평가했다.

영국에서도 노동자 운동이 나타났다. 1839년 영국에서 경제공황이 시작되었고 영국의 노동자들은 1839년 130만 명, 1842년 330만 명의 서명을 받아 투표권을 모든 성인 남성에게로 확대하라고 요구했다. 이들을 차티스트라고 불렀다. 1840년대 대규모 실업이 발생했고 3년간의 흉년이 겹쳤다. 1845년 감자마름병이 영국, 스코틀랜드, 아일랜드 전역에 퍼진다. 그 유명한 아일랜드 대기근이 발생해 수백만 명이 죽거나 외국으로 이주했다. 이 시기 영국에서는 'Hungry Forties'라는 말이 생길 정도로 심각한 경제적 곤란이 이어졌다. 과거에는 생산물의 절대적 부족을 의미했던 빈곤의 양상이 달라졌다. 산업혁명으로 생산력이 급속하게 발전하는데도 한편에서는 빈곤이 만연하자 '풍요에서 오는 빈곤'이라는 개념이 등장했다. 영국, 프랑스에 이어 독일도 급속하게 산업화하면서 노동자계급이 빠르게 늘어났다. 이들 가운데 급진적인 성향의 사람들은 정치적 탄압을 피해 프랑스로 망명해 집단을 형성하기 시작했다.《공산당 선언》은 이런 상황에서 나왔다. 급진적인 망명 노동자들의 정치결사인 공산주의자 동맹은 회원이었던 마르크스와 엥겔스에게 동맹의 공식 입장을 표명하는 글을 작성하도록 위임했다.

당시에도 오늘날처럼 권력을 가진 사람이 반대편에 있는 사람을 모두 공산주의자라고 부르고, 진보적인 반대파나 반동적인 적수들에게까지 함부로 공산주의라는 낙인을 찍었다. "집권한 적들로부터 공산주의적이라고 비난받은 적이 없는 반대당이 어디 있을까? 자신들보다 진보적인 반대파 사람들에게나 더 반동적인 적들에게까지 공산주의라는 낙인을 찍어 되받아친 적이 없었던 반대당이 어디 있을까?" 공산주의가 실재하지 않는 유령이 아니라 정치적 실체가 되었기 때문에 보수파들이 두려워하고 귀신을 쫓듯이 몰아내려 했을 것이다. 반동적인 적수에게까지 공산주의자라는 딱지를 붙였던 세력들은 공산주의가 진짜로 주장하는 바와 상관없이 공산주의라는 말을 사용했다. 실체 없는 유령 같다는 말은 이런 의미이기도 하다. 그래서 공산주의자 입장에서는 진짜 공산주의가 무엇인지 밝혀서 아무에게나 붙이는 딱지를 구별해야 했다. 공산주의의 정체를 모호하게 하는 것은 유령으로 되돌리는 것이다. 이는 저자들의 의도가 결코 아니었다. 그래서 마르크스는 "지금이 바로 공산주의자들이 자신의 견해, 목적, 의도를 온 세상에 공표"할 때라고 주장한다. 진짜 공산주의의 견해, 목적, 의도를 분명히 밝히는 것이 마르크스와 엥겔스가《공산당 선언》을 쓴 목적이다.

《공산당 선언》이 나오기까지

마르크스와 엥겔스는 둘 다 독일의 라인란트 주에서 몇 년 차이로 태어났다. 부모의 정치적 성향은 반대였지만(엥겔스의 부모는 보수적인 공장주였고, 마르크스의 아버지는 자유주의 성향의 변호사였다) 두 사람 모두 상류층 출신이었고 교육 수준도 높았다. 두 사람은 '라인란트 급진주의'라고 부르는 정치적 흐름의 영향을 받으며 성장했다. '라인란트 급진주의'는 1789년 프랑스혁명과 1830년 프랑스 7월 혁명의 영향을 받은 독일의 급진주의 정치 문화였다. 이 흐름은 영국과 프랑스의 계몽주의, 자코뱅Jacobins, 생 시몽Saint Simon, 샤를 푸리에Charles Fourier, 로버트 오언Robert Owen 등에서도 영향을 받았다. 라인란트 급진주의자들은 개인 사이의 관계, 가족관계, 도덕, 종교, 법률 그리고 정부까지도 완전히 바꿔야 한다고 생각한 사람들이었다.

7월 혁명은 부르주아계급이 자신들의 이해관계를 담은 자본주의 원칙과 자유주의 정치 원리를 헌법으로 보장받아 재확인한 사건이다. 7월 혁명으로 프랑스의 왕위에 오른 '시민왕 루이'는 자본주의와 헌법적 통치라는 중간계급의 이념을 상징

했다. 이때 제정된 헌법에서 언론 자유, 사상과 믿음의 자유, 사법 독립 같은 기본권이 확립되었다. 하지만 근대 민주주의의 핵심인 보통선거권은 급진주의에 대한 두려움 때문에 채택되지 않았다.

청년기의 마르크스와 엥겔스에게 또 다른 지적 영향을 준 것은 청년헤겔학파였다. 그중에서도 급진적 성향을 가진 모제스 헤스Moses Hess의 영향이 가장 컸다. 헤스는 정치적 자유주의는 빈곤 문제 해결 없이 실현될 수 없다고 생각했다. 그래서 마르크스와 엥겔스도 경제문제에 관심을 가지기 시작했다. 그들은 헤스를 통해 프랑스 사회주의도 접하게 된다. 헤스, 마르크스, 엥겔스는 함께 출판물을 발행하고 정치 활동을 했다. 독일 정부의 요주의 인물이 된 그들은 벨기에와 프랑스로 이주해야 했다.

파리에 간 마르크스는 프랑스 노동자들의 모임에 참석해 큰 인상을 받았다. 1848년 이전의 급진적 노동자들은 경제적 경쟁이 사회문제의 가장 큰 원인이라고 봤다. 당시의 급진적 노동자 운동은 여러 형태의 연합association, 비자본주의적 방식으로의 노동의 조직, 노동할 권리 등을 중요하게 생각했다. 그래서 주로 생산과 소비협동조합의 강화, 사회복지에서 해결책을 찾으려 했다. "프롤레타리아혁명과 생산수단의 사회적 소유"는 아직은 멀리 있는 과제였다. 《신라인 신문》을 발행할 당시의 마르크스도 유럽에서 프롤레타리아혁명은 비현실적인 주장이기에 노동자들의 정치적 독립을 반대하고 프롤레타리아트와 부르주아 민주주의자들의 연합을 주장했다. 엥겔스는 1843년부터 재산의 공동 소유에 입각한 사회 개조와 혁명을 주장하기 시작했고 마르크스는 조금 늦은 1844년 무렵부터 스스로 공산주의자라고 생각했다.

책의 제목으로 사용한 '공산주의'라는 용어는 자코뱅 좌파의 영향으로 1820년대 이후에 널리 쓰이기 시작했다. 공산주의와 지금도 혼용되는 사회주의는 1820년대 이후 공산주의와 의미 구분 없이 많이 사용되었는데,《공산당 선언》이 나온 1848년 무렵에는 사회주의, 공산주의를 의식적으로 다르게 사용하는 경향이 늘어났다. 마르크스와 엥겔스도《공산당 선언》을 쓸 시기에는 중간계급의 노선을 사회주의, 프롤레타리아트의 입장을 담은 노선을 공산주의라고 불렀다. 엥겔스는《공산당 선언》1890년 독일어판 서문에서 "1847년에 사회주의는 부르주아 운동을, 공산주의는 노동자계급 운동을 의미했다"라고 밝히고 있다. 공산주의자 동맹의 표어가 "모든 사람들은 형제다"에서 "만국의 프롤레타리아여, 단결하라"로 변경된 것은 이런 용법의 변화를 반영한 것이다. 사회주의와 공산주의를 구별함으로써 노동자계급 운동의 독자성을 강조한 것이다. 이 표어는《공산당 선언》의 마지막 문장으로도 사용되었다.

다음으로 '공산주의자 동맹'에 대해 알아보자. 1836~1837년에 파리로 망명한 독일 출신 노동자들, 지식인들이 '정의로운 자들의 동맹Bund der Gerechten'을 결성했다. 이들은 자유는 평등을 통해 실현되므로, 재산을 집단으로 소유해야 한다고 주장했다. 마르크스와 엥겔스는 1847년 이 동맹에 가입해 좀 더 급진적으로 조직을 재구성하기로 결심한다. 재조직된 단체가 바로 '공산주의자 동맹'이다. 1847년 6월 2~9일에 런던에서 열린 대회에서 '공산주의자 동맹Bund der Kommunisten'이 정식으로 출범되었다. '공산주의자 동맹'은 오늘날과 같은 의미의 당이라기보다는 공산주의적 노동자들, 지식인들의 네트워크에 가까웠다. 런던, 브뤼셀, 파리, 콜로뉴, 베른, 로잔 등에 지부를 두었다. 규모가 큰 런던에는 90명 정도의 회원이 있었고 전체 회원은 300명 남짓에 불과했다. 이 동맹의 공식적인 주장을 담은 문헌이 《공산당 선언》이다.

1847년 11월 29일부터 12월 8일까지 런던에서 열린 제2차 공산주의자 동맹 총회에서 마르크스와 엥겔스에게 강령 작성을 위임했다. 엥겔스가 먼저 가톨릭교회의 교리문답 방식을 본떠 〈공산주의 신조 초안〉, 〈공산주의의 원리〉를 작성했다. 그러나 만족스럽지 않다고 판단해 형식을 선언문 방식으로 바꾸기로 하고 마르크스는 엥겔스의 이전 저작들의 내용을 확장해 40~50일간의 작업을 거쳐 강령을 완성했다. 당시 브뤼셀에 있던 마르크스는 런던의 동맹 사무실로 1848년 1월 30일에 원고를 발송했고 2월에 인쇄되었다. 1848년 3월까지 《공산당 선언》 2000부가 유럽 전역에 배포되었으나 1848년 2월에 파리를 시작으로 전 유럽에서 일어난 혁명에 영향을 미친 것은 아니었다. 《공산당 선언》의 첫판은 런던에서 출간되었지만 독일어로 작성되었다. 서두에 여러 언어로 출판한다는 계획을 공언했지만 당시에는 실행되지 못했다. 처음 출판된 판본들은 23, 24, 30쪽 분량이었다. 동일한 내용인데 편집에 따라 쪽수가 달라진 것이다. 한편 공산주의자 동맹은 1852년에 해산했다.

1850년 최초로 영어 번역본이 나왔는데 제목은 'Manifesto of the German Communist Party'였다. 하지만 영국과 다른 유럽 나라들에서 《공산당 선언》은 잊힌 책이 되었다. 이후 수십 년 동안 독일의 노동운동이 큰 세력으로 성장하면서 그제서야 마르크스의 입장을 운동의 이념으로 채택하게 된다. 독일 노동운동 집단이 주도해 독일어 2판을 발행하면서 이 책은 대중적으로 확산되었다.

그런데 20세기에 존재했던 공산주의사회에서 《공산당 선언》의 제목이 논란거리가 될 것이라고 예상한 사람들이 있었을까? 그것도 공산주의가 아니라 '당'이 문제여서 말이다. 공산주의에 적극적으로 찬성하는 사람들 한편에서는 당이 공산주의 실현의 핵심적이고 필수적인 정치적 수단이라고 믿었다. 당이 아니라면 어떤 수단으로 공산주의사회에 도달할 수 있을까? 또 공산주의사회가 오면 민중들은 명실상부 공산당과 한 몸이 될 텐데 당이 왜 문제라는 것인가? 그러나 다른 한편에서는 바로 그 당이 진정한 공산주의의 실현을 가로막는다고 믿었다. 전자는 그래서 《공산당 선언》이라는 책의 제목이 공산주의를 선언하고 실천하는 주체가 당이라는 생각을 마르크스 자신이 가졌던 증거라고 봤다. 후자는 《공산당 선언》을 《공산주의(자) 선언》으로 고쳐 불러야 당의 폐해를 알릴 수 있다고 믿었다.

양측은 자신들의 믿음의 근거를 각자 제시했다. 당 옹호자들은 《공산당 선언》의 당이 20세기에 실재했던 공산당과 같은 것임을 의심하지 않았다. 당 반대자들은 1872년에 발간된 《공산당 선언》 독일어 2판부터 '공산주의자 선언Das Kommunistische Manifesto'이라는 제목을 사용했으며 이후의 독일어판들은 모두 이 제목을 사용했다는 사실에 주목했다. 그들은 마르크스가 처음엔 당이란 조직을 공산주의 운동의 주체로 여겼지만 사상이 성숙하면서 당의 역할을 부정적으로 보았기에 제목을 바꾼 것이라고 주장했다.

그러나 1872년 이후로 나온 독일어 이외 언어의 번역판에는 '공산당 선언Manifesto of the Communist Party'이라는 제목을 계속 사용했다. 마르크스와 엥겔스가 살아 있을 때 발간된 모든 번역본을 검수했기에 이 제목도 그들의 뜻이었음은 분명하다. 따라서 두 가지 제목 사이의 차이는 큰 의미가 없다는 의견이 지배적이다. 또한 《공산주의(자) 선언》이라는 제목의 1872년 독일어 2판은 출판을 주도한 이가 독일의 사회민주주의자들이었다는 점도 중요하다. 마르크스의 노선을 따라 독일의 노동운동을 발전시키던 이들은 급속히 세력이 커지자 자신들의 노선을 분명히 표명하기 위해 마르크스·엥겔스의 《공산당 선언》을 사용하기로 했다. 그런데 이들은 오늘날 활동하는 형태의 근대적 대중정당을 처음으로 만든 집단이다. 독일사민당SPD이 그 당으로 지금도 독일 정당 체제의 한 축이다. 정당으로의 발전을 분명히 지향하고 있던 이들이 당을 부정해서 공산당 선언에서 당을 빼고 대신 '공산주의자 선언'이라는 이름을 붙였다고 보는 것은 설득력이 전혀 없다.

마르크스와 엥겔스가 1848년과 이후에 사용한 당partei이란 단어는 오늘날 민주주의 사회의 대중정당, 블라드미르 레닌Vladimir Lenin의 전위당 그리고 소련과 중국 혁명 이후의 공산당 중 어떤 것과도 상당히 다른 의미로 사용되었다. 1848년에는 이 당들 중에 어떤 것도 없었다. 19세기 중반 유럽에서 그리고 마르크스와 엥겔스가 사용한 용례에서 '당partei'이란 단어는 첫째 프랑스혁명 당시 자코뱅당, 지롱드당처럼 정치노선을 같이하는 정치인들의 좀 더 결속력 있는 파벌, 둘째 정치적 의견이나 정책적 목표를 같이하는 사람들의 느슨한 집단, 셋째 더 광범위하게는 정치적 의견을 공유하는 대중들의 집단이나 세력 등을 의미했지 구체적인 조직 형태를 의미하지는 않았다. 마르크스는 이런 넓은 의미로 당이라는 말을 쓰고 있다. 1850년에 쓴 〈프랑스에서의 계급투쟁〉에서는 파리의 프롤레타리아트가 1848년 2월 혁명 초기에 공화정 수립을 주저하는 부르주아지를 압박해 공화정을 선포하게 만든 사건을 설명하고 있다. 이때 파리의 프롤레타리아트는 체계적이고 공식적인 조직을 가지지 못했다. 혁명적 열기를 가진 프롤레타리아트 대중들의 대체적인 의견과 정서가 공화정을 원하고 있었다. 마르크스는 이런 상황을 "프롤레타리아트는 임시정부에 공화정을 명령하고…… '하나의 독립적인 정당'으로 전면에 나섰다"고 표현했다. 이때의 정당이 정치적 목표를 일시적으로 공유하는 대중들의 집단, 정치세력을 의미한 것은 분명하다.

그렇다고 해서 마르크스가 공산주의적 정치조직을 거부했다고 보는 것은 터무니없다. 마르크스가 《공산당 선언》을 작성하고, 실천적으로 개입해 만들려고 했던 것이 바로 당시에는 존재하지 않았던 전국적 그리고 국제적으로 연결되고, 하나의 정치노선으로 통일되어 효율적으로 움직이는 정치조직이었다. 20세기 이후 만들어진 여러 형태의 정당들과는 분명히 다르지만 마르크스는 '당'이라는 말로 이런 정치결사를 의미하기도 했다.

1848년에는 '공산주의자 동맹'을 영국의 차티스트운동 등과 연결하려 했고 1860년대에는 인터내셔널을 프롤레타리아트 혁명운동의 조직으로 발전시키려 노력했으며, 말년에는 1880년대 이후 합법화된 현대적 형태의 정당에 프롤레타리아트 운동의 정치적 조직을 기대하기도 했다. 《공산당 선언》 2장 서두의 공산주의자의 정의와 역할은 공산당의 정의라고 보아도 큰 문제는 없을 것이다. 20세기 이후 공산당의 역할에 대한 긍정, 부정의 평가를 1848년의 텍스트에 나온 '당'과 연결해 찬성하거나 반대하는 것은 둘 다 시대착오적이다. 사실 이 논쟁의 핵심은 공산주의자 혹은 당이 프롤레타리아트와 하나인가 아닌가, 프롤레타리아트의 위에서 지배적 지위에 있게 되는 것은 아닌지에 대한 것이다. 2장의 첫 부분도 바로 이 문제를 다루고 있다. 소련의 공산당이 마르크스가 초기부터 일관되게 주장한 공산주의 운동의 정치형태라는 믿음이나, 스탈린 시기 소련 공산당 같은 정치조직을 비판하기 위해 마르크스와 엥겔스가 1872년부터 당에 반대했음을 근거로 주장하는 것 역시 시대착오적이다.

《공산당 선언》은 말 그대로 공산주의의 원칙들을 명제의 형태로 단순하게 나열한다. 정치, 사회, 인간, 기술, 노동, 생산, 경제학, 무역, 도덕, 가족, 여성, 이데올로기, 계급, 전쟁, 평화, 정부, 민족 등의 수많은 주제들을 다룬다. 하지만 선언문이기에 이론적으로는 충분한 설명을 덧붙이지 않았다. 또 《공산당 선언》에는 당대의 정세에 개입하기 위한 선동적, 정치적 선언의 측면과 역사학, 철학, 사회학, 경제학이 혼합된 이론적 저서의 측면이 공존한다. 그래서 해석과 수용도 다양하다. 또한 문체도 현란하다. 《공산당 선언》의 문체는 단순한 논쟁 제기가 아닌 반란 행위로서의 의미가 있다는 평가를 받아왔다. 이 텍스트를 이해하는 데 문체도 반드시 염두에 둬야 한다. 수사적 표현을 액면 그대로 받아들여 발생한 오해가 적지 않았다.

《공산당 선언》은 특정한 역사적 상황에 대해 쓴 글이기에, 시대에 상관없이 보편적으로 적용하기에는 힘든 부분도 많다. 동시에 마르크스 사상의 발전의 한 단계만을 보여준다. 따라서 미성숙한 내용도 있다. 특히 경제 이론에서 그렇다. 대표적으로 '노동'의 판매와 '노동력'의 판매를 구별하지 못했다. 이 구분이 잉여가치와 착취에 대한 마르크스 이론의 핵심임을 고려하면《공산당 선언》의 역사적 위치를 알 수 있다. 또한 상품으로서 '노동'의 가격은 그것의 생산 비용이라는 견해, 즉 노동자를 살아 있게 하는 생리적으로 최소한의 비용이라는 견해는 성숙한 마르크스에게서는 유지되지 않는 리카르도적인 것이라는 평가도 많다.

인류 사회와 부르주아사회에 대한 역사적 분석 문제도 많은 논의의 대상이 되었다. 영국 역사가 에릭 홉스봄^{Eric Hobsbawm}은 마르크스가 경제사상에는 미성숙했던 것에 비해 '역사에 대한 유물론적 개념'은 1840년대 말에 이미 완성되어 있었고 거의 변화하지 않은 채 그의 말년까지 유지되었다고 본다. 그러나 자본주의사회가 자본주의에서 공산주의로의 이행하는 과정이 비자본주의사회에서도 동일한가에 대한 마르크스의 생각은 말년으로 가면 달라졌다. "사람들의 생활 상태, 그들의 사회적 연관들, 그들의 사회적 존재와 더불어 그들의 관념, 견해, 개념, 한마디로 그들의 의식 또한 변한다는 것을"《공산당 선언》 스스로가 보여준다.

　《공산당 선언》은 1장 〈부르주아와 프롤레타리아〉, 2장 〈프롤레타리아와 공산주의자들〉, 3장 〈사회주의와 공산주의 문헌〉, 4장 〈각각의 반정부 당들에 대한 공산주의자들의 입장〉으로 구성되어 있다. 제목에서 알 수 있듯이 자신들의 입장을 분명하게 진술한 것은 1장과 2장이다. 3장에서는 자신들 이전이나 당대의 다른 사회주의, 공산주의의 입장을 비판적으로 서술한다. 그들과 자신들이 어떤 점에서 다른지를 보여주기 위해서다. 4장도 당대의 반정부 운동들에 대해 공산주의자는 어떤 태도를 취해야 하는지를 짧게 서술했다.

1장

부르주아와 프롤레타리아

계급투쟁으로서의 역사

"지금까지의 모든 사회의 역사는 계급투쟁의 역사다"라는 첫 문장은 많은 의미를 담고 있다. 《공산당 선언》은 초월적, 보편적 원리가 아니라 현실의 역사에 토대를 두고 정치적 선언을 시작한다는 점에서 이례적이다. 프랑스혁명, 영국의 시민혁명, 미국의 독립전쟁이라는 세 정치혁명을 통해 정치적 근대가 성립했다. 이 혁명들에는 모두 《공산당 선언》과 같은 선언문이 있었다. 영국의 〈마그나 카르타Magna Carta〉, 프랑스의 〈인간과 시민의 권리선언Déclaration des droits de l'Homme et du citoyen〉, 미국의 〈독립선언문Declaration of Independence〉이 그것이다. 이 문헌들의 공통점은 보편적 권리의 근거를 천부인권 같은 초월적이고 보편적인 토대에서 연역해 정치적 주장을 펼친다는 것이다. 하지만 마르크스는 실제로 있었던 인간의 역사에 대한 연구와 분석에 근거해 정치적 주장을 한다.

마르크스가 보기에 인간 사회의 역사는 곧 계급투쟁의 역사다. 계급에는 전통적으로 두 가지 의미가 있다. 하나는 제도 또는 문화 의식으로서의 신분이다. 역사적으로 계급에 따라 가질 수 있는 직업이 다르고 다른 계급 사이의 결혼이 금지되는 경우도 많았다. 쉽게 구별하기 위해 의복의 색도 달리했다. 계급은 이렇게 문화적이고 의식적이고 제도적인 방식으로 주어진다. 계급의 또 하나의 의미는 권력의 배분 방식이다. 정치권력을 특정 사람만이 독점할 수 있도록 하는 명분을 위해 계급이 만들어진 것이다. 계급에 따라 올라갈 수 있는 지위와 관직이 정해져 있다. 이 계급관념에 따르면 근대사회는 모두가 평등한 무계급사회다. 마르크스는 정치적이고 사회적이며 문화적이었던 계급을 경제적으로 해석한다. 마르크스에게 계급의 실체는 경제적 조건이고 계급은 경제적 변화에 따라 변화한다.

1장의 제목은 자본주의사회를 이루는 두 계급의 이름이다. 엥겔스는《공산당 선언》의 1888년 영어판 서문에 쓴 주석에서 두 계급을 이렇게 정의했다. "부르주아지는 근대의 자본가계급으로, 사회의 생산수단의 소유자로 임금노동을 사용한다. 프롤레타리아트는 근대의 임금노동자계급으로 자신의 생산수단을 가지지 못했기 때문에 살 수 있으려면 자신들의 노동력을 판매해야만 한다." 마르크스와 엥겔스는《공산당 선언》이후에도 줄곧 이 정의를 사용한다. 마르크스의 계급 개념으로 보면 근대사회의 외관상의 평등 아래에 실질적 계급이 존재한다. 자본주의사회가 부르주아지와 프롤레타리아트라는 계급으로 재편된 이유는 경제적 발전 때문이다. 특히 생산수단의 소유를 둘러싼 경제적 관계가 중요하다. 이렇게 첫 문장은 마르크스와 엥겔스가 경제적 토대를 중심으로 한 유물론적 역사 해석에 근거해서《공산당 선언》을 저술했음을 보여준다.

유물론적 관점에서 역사를 본다는 것은 어떤 의미일까? 각 역사적 시대에는 고유한 경제적 생산의 양식이 있고 그것이 그 시대의 사회적 구조, 정치 및 문화의 기초를 이룬다는 의미다. 엥겔스는 1888년 영어판의 서문에서 이렇게 덧붙였다. "지금까지의 모든 사회의 역사는 계급투쟁의 역사이다"라는 말은 "정확히 말해 문자로 전승된 역사를 말한다…… 모건이 씨족의 진짜 본성과 종족 내에서 그것의 지위를 발견하면서 전형적 형태의 원시공산주의사회의 내부 구조가 마침내 밝혀졌다. 이 기원에 있었던 공동체가 해체되면서 사회는 특수하고 결국은 상호 대립하는 계급들로 분열하기 시작했다." 엥겔스가 이 주를 덧붙인 이유는 인류 역사의 초기에는 무계급사회가 존재했다는 것을 알려주기 위해서다. 계급은 역사적인 산물이다. 조건에 따라 생겨나고 변화하며 다시 사라지기도 할 것이다.

(1888년에 이 주를 단 것은 당시에 인류학과 역사학이 발달해 마르크스와 엥겔스가 가설로 생각했던 무계급사회의 존재를 입증하는 발견을 했기 때문이다. 엥겔스가 1886년에 발간한《가족, 사적 소유, 국가의 기원》은 이런 역사학 연구의 새로운 성과를 반영한 책이다.)

지금까지의 모든 역사적 시기들은 계급사회라는 공통점이 있지만 억압과 투쟁의 조건, 양상은 시기마다 다르다. 공산주의적 사회가 인류 역사의 초기에 존재했다가 사라진 이후로 역사 전체는 사회 발전의 다양한 단계에서 피착취계급과 착취계급, 피지배계급과 지배계급 사이의 투쟁의 역사였다. 수백 년간의 투쟁을 통해 봉건지주계급을 물리치고 새롭게 지배계급이 된 근대 부르주아지의 사회가 등장했다. 그러나 이 새로운 사회는 계급 대립을 없애지는 못했다. 근대의 혁명은 계급 지배와 투쟁을 폐지하는 혁명이 아니라 새로운 지배계급이 기존 지배계급을 대체하는 과정이었다. 근대로의 혁명의 결과 새로운 방식의 억압과 투쟁이 등장했다.

마르크스와 엥겔스는 자본주의사회의 현실에 대한 분석에서 출발한다. 자본주의사회는 부르주아지만이 생산수단을 소유하는 사회다. 생산수단에 대한 부르주아지의 독점에 근거하기 때문에 착취와 억압이 본질적이고 구조적으로 일어날 수밖에 없다. 착취나 억압이 본질적이라는 말은 우연적인 것이 아니라는 뜻이다. 착한 부르주아가 많아지면 착취와 억압이 없어질 수 있고 탐욕스러운 부르주아가 많아지면 착취가 심해지는 차원의 문제가 아니다. 부르주아들의 의지나 자의적인 선택과 관계없이 착취와 억압이 일어난다. 자본주의가 존재하기 위해서는 착취와 억압에 근거할 수밖에 없다.

근대 부르주아지는 생산과 교환 양식의 일련의 발전의 산물이다. 계급이라는 집단적 주체성은 사람들이 의식적으로 결단하고 조직을 만든 결과가 아니라 토대에서의 변화가 낳은 것이다. 이런 부르주아지의 발전이라는 경제적 변화에 정치의 발전이 상응한다. 경제적으로 성장한 계급이 정치권력을 장악한다. 경제적 변화가 근대국가와 근대국가의 권력자로서의 부르주아계급을 낳았기 때문에, 국가는 애초에 부르주아계급의 이해관계를 관철시키는 수단으로 만들어진 것이다. 마르크스에 따르면 근대국가는 전체 부르주아지의 공동 사무를 관리하는 위원회에 불과하다. 근대의 대의제 국가가 부르주아지의 정치적 성장에 부합하는 정치형태로 발전했다. 또한 자본주의의 세계적 확산과 식민지에 대한 수탈이 자본주의사회 발전의 새로운 토대를 제공했다. 한 사회 안의 계급 간 투쟁이 다른 사회들 사이의 세계적 규모의 투쟁으로 확산되는 것은 자본주의 역사의 초기부터 나타난 본질적 특징이다. 이렇게 사회문제를 윤리적인 문제나 개인의 문제로 보지 않고, '경제적 구조'의 문제로 본다는 것이 마르크스와 엥겔스 관점의 새로운 점이다.

이런 역사적 접근 방법은 헤겔 역사철학의 방법과도 분명히 다르다. 마르크스는 독일에서 벨기에를 거쳐 프랑스, 영국으로 망명했는데, 망명하기 전 독일에서 함께 어울렸던 집단이 헤겔의 지적 영향을 크게 받았던 청년헤겔주의자들이다. 헤겔은 역사를 항상 철학의 역사, 관념의 역사, 사상의 역사로 이해했다. 역사는 절대정신이 자신을 현실 속에서 드러내는 것이라고 본다. 인류의 역사는 고대 그리스에서부터 자유를 신장하는 목적을 실현하려 2500년 동안 진행된 것이라고 설명하는 식이다. 마르크스는 단일한 정신적 목표를 위해 인류 문명이 달려왔다는 목적론적 해석을 거부하고 물질적 현실 속에서의 계급투쟁의 과정이 역사라고 보았다. 정신적인 것을 버리고 현실로 돌아온 것이다. 역사는 고상하고 추상적인 것을 실현하기 위해 존재하지 않는다. 계급끼리 투쟁하는 피비린내 나고 잔인한 것이라 하더라도 현실에 기반해야 한다. 이렇게 첫 문장에는 마르크스와 엥겔스의 방법론, 세계관이 전제되어 있다.

그런데 흥미로운 문장 하나가 뒤이어 나온다. 마르크스는 계급투쟁의 역사는 "전체 사회가 혁명적으로 변모하면서 끝나거나 그렇지 않다면 투쟁하는 계급들이 함께 몰락하면서 끝나는 투쟁"이 될 것이라 보았다. 계급투쟁은 사회 전체가 완전히 새로워지며 끝날 수도 있지만, 두 계급 모두 멸망하며 끝날 수도 있다. 사람들은 혁명이 일어나면 항상 세상이 좋아질 거라고만 생각하지만 문명이 무너질 수도 있다는 것이다. 19세기에서 20세기 전반까지는 경제가 비약적으로 성장한 시기이자 정치적 민주화가 확장되던 시기였기에 인류는 미래에 대해 대체로 낙관적이었다. 그러나 두 번의 세계대전과 대공황을 겪으면서 비관론자가 많아졌다. 모순이 심화된 자본주의가 붕괴하면 저절로 더 좋은 세상이 올까? 마르크스는 인류가 새로운 세상을 만들 주체적 역량이 없다면 야만으로 돌아갈 수도 있다고 말한다.

부르주아사회의 생성, 발전, 붕괴의 역사

부르주아지의 등장과 빠른 성장

마르크스는 자본주의에는 긍정적인 측면도 있다고 보았다. 그는 자본주의사회가 이전의 어떤 사회와도 비교가 안 될 정도로 엄청나게 생산력을 증대했고, 생산력이 발전함에 따라 문명의 요소들, 교양 요소들이 사회 전반으로 확산되었다고 평가한다. 마르크스는 부르주아지의 역사적 역할을 이렇게 묘사했다.

"부르주아지는 역사에서 가장 혁명적인 역할을 했다."

"자신의 생산물의 시장을 멈추지 않고 확장하려는 필요 때문에 부르주아지는 전 지구로 내몰린다. 부르주아지는 어디에든 정주해야 하고, 뿌리를 내리며, 관계를 맺어야 한다."

"부르주아계급은 지배한 지 백 년도 되지 않았지만, 이전의 모든 세대들을 합친 것보다 더 많고 거대한 생산력을 만들어 냈다."

이 구절들이 마르크스가 부르주아지의 역할을 찬양하는 것이라고 이해한 대표자는 조지프 슘페터Joseph Schumpeter다. 그는 마르크스가 "대다수의 '부르주아' 경제학자도 간과한 자본가 계급의 '창조적' 역할을 강조"했다고 해석했다. 슘페터는 모든 경제학자들이 과학과 기술을 독립적 요인으로 취급한 데 반해 《공산당 선언》은 과학과 기술의 혁신을 "부르주아계급 문화의 산물"로 여겼다는 이유를 해석의 근거로 든다. 그 후 한나 아렌트Hannah Arendt는 마르크스가 사실은 근대 부르주아지의 찬양자였다고 단정하고, 뒤를 이어 이른바 탈근대론자들이 자본주의와 마르크스주의를 근대성 하나로 싸잡아 설명하기 위해 위의 문장들을 인용했다. 자본주의나 공산주의나 근대성을 본질로 하기에 다르지 않다는 것이 그들의 주장이다.

그러나 마르크스는 이 구절들 다음 부분에서 자본주의사회의 어두운 면과 붕괴의 필연성을 말하고 있다. 자본주의 붕괴를 더 극적으로 보이게 하는 수사법적 고려에서 부르주아지의 성취를 더 대단한 것으로 묘사한 면도 있다. 마르크스가 부르주아 문명, 근대성의 숭배자였음을 폭로하는 근거로 이 구절들을 드는 것은 텍스트 내부의 맥락을 무시한 왜곡이다. 마르크스를 부르주아지의 은밀한 찬양자나 근대성의 화신으로 보는 것은 명백한 왜곡이다. 근대 자본주의사회가 가져올 역사적 변화를 관찰하는 것이 마르크스의 관심사였다. 그 관찰의 결과 "부르주아지는 생산도구들, 또한 생산관계들, 또 사회관계들 전체를 끊임없이 혁명적으로 바꾸지 않는다면 존재할 수 없다"는 사실을 밝혀낸 것이다.

또한 마르크스는 자본주의의 번영이나 발전은 영원히 지속되지 않고, 자본주의는 언젠가 필연적으로 망할 수밖에 없다고 본다. 자본가들이 뭔가를 잘못해 자본주의가 망할 수도 있다는 것이 아니라, 개인이 어떻게 하든 간에 그것과 상관없이 자본주의는 본질적으로 붕괴될 수밖에 없다는 것이다. "부르주아적 생산관계와 교류관계들, 부르주아적 소유관계들, 즉 그렇게 강력한 생산과 교류의 수단을 불러내었던 근대 부르주아사회는 저승의 힘을 더 이상 통제할 수 없게 된 마술사와도 같다." 1848년 이후 마르크스와 엥겔스는 남은 생애 대부분을 자본주의의 작동과 붕괴의 원리를 과학적으로 밝히는 데 썼다.

생산도구, 생산력은 역사의 급격한 변화 모두와 연결되어 있다. 자본주의사회가 되면서 기존의 모든 다양한 관계들은 단 하나의 경제적 관계로 바뀌었다. 사회뿐 아니라, 주체의 내면에도 변화가 일어났다. "부르주아지는 한마디로 말하자면 종교적이고 정치적인 환상으로 가려왔던 착취를 공개적이고, 파렴치하며, 직접적이고, 건조한 착취로 바꿔놓았다." 전통사회에서는 충동적이면서 열광적이고 비타산적인 측면, 종교적 엑스터시 등이 사람들을 더 많이 사로잡았다. 서양의 매너, 기사도,

동양의 예의, 예절이 그 당시의 가치관을 잘 보여준다. 마르크스가 셰익스피어와 함께 즐겨 인용했던 돈키호테의 기사도도 비이성적인 열광을 보여주는 것이다. 이런 비이성적인 감정들이 자본주의의 이기적 타산 속에 빠져죽은 것이 근대사회다. 자본주의사회는 다채롭고 현란한 현상 아래에 도덕, 종교, 열정을 초월하는 '이익의 추구'라는 단 하나의 자유만이 허용되는 '단조로운' 세상이다.

자본주의의 처음에 세계화가 있었다

부르주아지는 세계를 가로지르는 지리적 활동을 통해 근대의 지배계급으로 성장했다. "대산업은 세계시장을 만들었는데, 그 시장은 아메리카의 발견이 준비해놓은 것이다. 세계시장은 상업, 해운, 육상운송에 측정할 수 없을 정도의 발전을 주었다. 이것이 산업의 확장에 다시 영향을 주었다"라는 이 구절처럼 역사적으로도 유럽 선진국에서 자본주의가 독자적으로 충분히 발전하고, 그 뒤에 세계시장을 개척하기 위해 지구적 확산에 나선 것이 아니다. 자본주의의 성립과 발전은 지구적 과정을 토대로 일어났다. 지배계급으로 성장하기 위해 부르주아지는 지구 어디나 간다. "자신의 생산물의 시장을 멈추지 않고 확장하려는 필요 때문에 부르주아지는 전 지구로 내몰린다. 부르주아지는 어디에든 정주해야 하고, 뿌리를 내리며, 관계를 맺어야 한다."

근대적 산업이 세계시장을 만들기 전에 아메리카 발견이 그 기초를 닦았다. 생산과 판매의 세계화가 새로운 욕구를 낳는다. 이 욕구는 다시 자본주의를 세계적으로 확장시킨다. 그 결과 "부르주아지는 산업의 발밑에서 민족적 토대를 빼앗아가 버렸다." 그리고 "전면적 교류, 민족들 서로 간의 전면적인 의존이 낡은 지역적이고 민족적인 자급자족과 고립을 대신한다. 물질적인 생산에서처럼 정신적인 생산에서도 그렇다. 개별 민족들의 정신적 산물들은 공동의 것이 된다. 민족의 일면성, 제한성은 점점 더 불가능해지고 많은 민족적이고 지방적인 문학들이 하나의 세계문학으로 성장한다."

마르크스는 자본주의의 세계적 팽창, 세계시장이 유럽 자본주의의 발전을 촉진시켰음을 지적한다. 자본주의가 세계로 뻗어나가는 동기는 이윤이고 그 방식은 결코 평화적이지 않았다. 유럽 부르주아지는 비자본주의사회에 자본주의를 강요했다. 유럽 밖의 비자본주의사회들은 원치 않았지만 자본주의 세상에 끌려들어갔고, 한번 들어간 세상에서 나갈 길을 찾기는 불가능했다. 세계화된 새로운 산업의 도입이 모든 사회의 생사가 걸린 문제가 된다. 유럽의 부르주아지가 다른 세계에 선전하고 강요하는 문명이란 실상은 부르주아지의 생산양식을 받아들이는 것, 부르주아지가 되는 것을 말한다. "한마디로 부르주아지는 자신의 모습을 본떠 세상을 창조한다." 성경 구절을 패러디한 이 문장처럼 부르주아지는 자신들이 신적인 힘을 가진 듯 행동했다.

유럽 부르주아지는 무력으로 비서구 사회를 개방시키거나, 값싼 상품으로 경제를 붕괴시켰다. 그리고 자신들의 방식으로 사회를 왜곡했다. "부르주아지는 모든 생산도구들의 빠른 개선 그리고 모든 교통(통신)의 끊임없는 편리를 통해 가장 야만적인 민족들까지도 문명으로 끌고 들어간다. 그들의 상품의 싼 가격은 중국의 모든 성벽을 무너뜨리고, 야만인들의 끈질긴 적대감을 굴복시킨 큰 대포였다." 여기서 나온 중국의 모든 성벽을 무너뜨렸다는 표현은 1839~1842년에 일어난 영국의 제국주의 침략 전쟁인 아편전쟁을 가리킨 것이다. 이 구절은 약간 수정되어야 한다. 값싼 상품이 큰 대포보다 위력적이어서 아시아 시장을 장악한 것이 아니었다. 큰 대포와 증기선을 앞세워 아시아에 절대적으로 불리한 교역 조건을 강제했기 때문에 조악하고 경쟁력이 없던 유럽 제품을 아시아에 팔 수 있었고, 큰 이윤을 얻을 수 있었다. 상품이 아니라 큰 대포로 성벽을 파괴하고, 무너진 성벽을 넘어 아시아 시장을 독점해 유럽 제품을 강매하는 방식으로 유럽 산업은 경쟁력을 키웠다.

마르크스는 식민지 수탈이 유럽 자본주의 발달에 얼마나 큰 영향을 미쳤는가를 언급한다. 21세기인 지금도 서구 사람들은 유럽이 산업혁명을 통해 제국주의 국가로 발전하는 이유를 유럽 내부에서만 찾는다. 즉, 유럽이 원래 우월한 문명을 가졌기에 자본주의가 유럽 내부의 원인에 의해서만 앞서 발전했고, 충분히 발전한 자본주의가 밖으로 팽창한 것이 제국주의라고 본다. 1848년 유럽의 백인인 마르크스가 유럽 자본주의 발전의 초기 단계에서 아메리카 점령, 식민지 수탈의 역할을 강조했다는 것은 특이하다. 그러나 더 이상은 아니었다.

《공산당 선언》은 근대 세계의 모든 투쟁을 유럽에서 부르주아지와 프롤레타리아트 사이의 투쟁으로 단순화한다는 비판을 받았다. 마르크스는 아메리카 플랜테이션의 아프리카 노예와 서유럽 공장의 임금노동자를 연결해 말하곤 했지만 플랜테이션의 흑인 노예들을 유럽의 백인 임금노동자의 어려운 처지를 표현하는 수사적 장치일 뿐 실제 존재하는 사람으로 인식하지 못했다는 지적도 있다. 마르크스는 민족, 종족, 부족, 젠더 등등의 차이에 예민하지 못한 백인, 남성이었을까? 평가는 엇갈린다. 《오리엔탈리즘》으로 유명한 에드워드 사이드Edward Said 이후로 탈식민주의자들은 마르크스가 유럽 중심주의에서 벗어나지 못한다고 비판한다.

《공산당 선언》의 마르크스는 유물론적 방법론을 강조하지만, 유럽 중심주의와 단선적 역사라는 헤겔의 유산으로부터 완전히 벗어나지는 못했다. 그는 비서구 사회가 자본주의로 발전하는 것은 필연적이라 생각했다. 따라서 자본주의의 세계적 확장, 식민주의가 정치적으로는 나쁜 것이지만, 역사적으로는 긍정적 역할을 한다는 생각에 끌린다. 제국주의 시대에 유럽인들, 그중에서도 에두아르트 베른슈타인Eduard Bernstein 같은 개량적 사회주의자들은 유럽 문명이 비자본주의사회를 역사적으로 발전시켜준다며 제국주의를 노골적으로 옹호했다. 하지만 말년의 마르크스는 러시아 농노의 혁명이 서유럽 노동계급의 사회주의혁명과 결합한다면 비자본주의적 경로를 통해 공산주의로 발전할 가능성이 있다고 인정한다.

최근의 마르크스 연구는 마르크스의 비서구 사회에 대한 입장이 1850년대 중반 이후로 계속 변화했다고 주장한다. 그들은 기존에 알려진 마르크스의 저술들을 재해석, 재조명하고 새로 출간된 미발간 원고들을 근거 자료로 제시한다. 특히 마르크스 생애 마지막 몇 년간의 주변부 사회에 대한 연구는 유럽 중심주의자 마르크스의 이미지를 상당히 지워버릴 만하다는 평가가 많다. 마르크스는 1856~1858년 무렵, 인도와 중국 문제를 다루면서 반식민주의적 입장으로 빠르게 이동했다. 말년의 마르크스는 모든 비자본주의사회가 공산주의로 발전하기 위해 필연적으로 자본주의사회를 거쳐야 한다는 단선적 역사관을 분명히 버린다. 정치경제학 연구에 몰두하면서 마르크스는 모든 사회를 일반적으로 설명하는 역사 발전의 법칙을 발견하는 것보다, 각각의 사회에 대한 구체적 분석이 더 중요하다는 유물론적 방법론을 확고히 해나갔다. 마르크스 문헌 연구자들은《자본》의 미발간 원고들 중에서 서유럽, 북미의 사회 발전과는 다른 경로를 러시아, 인도, 중국, 인도네시아 등의 비자본주의사회가 밟아나갈 것이라는 복선적 역사관을 뒷받침하는 원고들을 제시한다.

그렇다고 해서 《공산당 선언》이 유럽 중심주의를 적극적으로 표명한 것은 아니다. 아시아 등의 비자본주의사회들을 유럽 중심적으로 왜곡했다기보다 이 사회들에 대한 관심 자체가 부족하다고 하는 것이 맞다. 마르크스가 인도, 인도네시아, 중국, 러시아 등에 대해 연구하고 글을 쓰기 시작한 것은 1849년 런던으로 이주한 이후부터다. 1853년의 인도에 대한 마르크스의 글 몇 편은 영국이 인도를 식민 지배하는 것이 역사적 진보를 위해서는 긍정적 측면이 있다는 투의 언급을 했다. 이 글들은 오랫동안 마르크스의 유럽 중심주의, 단선적 역사관의 증거로 비판받았다. 또 개량주의자들의 제국주의 옹호의 근거로 악용되기도 했다.

마르크스의 인도 인식은 모든 인류 사회는 한 가지 길로만 발전한다는 단선적 역사관을 전제로 했다. 현재 세계의 여러 사회들이 상이한 모습인 것은 발전의 다른 단계에 있기 때문이다. 미래에 역사가 충분히 전개되면 모든 사회는 같은 모습으로 발전할 것이다. 다른 사회들은 완전히 다른 것이 아니라, 같은 과정의 다른 단계들에 위치한 것이다. 그래서 앞선 사회와 후진적인 사회라는 위계가 만들어진다. 앞선 사회의 특징을 유럽인들은 문명이라 불렀고, 그렇지 않은 사회의 특징은

야만이라 여겼다. 문명은 당연히 유럽 사회의 특징들을 의미했고 비서구 사회의 특징들은 무엇이든 야만으로 매도되었다. 유럽인들은 거기에 "더 높은 문명이 더 큰 권리를 가진다"는 주장을 자의적으로 추가했다. 이제 식민 지배는 야만을 문명으로 고양시키는 "백인의 사명"이 된다.

공산주의사회가 되기 위해 자본주의사회를 반드시 거쳐야 한다는 생각은 이런 단선적 역사관에 따른 것이다. 각기 다른 사회들이 공산주의사회로 가는 다른 길, 다른 방식, 다른 주체를 가질 수 있다는 생각을 복선적 역사관이라 부를 수 있다. 마르크스 이후 마르크스주의 역사관에서는 단계론적 특징이 두드러지게 나타났다. 인류는 원시공산사회, 고대 노예제사회, 중세 봉건사회, 자본주의사회, 사회주의사회라는 구별되는 단계들을 반드시 거쳐 공산주의에 도달한다. 역사적으로 후진적인 사회에서 공산주의는 먼 미래의 일이다. 그래서 그 사회가 머물러 있는 단계의 혁명 과제만이 중요해진다. 이 관점에서 보면 비서구 사회에서는 자본주의 발전이 불충분하고 노동자계급의 힘도 독자세력이 될 만큼 강하지 못한 것은 당연하다. 그런 상황에서 공산주의로 서둘러 가려는 것은 역사법칙에 어긋난다. 일단 자본주의 단계부터 제대로 발전해야 한다. 따라서 비서구 사회의 노동자계급은 그 사회의 지배계급 중에서 진보적 분파 등과 계급 동맹을 맺고, 해당 단계의 발전이라는 과제에 종사해야 한다.

단선적, 단계론적 역사관에서 보면, 비서구 사회의 피지배 민중들이 스스로 혁명의 주체가 되어, 그 사회만의 고유한 길을 찾아 공산주의사회로 발전하는 것은 있을 수 없는 일이다. 제3세계 프로젝트의 실패나 반제국주의 민중운동의 수많은 사례들에서 이 관점이 되풀이되었다. 민중들은 제국주의, 강대국들과의 싸움을 위해서는 엘리트 집단 일부와 동맹을 맺어야 한다고 강요받았다. 그 동맹은 곧 엘리트 집단의 지배로 변질되었다. 다시 힘을 되찾은 엘리트들은 민중들의 요구를 배신했다. 계급 간의 통일전선이 더 아래에 있는 계급의 승리로 귀결된 역사는 찾아보기 힘들다. 각 사회의 하층 민중들이 스스로의 힘으로, 자신들만의 역사 발전을 이루기 위해서는 유럽식의 역사 발전 경로만을 인정하는 단선론, 단계론으로부터 벗어나야 하는 이유다.

물론 각기 다른 사회들의 특수성, 고유성을 고수하는 복고주의도 답이 아닌 것은 분명하다. 자본주의의 이윤 추구 기제는 다양한 사회의 문화적 특징들은 이윤 증식에 부합하기만 한다면 얼마든지 부활시킨다. 이슬람 근본주의, 배타적 민족주의, 인도의 힌두 근본주의, 극단적 젠더 분리주의 등등 특수성을 고수하는 민중운동이 각종의 폐쇄적 근본주의로 타락하는 현재의 상황들을 보라.

마르크스는 1859년 무렵이 되면, 《정치경제학 비판 요강》 등의 저술에서 복선적 역사철학으로 기울어진 모습을 보인다.

그는 아시아 사회가 서유럽과 동일한 역사 발전 단계들을 겪지 않았다고 주장한다. 그리고 1870년대가 되면 러시아의 촌락 공동체에서 혁명적 요소를 찾을 수 있을 것이라 기대한다. 《공산당 선언》 2장에서 "한 개인에 의한 다른 개인의 착취가 폐기되는 것과 같은 정도로 한 국민에 의한 다른 국민의 착취도 폐기될 것이다"라는 주장은, 마르크스 사상의 다른 요소들과의 모순을 차츰 벗어나게 된다. 그리고 "폴란드인들 사이에서 공산주의자들은 토지 혁명을 민족 해방의 조건으로 삼고 있는 당, 즉 1846년의 크라카우 폭동을 일으킨 바로 그 당을 지지한다"는 4장의 선언처럼 민족 해방은 민중의 해방과 일치되는 목적을 지향할 때만 공산주의를 향한 역사적 진보로 평가될 수 있다. 말년으로 갈수록 마르크스는 부르주아지와의 동맹을 전제로 자본주의 단계에 국한되는 운동이 비서구 사회에서는 필연적이지 않다고 생각하게 된다. 비서구 사회 민중들이 해방되기 위해 서구의 역사적 경험을 되풀이해야 할 이유는 없다. 마르크스가 폴란드 운동의 사례를 높게 평가하고 지지하는 것도 이런 이유에서다.

마르크스는 1864년에 작성한 〈국제 노동자협회(인터내셔널) 발기문〉을 이렇게 끝맺는다. "대외 정책을 위한 투쟁은 노동자계급의 해방을 위한 일반적 투쟁에 포함되는 것입니다. 만국의 프롤레타리아여 단결하라!"

도시가 농촌을 지배한다

20세기 중반 이후 생태 위기에 대한 관심이 높아지자 마르크스가 농촌, 농민, 농업 그리고 전통과 자연을 도시, 산업, 근대성보다 열등한 것으로 보고 무시했다는 비판이 서구에 널리 퍼졌다. 비판자들은《공산당 선언》의 이 문장을 유죄의 증거로 내세운다. "부르주아지는…… 인구의 상당 부분을 농촌생활의 우매함Idiotismus으로부터 떼어냈다. 그들은 농촌을 도시에 의존하게 만든 것처럼, 야만적이고 반야만적인 곳들을 문명화된 곳들에, 농경민족들을 부르주아 민족들에게, 동양을 서양에 종속시켰다." 마르크스가 "농촌 생활의 우매함"이라는 문구를 썼다는 이유만으로, 그에게는 반생태주의자라는 딱지가 붙었다.

이 표현에 당시 도시인들이 가진 농촌에 대한 무시의 의미가 없지는 않다. 그러나 '우매함Idiotismus'은 지적인 열등함stupidity의 의미가 아니라, 협소한 시야, 혹은 더 넓은 세상으로부터 고립된 처지를 의미하는 단어다. 이 문장은 급속한 도시화, 산업화에서 배제되어 고립되어가던 당시의 시골 사람들이 처해 있던 상황을 묘사한 것이다. 마르크스주의자들은 근거 없는 악의적 비판에 지나치게 친절하게 답하기도 했는데, 존 벨라미 포스터John Bellamy Foster는《마르크스의 생태학》에서 Idiotismus는 그리스어 idiotes의 원래 의미를 살린 표현이라고 설명한다. 이 말은 '공동체의 광범한 문제보다 자신의 사적인 문제에만 관심이 있는 사람'이라는 뜻의 단어다. 고전에 익숙했던 마르크스는 고대 아테네에서 "우매한 사람idio"의 의미가 'idiotes', 즉 공회에 참여하는 사람들과는 달리 공적 생활과 단절한 채 공적 생활(폴리스에서의 생활)을 협소하고 지방적인 관점에서 보는 "우매한idiotisch" 시민임을 알고 있었다. 고전어 교육을 받지 못한 이후 세대에게는 이 의미가 전달될 수 없었다.

마르크스와 엥겔스의 사상과 저작에 조금 더 주의를 기울였다면 이런 오해는 발생하지 않았을 것이다. 《공산당 선언》의 위의 구절은 마르크스가 2년 전에 저술한, 역시 잘 알려진 책 《독일 이데올로기》에서 도시와 농촌 사이의 적대적 노동분업에 대해 논의하면서 이미 말했던 것을 간략히 되풀이한 것이다. 그 책에서 마르크스는 도시와 농촌 사이의 분리가 "물질적 노동과 정신적 노동의 가장 커다란 분리"이며, "어떤 사람을 편협한 도시 동물로 만들고, 다른 사람을 편협한 농촌 동물로 만들"며 농촌 인구를 "모든 세계와의 교유로부터, 따라서 모든 문화로부터" 단절시키는 종속 형태라고 비판적으로 진술했다. 자본주의사회의 가장 큰 병폐인 분업에 의한 소외가 도시와 농촌의 적대적 분리로 나타난다는 말이다. 마르크스에게 도시가 농촌을 복속시키는 현상은 긍정적이거나 피할 수 없는 것이 아니라 극복해야만 하는 부정적 현상이다.

이상의 설명을 통해 알 수 있는 것은 마르크스가 농촌, 농민, 자연을 멸시한 것이 아니라 부르주아 문명에서 농업과 자연이 소외되는 현상을 "부르주아지는 농촌을 도시의 지배 아래 종속시켰다"고 표현했다는 것이다. 도시의 농촌 지배는 자본주의 모순의 본질적인 측면으로 마르크스가 죽을 때까지 중요하게 다룬 주제. 그는 도시와 농촌 사이의 물질적 신진대사의 균열이 생태적 위기로 나타난다고 설명한다. 농촌과 도시의 관계, 야만과 문명의 관계, 농업 민족과 부르주아 민족의 관계, 동양과 서양의 관계는 더 이상 대등할 수 없다. 이것은 모두 자본주의가 비자본주의 영역을 지배하게 된 결과다. 이 관계들의 본질은 자본주의적 생산양식이 세계의 모든 곳에 침투하여 비자본주의적 영역들을 지배하는 것이다.

자본주의사회를 공산주의사회로 전환시켜야 하는 주된 이유 중 하나가 도시와 농촌의 지배 종속 관계를 대등하고 조화로운 것으로 만들며 인간과 자연 사이의 균열을 회복하는 것이다. 마르크스는 프롤레타리아트가 공기, 청결함, 삶의 물리적 수단을 박탈당하는 것과 자본주의사회의 농민이 세계적 문화와의 관계, 사회적 교류의 더 큰 세계를 모두 박탈당하는 것이 같은 자본주의 모순의 결과라고 봤다. 마르크스는 사회가 농촌 생활과 도시 생활 사이의 극단적 분리 때문에, 점차 "광대 같은 시골뜨기"와 "거세된 난쟁이"로 분열되어 노동인구의 한 부분으로부터는 지적 영양분을, 다른 부분으로부터는 물질적 영양분을 빼앗았다는 20세기 사람들의 문제의식을 이미 19세기 중반에 가졌다.

도시와 농촌 관계의 문제는 마르크스주의의 세계적 확산 과정에서 부딪힌 어려운 문제와도 연결된다. 제국주의 국가들과 식민지 사회의 관계가 산업자본주의와 농업, 산업의 중심지로서의 도시와 농촌의 관계와 겹쳐진다. 이 관계들은 외관상 유사할 뿐만 아니라 같은 구조적 모순에서 비롯된 현상이다. 마르크스의 문장들은 역사적 현실에 대한 묘사가 아니라 도시의 농촌에 대한 지배가 역사적으로 필연적이거나 정당하다는 의미로 왜곡되었다. 그리고 제국주의의 식민지배도 역사의 진보를 위해서는 용인될 수 있다는 주장과 연결되었다. 20세기가 되면 자본주의 주변부의 농민들이 공산주의자가 된다. 그러나 많은 서구 마르크스주의자들은 농민은 공산주의자가 될 수 없다고 생각했다. 소련 초기의 좌파들은 "농민에 대한 전쟁"을 주장하기도 했다. 여기에 더해 소련 붕괴 직전에 발생한 체르노빌 원자력 발전소 사건은 마르크스주의가 반생태주의라는 왜곡을 대중들이 믿게 만드는 구실을 주었다.

도시의 농촌 지배의 모순은 도시로의 집중, 도시 비대화, 농촌에서 도시로의 이주 같은 방식으로도 나타난다. "부르주아지는 생산수단, 소유 그리고 인구의 분산을 점점 더 지양했다. 그들은 인구를 밀집하게 했고, 생산수단을 집중시켰고, 소유를 소수의 수중으로 집적시켰다. 이것의 필연적 귀결은 정치적 중앙집권이었다." 이 문장은 도시화가 근대 민족국가를 통해 부르주아계급의 경제적 지배를 정치적으로 보장하는 과정의 귀결이란 점도 말하고 있다. 마르크스가 보기에 현대의 국가권력은 부르주아계급 전체의 공동 업무를 처리하는 위원회일 뿐인데, 그 역할을 효율적으로 수행하려면 정치적 중앙집권의 방식이 필요했다.

어쨌든 도시로의 집중이 자본주의 발전에서 예외 없이 관철되어온 현상임은 분명하다. 20세기 후반 이후 자본주의의 가장 큰 문제 중 하나가 거대 도시가 낳은 삶의 황폐함이다. 이제 세계 인구의 절반 정도가 도시에 거주하고 일본은 인구의 90퍼센트 이상이 도시에 거주한다. 21세기에 와서도 도시화의 추세는 그대로다. 이주 문제도 도시 농촌 간의 문제에서 파생한다. 전 세계적 국가 간 불평등은 줄어들었지만(남북 간 격차 축소는 대부분 중국의 경제성장 때문이다. 중국과 최근 신흥국 몇 나라를 제외하면 불평등은 악화되었다.) 한 국가 안의 빈부 격차는 늘어났다. 이것이 국내 및 국제 이주의 가장 큰 동력이다. 이주자들은 전 세계 대도시에 급증하는 슬럼의 주 거주자가 된다.

최근 어떤 마르크스주의자들은 자본주의를 극복하고 하나의 유기체로서 도시 농촌 관계를 재조명하는 문제를 생태 이론으로 확장하고 있다. 그들은 마르크스 철학이 가진 주객의 상호작용으로서의 인간관, 소외론, 인간-자연 관계를 신진대사로 해석하는 관점 등의 이론적 자원을 이용해 생태 위기에 대한 분석과 대안 제시를 시도했다. 마르크스주의는 인간이 존재하는 방식에 대한 이해와 성찰이 생태 문제 해결의 출발점이어야 한다고 본다. 인간과 자연 관계에 관해 마르크스는 어떻게 생각했을까? 그는 인간은 자연의 일부라고 보았다. 인간은 자연의 일부이고 진화 과정에서 조금 특수하게 진화한 일부일 뿐이다. 자연에 대규모의 영향을 끼칠 수 있다는 점에서 인간은 특수한 존재이지만, 근본적으로 자연의 일부다. 인간이 자연 속에 포함되어 있는데 이 둘을 어떻게 분리할 수 있나? 자연과 인간을 분리해 생각하는 방식은 비현실적이다. 둘을 함께 그리고 관계 속에서 고려하는 대안이 모색되어야 한다. 인간과 자연을 이원론적으로 분리하는 관점은 생태 위기를 실천적으로 극복할 수 없게 한다.

마르크스에 따르면 인간은 직접적으로 자연적인 존재다. 인간은 다른 생명체와 똑같이 생명 활동을 하며 살아갈 수밖에 없다. 인간은 생명체로서의 존재를 유지해야만 그 이외의 정신적, 사회적 활동 즉 인간의 고유한 행위를 할 수 있다. 인간의 존재 방식은 기본적으로 다른 생명체와 같다. 인간은 생물학적 개체로서 생존을 유지하기 위해 자기 바깥에 있는 자연이 필요하다. 먹고 마시고 숨 쉬어야 하며, 그것도 다른 인간과 살을 맞대며 그렇게 해야 한다. 이런 존재 방식을 이기적 인간이 자기 이익을 위해서 자연 속의 다른 존재들을 파괴하는 행위라고 보면 자연은 존재하는 모든 것끼리의 대립과 투쟁의 장일 뿐이다. 인간과 자연을 이분법적으로 보고 생태의 우선성을 강조하면 인간의 활동 자체, 그래서 인간이 하는 모든 행위가 생태 위기의 원인으로 보인다.

또 마르크스주의자들은 인간의 활동 가운데 '어떤' 활동만이 생태 위기를 초래한다고 생각한다. 인간은 어떤 면에서는 자연과 조화를 이루고 어떤 면에서는 대립한다. 조화의 맥락과 대립의 조건을 이해하는 것이 인간을 자연의 대립물로 도매금으로 넘겨버리는 것보다 더 현실적이다. 이른바 인디언 전쟁으로 불린, 백인들의 원주민 대학살로 죽어간 북미 원주민들의 자연관처럼 서구 문명이 파괴하기 이전에 존재했던 많은 사회의 사람들은 살아 있는 모든 것이 상호의존하고 있다는 사실을 알고 있었다. 반대로 자본주의는 인간과 자연의 극단적 균열을 가져왔다.

자연 속의 모든 존재들은 서로 긴밀한 관계를 맺고 있다. 인간이 자연을 이용 수단으로만 보는 태도인 대상화는 관계의 한 면이다. 그리고 대상화도 맥락에 따라 다른 방식으로 이뤄진다. 인간과 다른 자연의 상호 관계는 긍정적 상호 관계일 수도 부정적 상호 관계일 수도 있다. 마르크스는 인간과 다른 인간, 인간과 다른 자연물의 상호 관계가 자본주의라는 조건 때문에 더 적대적으로 되었다고 보았다. 자연을 대규모로 파괴하는 인간의 활동은 자본주의적 생산양식이 요구하는 이윤의 무한한 추구로 인해 발생했다. 인간이 존재해온 오랜 동안 자연에 영향을 미쳐 왔지만 생존 자체를 위해 자연을 이용한 정도는 자본주의 시기 이윤 추구 목적으로 행해진 정도에는 비교도 되지 않는다. 자본주의라는 역사 발전의 특수한 단계에서의 인간 활동이 생태 위기의 가장 근본적인 원인이지 인간 자체가 문제는 아니다.

자본주의사회의 모순이 폭발하던 100년 전 암살당한 마르크스주의 혁명가 로자 룩셈부르크Rosa Luxemburg는 노동자계급을 멸시하는 자본주의의 태도와 자연 세계를 무시하는 자본주의의 태도 사이에 밀접한 관계가 있다고 보았다. 생태의 파괴는 인간의 본성 때문이 아니라 인간과 자연을 이윤 추구를 위한 '자원'으로서만 보는 자본주의 본질 때문이다. 더 많은 이윤을 끝없이 획득하는 행위, 즉 성장 아니면 파멸이라는 자본주의의 논리를 극복하지 못하면 생태 위기의 근본적 해결책은 없다. 자본주의의 이런 본성을 가잘 잘 보여주는 것이 제국주의다. 제국주의는 식민지를 더 속속들이 수탈하기 위해 플랜테이션을 강요해 자연과 그 속에 사는 인간들의 삶까지 바꿔놓았다. 제국주의는 세계를 자본주의적 방식에서 분리될 수 없게 묶어놓았다. 오늘날 신자유주의적 세계화는 세계의 산업구조와 분포를 재편하면서 지구적 불평등과 생태적 파괴를 악화시키고 있다. 그 결과 원주민들은 삶의 터전에서 뿌리 뽑혀 자국의 대도시와 세계 곳곳으로 떠돌게 되었다. 고유한 문화도 자연과 인간의 삶과 함께 파괴되고 있다.

마르크스주의는 세계는 상호 연관되어 있다고 생각한다. 문제는 연관의 방식이 좋기도 나쁘기도 하다는 것이다. 제국주의와 제국주의의 새로운 버전인 신자유주의적 세계화를 통해 자본주의가 만들어낸 세계의 연관 방식은 약한 인간들과 자연에게 모든 부담을 전가하는 방식이다. 경제, 사회, 정치 구조를 전 세계적 차원에서 새롭게 만드는 것이 과제다. 인간과 지구 사이에 그리고 인간과 인간 사이에 실질적으로 평등한 상호작용이 이뤄지는 새로운 세상을 만들어야 한다. 이 대안의 주체는 기존의 파괴적 세계체제에서 가장 고통 받는, 지금 세상의 관점에서 수단과 도구로 또 그런 쓸모조차 없는 존재로 여겨지는 사람들이 될 가능성이 높다. 인간의 해방과 땅과 생태의 복원을 함께 내세워온 주변부의 민중들의 혁명적 반제국주의 운동이 유력한 대안이다.

발전하는 생산력, 생산관계와 충돌하다

다시 말하지만 마르크스와 엥겔스는 《공산당 선언》을 쓰던 시기에도 승리하는 부르주아지와 근대성에 대한 찬양자가 아니었다. 근대 자본주의의 높은 생산력이라는 산은 그만큼이나 깊은 골짜기도 만들었다. 게다가 이 자본주의 체제는 영원히 지속할 수 없다. 스스로의 작동 원리에 의해, 내재적 원인에 의해 붕괴할 수밖에 없다는 것이 《공산당 선언》에서 마르크스의 판단이다. 그 원인은 생산력의 발전이 기존의 생산관계와 충돌하기 때문이다.

충돌은 공황이라는 경제적 방식으로 표현된다. "주기적으로 재발하면서 부르주아사회 전체의 존립에 의문을 제기하는 상업공황만 언급해도 충분하다." "부르주아지가 처분할 수 있는 생산력들이 더 이상 부르주아 소유관계의 촉진에 기여하지 않게 된다. 반대로 생산력은 이런 생산관계들에게는 너무 강해지고, 생산관계들에 의해 방해받는다." 공황은 생산력의 발전을 가로막는 부르주아적 소유관계를 결국은 파괴할 것이다. 부르주아지는 공황을 극복하고 자신들의 소유를 지키기 위해 필사적으로 애쓰겠지만 성공하지는 못할 것이다. "부르주아적 (소유)관계들은 자신들에 의해 만들어진 부를 담기에도 너무 좁아졌다. 부르주아지는 이 위기를 어떤 수단으로 극복하는가? 한편으로는 대규모의 생산력을 파괴하도록 강제됨으로써, 다른 한편으로는 새로운 시장들을 정복하고, 기존의 시장들을 더 철저하게 착취함으로써. 또 어떻게? 더 전면적이고 더 강력한 위기들을 준비하고, 그 위기들을 막을 수단을 감소시킴으로써."

마르크스는 자본주의 붕괴의 원인을 생산력과 생산관계의 모순이라고 말한다. 자본주의사회는 생산력이 고도로 발전한 팽창하는 사회인데, 자본주의의 생산관계는 생산수단의 사적 소유에 근거하고 있다. 근대 부르주아사회로 오면서 소유의 개념이 달라진다. 점유, 용익권(활용하거나 이익을 얻는 것), 수조권

(조세를 받을 권리), 처분권(사고팔거나 상속하는 것) 등의 중요 생산수단에 대한 권리들을 부르주아지가 독점하는 것이 생산수단의 사적 소유다. 이것은 자본주의 초기에는 자유경쟁을 통해 생산력을 증대시킨다. 그러나 동시에 자본주의 체제 전체를 위협하게 된다. 생산수단의 사적 소유와 생산의 사회화가 모순되기 때문이다. 쉽게 말하자면 생산의 규모가 커지면서 생산에 직간접적으로 관여하는 사람들은 점점 늘어나는데 생산수단은 여전히 소수가 독점하는 것이 문제다.

마르크스가 보기에 발전하는 생산력과 사적 소유에 묶인 생산관계는 조화를 이루기가 힘들다. 현대 부르주아사회의 생산력은 부르주아지가 통제할 수 없을 정도로 커졌다. 현대의 생산관계들은 생산력이 더 이상 발전하지 못하도록 가로막게 된다. 상업공황은 그 상황의 표현이다. 생산력의 지속적인 성장을 위해서는 생산 과정의 사회화가 이뤄져야 한다. 그리고 실제로 자본주의에서도 생산 과정의 사회화가 확장된다. 그럼에도 불구하고 생산수단에 대한 소유는 부르주아지가 독점하고 있어서 사회화가 이뤄지지 않는다. 생산 과정의 사회화와 생산수단에 대한 사적 소유가 모순을 일으킬 수밖에 없다. 이 모순은 주기적 공황과 구조적 위기의 형태로 나타난다는 것이 《공산당 선언》의 설명이다. 여기서 공황은 과잉생산에 의해 발생한다. 주기적 공황의 형태로 자본주의의 위기가 나타나다가 결국 회복할 수 없을 정도의 구조적 위기가 닥쳐와서 자본주의 체제는 붕괴한다.

자본주의가 붕괴하는 과정은 자본가들의 노력으로 막을 수 없다는 자본주의 붕괴의 필연성이 《공산당 선언》의 핵심적 테제이다. 부르주아지는 위기를 극복하기 위해 생산력을 파괴하거나 새로운 시장을 정복하고 옛 시장을 좀 더 착취한다. 농민들은 트랙터로 농산물을 갈아엎고, 공장주는 공장을 닫는다. 주가는 폭락한다. 금융화된 주식, 채권, 부동산 증권처럼 유동성 높은 자산은 한순간에 증발해버리기도 하며 생산력이 파괴된다. 과거에 가난은 결여, 결핍, 부족 때문이었다. 서로를 배척하던 풍요와 빈곤은 자본주의사회에서 한 몸이 되어 나타난다. "사회가 너무 많은 문명, 너무 많은 생활수단, 너무 많은 산업, 너무 많은 상업을 가지기 때문이다." 사회 전체를 부유하게 만든 그 메커니즘 때문에 사회 구성원 대다수가 가난해진다. 자본주의사회에서는 가난의 원인이 부에 있는 것이다.

무기의 사용자로서 프롤레타리아트

부르주아지가 공황을 극복하기 위해 사용하는 방법들은 처음에는 효과가 있어 보인다. 그러나 결국에는 더 강력한 공황을 준비할 뿐이다. "무기는 지금 부르주아지 자신을 겨누고 있다." 이때 무기는 생산력과 생산관계의 모순으로 인해 생산력의 발전이 기존의 생산관계를 파괴하는 상황을 일컫는다. 그리고 "부르주아지는 이 무기들을 사용하게 될 사람들 역시 만들어냈다. 근대의 노동자들, 프롤레타리아트를." 부르주아적 생산양식을 전복하기 위해서는 공황이라는 무기와 프롤레타리아트라는 무기 사용자가 만나야 한다. 혁명의 객관적 조건(경제적 토대의 붕괴)과 주체적 실천이 상응해야 혁명은 가능하다. 이것이 마르크스 혁명론의 가장 중요한 내용이다. 세상을 바꾸는 힘은 객관적 조건 내부의 모순으로 인해 일어나는 변화와 그 변화에 대응하는 역사 주체들의 실천이 하나가 되어야 발휘된다. 이 당시의 마르크스와 엥겔스는 혁명이 가까운 미래에 일어날 것이라고 확신했다.

프롤레타리아혁명에 대한 두 사람의 낙관적 믿음은 당시의 역사적 상황과는 어울리지 않는다. 엥겔스는 1844년부터 '산업혁명'이라는 말을 사용했다. 하지만 1848년 당시에는 자본주의가 영국에서조차 완전히 발달하지 않았다. 자본주의가 성장하던 초기에 자본주의가 끝날 것을 선언한 마르크스와 엥겔스의 전망은 일부는 맞았고 일부는 틀렸다. 에릭 홉스봄이 지적한 것처럼 《공산당 선언》의 자본주의 발전상에 대한 예측은 현실이 되었지만, 부르주아지의 매장자로서의 프롤레타리아트란 예상은 아직까지는 빗나간 것이다. 《공산당 선언》에서는 산업 노동자가 인구의 다수가 될 것이라고 예측했는데 실제로 1970년대까지 전 세계의 산업 노동자는 꾸준히 증가했다. 1970

년대 말 이후로 미국, 영국을 시작으로 이 비중이 줄어들기 시작했지만 주변부에서는 훨씬 더 많은 수의 산업 노동자가 생겨났다. 하지만 노동자가 다수가 되는 것만으로 자본주의 전복의 조건이 갖추어지지는 않는다. 노동자계급의 처지가 열악해지고 정치적 계급 운동으로 조직되어야 한다. 그래서 "프롤레타리아트의 운동은 압도적 다수의 이익이 되는 압도적 다수의 자립적 운동"이어야 한다.

무기와 프롤레타리아트의 만남에 대해서는 크게 두 가지 해석이 대립해왔다. 한 해석에 따르면 《공산당 선언》은 자본주의가 붕괴하고 프롤레타리아트가 혁명의 주체로 등장해 새로운 공산주의사회를 건설하는 과정의 필연성을 주장한 텍스트다. 프롤레타리아트의 혁명 주체로서의 역할이 자본주의를 전복하는 것은 아니다. 오히려 자본주의 체제가 거대한 생산력을 통제할 수 없어 스스로 붕괴된다는 주장이 더 핵심적이다. 자본주의 붕괴가 변화 과정을 시작하게 해준다는 것 이상을 《공산당 선언》에서는 주장하지 않는다. 따라서 무기의 사용자로서의 프롤레타리아트가 아니라 생산력과 생산관계의 충돌로 발생하는 자본주의 경제의 객관적 실패가 사회주의혁명의 일차적인 조건이다.

반대로 《공산당 선언》이 프롤레타리아트의 주체적 역할을 강조한 텍스트라는 해석도 있다. 이 해석은 자본주의의 본성에 의한 붕괴와 공산주의의 승리가 필연적으로 일어난다고 보지 않는다. '사회 전체의 해방을 통해서 스스로를 해방시키는 주체로서의 프롤레타리아트'의 역할이 더 결정적인 역사의 동력이다. 이것이 마르크스 사상의 근본이다. 그리고 이런 생각은 현실에 대한 과학적 탐구의 결론이라기보다는 철학적 추론의 결과다.

이 두 주장처럼 혁명의 두 조건을 분리하는 것은 마르크스 사상의 기본 전제와 어울리지 않는다. 두 계기 중의 하나를 강조하는 것은 마르크스 사상이 미성숙한 단계에서 성숙해가는 과정을 보여줄 뿐이다. 혁명의 주체로서의 프롤레타리아트라는 생각은 《헤겔 법철학 비판을 위하여》에서 처음 나타난다. "철학이 프롤레타리아트 속에서 그 물질적 무기를 발견하듯이, 프롤레타리아트는 철학 속에서 자신의 정신적 무기를 발견한다." 마르크스의 프롤레타리아트에 대한 생각이 과학적이 아니라 철학적이었던 이유는, 마르크스가 《공산당 선언》 이전에는 프롤레타리아트를 현실에서 제대로 본 적이 없었기 때문이다. 또 프랑스혁명에 관해 가졌던 관심과 지식에 비하면, 당시의 노동자 운동에 대해서도 잘 알지 못했다. '산업혁명'의 실상과 노동자계급의 진짜 상황을 알게 된 것은 주로 엥겔스를 통해서였다. 두 사람은 서로를 보완해가며 프롤레타리아트와 공산주의 혁명에 대한 견해를 발전시켰다. 마르크스는 프랑스혁명 과정과 자본주의의 경제적 구조 연구에 주력했고, 엥겔스는 나폴레옹 시기 이후 영국에서의 사회운동의 경험에 관심을 기울였다.

《공산당 선언》이전부터 엥겔스는 자본주의 경제의 불안정성 아래에 놓인 근본 모순을 인식했고 마르크스에게 이 아이디어를 전달했다. 마르크스주의 경제학의 핵심인 경제적 위기에 대한 이론의 개요가 이때 형성된다. 그리고 노동자계급의 운동의 실태, 혁명적 성격도 엥겔스가 마르크스에게 영향을 준 것이었다.《공산당 선언》은 마르크스 초기 사상의 철학적 결론을 현실에 대한 과학적 분석, 특히 정치경제학 연구를 통해 도달하는 결론과 결합하거나 대체하는 방향 전환을 보여주는 텍스트다. 그래서 혁명의 두 조건을 총체적으로 설명하는 단계까지는 발전하지 못했다. 이것이 위의 상반된 해석이 나온 이유일 수 있다. 그러나 이제 마르크스는 공산주의로의 이행은 이행의 객관적 조건과 주관적 조건이 결합해 새로운 사회의 구성 원리를 실현하는 과정임을 알게 되었다. 다음에 이어지는 내용이 공산주의로의 이행의 주역인 프롤레타리아트에 대한 설명이다.

프롤레타리아트의 성장

노동자의 상품화와 노동의 가치 하락

부르주아지의 성장과 동시에 프롤레타리아트도 늘어난다. 그
러나 그들의 삶은 기본적으로 불안정하다. "근대 노동자계급인
프롤레타리아트는 일자리를 찾아야만 살 수 있다. 그리고 그들
이 자본을 증식시켜야만 일자리를 찾을 수 있다."

    이 문장은 프롤레타리아트의 삶이 본질적으로 불안정한 원
인을 알려준다. 노동력 외에 다른 생계수단이 없기 때문이다.
프롤레타리아가 겪는 고통은 자본을 증식시키기 위해 발생한
다. 노동과 자본 간의 관계는 이윤 증식이라는 목적을 위해서
만 맺어진다. 노동자계급은 자본가에게 이윤을 가져다주는 역
할을 할 때만 일자리를 찾고 유지할 수 있다. 자본가도 이윤 추
구 외에 노동자를 고용할 이유가 없다. 이윤을 만들어내지 못
하는 데도 동정심에서 노동자들을 고용한다면 그는 곧 파산해
더 이상 자본가가 아니게 될 것이다. 자본이 노동을 고용한다
는 말은 노동자의 입장에서 보면 노동력의 판매다. 노동자가
자신의 노동력을, 자본가가 생산 과정에 사용할 수 있도록 판
매하는 것이다. 노동자의 노동력은 공장 건물, 원료, 기계 부품
처럼 생산을 위해 투입되는 상품에 불과하다.

"노동의 불쾌함이 자라나는 것과 같은 정도로, 임금은 하락한다." 프롤레타리아트가 하나의 생산요소, 상품으로 전락한 결과, 경제성의 원칙에 따라 생산 비용을 줄여야 하는 자본가는 임금을 가능한 만큼 낮춘다. 가격이 하락한 노동은 더욱 혐오스러운 것이 된다. 분업의 확대, 노동시간의 연장, 노동강도의 강화가 발생한다. 자본주의 시장의 변동이 가져오는 위험도 노동자들에게 전가된다. "자신을 조각내어 팔아야만 하는 이 노동자들은 모든 다른 판매품과 마찬가지로 하나의 상품이다. 그래서 (상품과) 똑같이 경쟁의 모든 오르내림, 시장의 모든 요동에 노출되어 있다." 프롤레타리아트의 존재는 시장의 변동에 휘둘리는 불안정하기 그지없는 것이 된다. 불황이 닥치면 노동자들이 제일 먼저 해고된다.

한마디로 프롤레타리아트의 노동이 가지는 상품으로서의 성격 때문에 임금은 하락하고 노동시간은 늘어난다. 마르크스는 이때까지도 임금 하락의 필연성이라는 생각에서 크게 벗어나지 못하고 있다. 1844년에 경제학 공부를 시작할 때 썼던 노트인《경제학 철학 초고》에서도 임금을 다루고 있다. 임금이 어떻게 결정되는가. 왜 노동자는 낮은 임금을 받게 되는지를 설명하기 위해 마르크스는 노동자의 생산과 재생산에 들인 비용이 노동자의 임금이라는 학설을 받아들였다. 노동자는 영원히 유지되지 못하는 상품이기에 생산 비용에 재생산 비용까지 임금에 포함된다. 자본가 입장에서는 생산원가를 낮추기 위해 노동자 임금을 계속 낮은 상태에 머무르게 한다. 이것이 저임금을 필연적인 것으로 만든다.

"노동자가 자본가에게 초래하는 비용은 거의 자신을 유지하고 종족을 번식시키는 데 필요한 생활수단으로 제한된다. 어떤 상품의 가격 또 노동의 가격은 그것의 생산비용과 같다." 이 구절이 앞에서 잠깐 언급한 마르크스 노동(력) 개념의 미성숙함을 보여주는 곳이다. 마르크스주의의 핵심 개념인 착취, 잉여가치 개념은 노동과 노동력을 개념적으로 구분한다. 마르크스는《자본》1권에서 이 개념들을 간단하게 설명한다. 그에 따르면 노동자가 자본가에게 판매한 것은 노동이 아니라 노동력이다. 그리고 노동력은 그것 자체가 가진 것보다 더 많은 가치를 만들어내는 힘을 가진 특수한 상품이다. 생산 과정에서 노동자의 노동력을 사용해 만든 가치의 일부만을 노동자에게 임금의 형태로 돌려주고 나머지를 자본가가 대가 없이 가져가는 것이 자본가의 이윤의 원천이다. 이것이 착취가 발생하는 과정이다. 자본가와 노동자의 갈등의 근본 원인도 자본의 이윤의 원천이 노동자의 노동력에 대한 착취에 있기 때문이다. 계급투쟁은 자본가의 부도덕함 때문에 발생하는 것이 아니다. 그러나 이후 경제 상황과 마르크스의 임금에 대한 생각은 발전한다. 성숙한 마르크스의 경제 이론은《자본》에 가서야 정돈된다.

자본주의에서 노동 방식의 변화

"프롤레타리아트의 노동은 기계류의 확산과 노동의 분할 때문에 모든 자립적인 성격을 그리고 그와 함께 노동자에 대한 모든 매력을 잃어버렸다. 노동자는 기계의 단순한 부속품이 되어서, 가장 간단하고, 단조로우며 쉽게 습득할 수 있는 손동작만을 요구받는다." 기계 사용의 확대로 노동은 단순한 부분들로 분할되었다. 한 가지 단순한 작업을 장시간 강도 높게 하면서 질병이 발생하고 노동자들의 몸은 왜곡되었다. 엥겔스가 1845년에 쓴《영국 노동계급의 상황》에는 강도 높은 단순노동으로 몸이 기형적으로 변화한 사례들이 나열돼 있다. 당시에도 자본주의적 노동이 인간을 자신에게도 낯선 존재로 만드는 이런 경향이 큰 사회문제였다(이런 경향을 인간의 자기 소외라고 부른다). 19세기 페이비언 사회주의자 허버트 조지 웰스Herbert George Wells의 소설《타임머신》에 등장하는 미래 사회의 지하에 사는 시력이 퇴화된 종족은 당시 영국 노동자의 비참한 처지를 묘사한 것이다.

기계의 도입과 노동의 단순화는 자본가들이 다른 자본가와의 경쟁에서 이기기 위해 고안한 효율적인 경영기법이다. 생산요소들의 '합리적' 배치와 사용이 자본 간의 경쟁에서 필수적이 된다. "근대적 산업은 가부장적 장인의 작은 작업장을 산업자본가의 거대한 공장으로 바꿨다. 공장에 밀집된 노동자 대중은 병사처럼 조직된다." 대공장의 군대적 조직 방식이 널리 확산되고 노동자의 기계화, 노예화는 더 심해진다. 노동자들이 가진 인간으로서의 특징과 차이는 의미 없는 것이 된다. 단순한 노동 도구에 불과하기 때문이다. 조명 기술의 발전으로 야간작업도 가능해진다. 찰리 채플린의 영화 〈모던 타임즈〉의 유명한 컨베이어벨트 신이 이런 상황을 잘 보여준다. 현대의 산업은 인간이 생물로서 변화에 적응할 수 있는 속도보다 훨씬 빠른 속도의 변화를 앞다퉈 도입한다. 노동자는 생물학적, 문화적 주체로서 익숙했던 활동의 방식과 완전히 다른 행동을 하며 살아야 한다.

이러한 변화에 숙련노동자가 대응하는 방식은 두 가지다. 지금의 이해관계를 유지하려고 보수적인 투쟁에 나서거나, 다른 기술이나 부문으로 전환한다. 생각보다 전환은 쉽지 않다. 숙련된 또 다른 분야의 노동자로 전환하기는 현실적으로 불가능하다. 대개는 숙련노동자에서 다른 부문의 미숙련노동자로 이동하는데, 보통 더 낮은 지위와 더 불리한 조건을 감수해야 한다. 전환 자체에도 비용이 드는데, 이 비용은 거의 노동자들이 부담하게 된다. 자본가들이 이윤 확대를 위해 생산방식을 바꾼 것이라서, 거기에 수반되는 전환 비용을 부담하려 하지 않기 때문이다. 전 세계적으로 전환 주기가 점점 짧아지고 있다. 자본가들과 정부는 산업구조를 선진적으로 바꾸자고 하지만, 노동자들이 그 전환 속도를 따라갈 수 있느냐 그리고 그 비용을 누가 부담하느냐 등의 문제에는 대답하지 않는다. 여기서 우리가 기억해야 하는 것은 이런 변화들은 자연의 변화가 아니라 이윤을 극대화하려 인간들이 의도적으로 만들었다는 점이다. 따라서 이런 변화를 우리가 어쩔 수 없는 불가피한 조건으로 생각해서는 안 된다. 적응하려 애쓰기보다 바꾸거나 없애는 것이 바람직하며, 가능한 삶의 조건들도 있다.

마르크스주의 입장에서 보면 작업장에서의 작업 방식에서도 해방되어야 진정한 노동자의 해방이 이뤄진다. 작업 방식의 해방은 작업장에서의 노동자들의 행동이 자율적이고, 다양하며, 민주적으로 이뤄지는 것이다. 역사적으로 존재했던 사회주의사회들도 작업 방식의 해방을 중요한 문제로 여겨서 다양한 실험과 시도를 했다. 하지만 결국 작업 방식이 혁명적으로 변화하지는 못했다. 그 이유로는 현실 사회주의사회의 낮은 생산력, 낮은 기술 수준, 자본주의 진영과의 경쟁, 과도한 군비 지출 등의 경제적 요인과 정치적 억압, 관료제의 지나친 확대 같은 사회적 요인이 꼽힌다. 이 문제가 해결되지 못했기에 생산력이 충분하게 발전하지 못한 사회에서의 사회주의 건설과 실현은 가능할까라는 의문도 함께 제기되었다.

기계 도입과 노동 단순화의 또 다른 영향은 여성과 아동 노동의 확대였다. 노동력 공급을 늘리기 위해 숙달된 성인 남성만 할 수 있던 노동에 여성과 아동 노동력을 사용하기 시작했다. 그리고 아동과 여성에게는 성인 남성 숙련노동자보다 낮은 임금을 주었다. 그 결과 노동시장에서 경쟁이 치열해지고 임금이 하락했다. 현재 일어나고 있는 정규직/비정규직 노동자, 원청/하청 노동자의 경쟁처럼 성인 남성 노동자와 여성 및 아동노동자 사이의 갈등이 발생했다. 당시의 문제는 기계화가 초래한 노동의 단순화가 여성, 아동 노동의 증가를 가져와 남성 노동자의 임금 하락 요인이 되었다는 것이다. 그리고 노동자끼리 치열한 경쟁을 통해 노동자계급의 분할을 가져왔다. 당시 중요 쟁점이었던 아동노동 금지 운동은 인권적 의미뿐 아니라, 노동시장 경쟁을 제한하기 위한 동기도 있었다.

마르크스가 젠더, 연령의 문제는 중요하지 않고 노동자냐 아니냐만 중요하다고 생각했거나, 남성 노동자의 이익을 지키기 위해 아동과 여성을 배제해도 된다고 생각했다는 비판도 반생태주의자라는 비판만큼이나 많은 사람들이 믿고 있다. 그 근거로 《공산당 선언》의 고작 한 문장만을 제시하는 이들이 많다. "나이와 성별의 차이는 노동자계급에게는 더 이상 사회적 중요성이 없다." 이 문장의 앞과 뒤에 어떤 말이 나오나 살펴보자. "손노동이 숙련과 힘의 사용을 더 적게 필요로 할수록, 다시 말해 근대산업이 더 많이 발전할수록 남성의 노동은 여성의 노동에 의해 더 많이 대체된다. 나이와 성별의 차이는 노동자계급에게는 더 이상 사회적 중요성이 없다. 나이와 성별에 따라 비용이 달라지는 노동의 도구들만이 존재한다."

이 단락은 당시의 노동 현장의 상황을 묘사하고 있다. 기계가 대규모로 사용되면서 노동자들의 노동에서 숙련이 필요한 부분은 줄어들고 기계를 보조하는 단순한 노동이 늘어나고 있었다. 기계 도입과 노동 단순화 때문에 성인 남성에 비해 근육의 힘이 약하고, 작업장의 노동 경험으로 숙련된 기능이 없더라도 할 수 있는 일이 늘어났다.

자본가계급의 입장에서 노동자계급이 성인이든 아동이든, 남성이든 여성이든 상관없었다. 자본가의 관점에서 경제적 유용성만을 따지자면, 노동자계급의 젠더와 나이의 차이라는 것은 의미가 없다는 것이다. 노동자들은 노동 도구에 지나지 않기 때문이다. 여성, 아동, 남성 모두 노동의 도구일 뿐이고, 젠더와 연령의 차이는 임금 차별을 정당화하려는 자본가의 평계로 사용되었다. 젠더와 연령을 노동 도구로 환원한 것은 마르크스가 아니라 자본가들이다. 마르크스는 자본가들의 이런 행태를 비판적으로 묘사하고 있다. 이런 맥락을 무시하고 마르크스가 젠더, 연령 등의 다양한 모순을 노동 문제로 환원했다는 비판은 근거 없는 것이다.

다음으로는 노동자들이 공장 밖에서 당하는 수탈을 보여준다. "공장주에 의한 착취가 끝나 노동자가 현금으로 임금을 지급받자마자, 부르주아지의 또 다른 부분들인 집주인, 상점주인, 전당포업자가 그에게 들이닥친다." 노동 착취와 낮은 임금 다음으로는 집세, 소매상인의 폭리, 고리대금 등의 다양한 방식의 수탈이 이어진다. 오늘날 노동자들의 삶의 모습과 그리

다르지 않다. 과도한 주거 비용과 금융자본의 폭리로 가난해진 노동자들에게 금융화된 자본주의 세상은 투기로 한몫 잡을 수 있다는 환상 말고는 줄 것이 없다.

이제 《공산당 선언》의 중요한 주장 중 하나로 여겨져 온 계급의 단순화에 대한 설명이 이어진다. "지금까지 소중간계급이었던 소산업가들, 소상인들과 금리생활자들, 수공업자들과 농부들, 이 모든 계급들은 프롤레타리아트로 전락"한다. 마르크스는 자본주의가 발전할수록 자본주의사회를 구성하는 계급은 극소수의 부르주아지와 대다수의 프롤레타리아트로 단순해질 것이라 예측했다. 부르주아지도 아니고 프롤레타리아트도 아닌 중간계급은 몰락해 프롤레타리아트로 전락할 것이다. 소생산자(작은 규모의 상공인, 농민)는 자본 간 경쟁의 격화와 새로운 생산 방식의 등장으로 프롤레타리아트로 전락한다. 자본가끼리의 경쟁에서는 자본의 크기가 결정적인 역할을 한다. 소자본은 대자본과의 경쟁에서 패하여 프롤레타리아로 전락하게 된다. 또한 과거의 숙련공이었던 소생산자, 이른바 장인들은 현대적 대공업의 발전으로 사라지거나 기계로 대체된다. 숙련노동자들은 노동시장에서 상층에 위치했는데, 생산방식의 변화로 이들이 필요 없게 되면서 역시 프롤레타리아트로 전락한다. 마르크스는 중간계급의 소멸이 머지않아 일어날 것이라 예상해서 이 문제를 더 깊이 다루지 않았다. 하지만 그의 예상보다 더 오래 존속한 중간계급들과, 자본주의 발전의 결과로 새롭게 등장한 중간계급(관료, 관리직 노동자, 전문 지식인 등등)의 존재는 마르크스주의의 예측을 반박하는 사례로 많이 언급되었다.

프롤레타리아 계급투쟁의 시작, 계급적 정체성

마르크스는 노동자계급이 투쟁의 주체로 성장하는 역사적 과정을 묘사한다. 프롤레타리아트는 태어나자마자 투쟁한다. 계급의 존재 방식 자체가 투쟁 상황 속에 있기 때문이다. 그러나 노동자 운동 역사 초기에 나타났던 자생적 투쟁들은 고립된 것이었다. 고립되고 흩어져 있던 노동자계급이 단결된 집단적 주체가 되는 과정은 다음과 같다. 우선 전근대사회의 기득권 계급과 여전히 싸우고 있던 부르주아지는 프롤레타리아트를 동맹군으로 삼아야 했다. 이것이 노동자계급이 단결되는 최초의 계기다. 다음으로 노동자계급의 열악한 처지가 모든 노동자들에게 공통된 조건이 된다. 이제 프롤레타리아트는 과거의 지배계급이 아닌 부르주아지와의 투쟁에 나선다. 이때도 여전히 고립 상태를 완전히 극복하지는 못했던 노동자계급은 자본주의적 산업, 기술의 발전에 의해 단결의 물질적 조건을 얻게된다. 여기에 부르주아지로부터 이전된 교양 요소를 활용해 프롤레타리아트는 마침내 자립적이며 통일된 주체가 된다.

"프롤레타리아트는 다양한 발전단계들을 거친다. 부르주아지에 대한 프롤레타리아트의 투쟁은 그들이 생겨나면서 시작한다." 투쟁은 그들이 존재하자마자 시작된다. 계급투쟁은 의식적으로 시작하는 것이 아니라 계급의 본질 안에 있는 특징이기 때문이다. 자본가의 생존 방식은 착취이고, 노동자의 생존 방식은 착취당하는 노동에 있다. '투쟁'은 눈앞에 드러나는 폭력적인 저항 행위만이 아니다. 애초에 부르주아지와 프롤레타리아트의 사회적 관계는 이해관계가 반드시 상충하는 적대적인 방식으로 맺어졌기 때문에 '투쟁'은 태어나자마자 시작된다. 즉 자본가의 착취가 계급투쟁의 시작이다. 노동자들의 투쟁은 착취당하는 패배의 방식으로 시작하지만 곧 착취에 대항하기 시작한다. 계급들 사이의 투쟁은 계급사회의 기본적인 상황이다.

"처음에는 개별 노동자들이, 다음으로는 한 공장의 노동자들이, 그리고는 한 지역 안에서 한 업종의 노동자들이 그들을 착취하는 개별 부르주아에 대항해 투쟁한다…… 이 단계에서 노동자들은 온 나라에 흩어져 있고 경쟁에 의해 분열된 대중일 뿐이다." 노동자계급의 투쟁은 처음에는 원초적 저항의 방식으로 나타난다. 이때는 노동자계급끼리의 단결은 나타나지 않았다. 착취와 피착취는 개인 대 개인의 문제인 것처럼 보인다. 노동자들은 착취를 나쁜 자본가와 특정 노동자 사이의 관계로 생각하지만, 같은 업종과 같은 공장에서 똑같은 일이 반복되면 착취가 구조적 문제라는 것을 인식하게 된다. 이 초기 단계에서 노동자들은 기존의 지위를 유지하기 위한 보수적 투쟁을 한다. 기계라는 새로 도입된 생산도구 자체에 대항하여 투쟁을 전개한 러다이트운동이 좋은 예다.

"노동자 대중의 결속은 아직은 노동자들 자신이 단결한 결과가 아니라 자본가들이 단결한 결과"다. "이 단계에서 프롤레타리아들은 아직 자신의 적들과 투쟁하는 것이 아니라, 그들의 적들의 적들 즉 절대왕정의 잔재, 토지 소유자들, 비산업적 부르주아들, 소부르주아와 투쟁한다. 그래서 부르주아지는 역사적 운동 전체를 장악한다." 자본주의사회가 발전하는 오랫동안 프롤레타리아트는 여전히 정치적으로 독자적이지 못했다. 이 시기에 프롤레타리아트는 자신의 이익을 위해서가 아니라 부르주아지의 투쟁에 동원되는 단계에 머물러 있었다.

하지만 오래지 않아 프롤레타리아트 자신들의 이해관계를 인식하고 이를 위해 투쟁하기 시작했다. "그러나 산업의 발전과 함께 프롤레타리아트는 수적으로 증가하지만은 않는다. 프롤레타리아트는 더 큰 대중으로 집결하고 그들의 힘은 성장하며 그 힘을 더욱 더 많이 느낀다. 기계가 노동의 차이를 없애버리고, 거의 모든 곳에서 임금을 똑같이 낮게 떨어뜨리면서, 프롤레타리아트 안에서의 이해관계들과 생활처지들은 점점 더 균질적으로 된다." "노동자들은 부르주아지에 대항해 연합 (1888년판에는 '노동조합')을 만드는 것부터 시작한다. 그들은 임금을 유지하기 위해 함께 뭉친다. 그들은 때때로 일어나는 폭동에 대비해 상설의 연합을 설립한다. 여기저기서 투쟁은 봉기로 분출된다."

노동자계급이라는 집단적 주체가 형성되는 조건은 물질적이다. 산업 발전이라는 객관적 조건의 변화에 따라 노동자계급이 성장한다. 기계화로 인해 노동의 방식이 획일적이 되고, 임금수준이 비슷하게 낮아지면서 노동자들은 비슷한 특징을 가진집단이 된다. 프롤레타리아계급의 수가 증가하고 힘이 커지며, 자신의 힘을 자각한다. 힘의 크기와 힘의 자각은 별개의 과정으로, 사회적 실재와 사회적 의식 사이의 괴리가 있을 수 있다.

노동자계급을 집단으로 만드는 다른 물질적 조건은 생산도구의 변화다. 마르크스와 엥겔스는 노동자들의 삶의 변화를 도구의 변화와 연결해 설명한다. 그들은 "베틀은 베틀에 어울리는 사회를 만들고, 뮬방적기는 뮬방적기에 어울리는 사회를 만든다"고 보았다. 이로 인해 기계적 환원론이라며 비판을 받았지만, 현대에 와서 이것이 오히려 사회의 변화를 잘 보여주는설명임이 입증되었다. 오늘날 누구나 인공지능과 로봇이 세상과 인간의 삶을 근본적으로 바꿀 것이라 예상한다.

마르크스는 고립된 노동자들이 긴밀한 연합을 형성하고 혁명적 성격을 획득하게 해주는 마지막 조건을 산업 진보가 가져올 것이라고 생각했다. 부르주아지가 노동자들을 공장과 도시로 집중시켰다. 그리고 비슷한 삶의 조건을 부여했다. 또 다른 지역의 노동자들 사이의 접촉의 토대가 될 통신수단을 제공했다. 부르주아지가 의식적으로 진보적 역할을 수행하지 않더라도 그들이 만드는 현실의 조건이 프롤레타리아계급 주체 형성에 유리하게 작용했다. "노동자들의 단결은 대산업이 만들어내고 다른 지역들의 노동자들이 서로 연계하는 교통수단이 증가하면서 촉진된다…… 열악한 도로를 가졌던 중세의 시민들이 달성하는 데 수 세기가 걸렸던 단결을 철도를 가진 근대 프롤레타리아트는 몇 년 만에 이루어냈다." 교통수단의 발달로 동일한 성격을 지닌 투쟁들은 하나의 계급투쟁으로 중앙 집중화되어 영국의 10시간 노동법 제정 같은 성과를 낼 정도로 성장했다. 이런 조건에서 부르주아지 간의 경쟁의 결과로 공황이 일어난다. 공황으로 노동자들의 생활은 더 불안정해진다. 불안정한 상황은 노동자들이 행동하도록 만든다.

노동자계급의 단결과 투쟁의 양상도 기술적 조건, 경제적 조건에 의해 규정된다면, 지금 상황에서 자본가들이 만드는 물질적 조건의 변화, 추세가 프롤레타리아트의 운동에 어떤 역할을 할 것인지도 생각해보아야 한다. 기술적 조건이 노동자계급의 단결에 유리하게만 작용할 것이란 전망은 지금에 와서 보면 지나치게 순진했다. 특히 현대의 정보통신 기술은 대중들 간의 자발적 소통의 수단이기보다 대중 조작과 감시, 통제에 더 효율적인 수단이 되고 있다. 공산주의가 노동자계급을 분열시키는 민족, 젠더, 인종, 고용 조건 등등의 차이들을 공통의 계급투쟁으로 묶을 수 있기 위해서는 그런 차이들을 초래하기도 하고 줄이기도 하는 물질적 조건들에 대한 과학적 인식이 무엇보다 필요할 것이다.

노동자들, 정치투쟁을 시작하다

마르크스는 앞서 부르주아계급의 발전을 얘기하며 한마디를 덧붙였다. "모든 계급투쟁은 정치투쟁이다." 이 말은 마르크스주의 정치사상의 핵심적인 명제가 된다. 노동자들의 계급투쟁을 정치투쟁이라고 말한 이유는 무엇인가? 계급투쟁이라는 사회구조적 현상은 정치권력의 장악과 행사를 중요한 수단으로 삼는다. 부르주아독재의 수단인 국가를 장악해 활용하거나 파괴하는 것이 계급투쟁에서 중요한 과정이 된다. 그러나 계급투쟁을 정치투쟁으로 환원시킬 수는 없다. 사회구조의 혁명적 변화가 근본적인 목적이기 때문이다. 다음 장에서 살펴보겠지만 마르크스주의의 흐름 안에서도 정치투쟁과 사회변혁투쟁 가운데 어느 것을 중시하느냐에 따라 두 노선이 존재했다.

바로 이은 단락에서 "프롤레타리아트의 계급으로의 그리고 그와 함께 정치적 당으로의 조직화"라는 구절을 보면 전국적 수준의 단결을 이룬 노동자계급이 정치적 당으로 조직되는 것을 "정치투쟁"의 중요한 단계라고 본 것 같다.

"프롤레타리아트의 계급으로의 그리고 그와 함께 정치적 당으로의 조직화"라는 구절을 이해하기 위해 분명히 해야 할 문제는 계급과 정치적 당의 관계다. 프롤레타리아트가 하나의 정치적 당으로 조직되는 것은 먼저 한 계급으로 형성된 다음에 일어나는 일이다. (이 문제는 2장의 첫 부분에서 공산주의당과 프롤레타리아트, 공산주의당과 다른 당들과의 관계를 다루는 것과 연관이 있다.) 둘 사이에 강한 인과관계가 있다는 말로 해석하면 이 구절은 노동자계급이 결국 하나의 정치적 당을 만들기 위해 계급 형성과 투쟁의 역사적 과정을 거쳐왔다는 주장도 가능하다. 노동자계급이 하나의 완성된 주체적 계급으로 등장했다는 것은 공산당의 성립과 떼어놓고 생각할 수 없고 노동자계급의 이해관계와 공산당의 이해관계가 모순될 수 없다. 다른 해석도 있다. 앞서도 지적했듯이 1840년대의 정당이란 말이 이후에 등장한 정당들과 다른 의미를 가졌다면 프롤레타리아트가 하나의 계급이 되면서 비슷한 정치적 견해를 함께 가지게 된다는 정도로 이해할 수 있다. '당'의 그 시대의 용법을 고려하면 당연히 후자의 설명이 설득력 있다.

마르크스는 여기서 부르주아지로부터 교양 요소의 전달이 노동자계급의 단결의 계기였음을 다시 한번 언급한다. "부르주아지는 끊임없는 투쟁 속에 있다…… 이 모든 투쟁들 속에서 부르주아지는 프롤레타리아트에게 호소하고, 그들의 도움을 요청하고, 그들을 정치적 운동 속으로 이끌어 들일 필요가 있다. 부르주아지 스스로 프롤레타리아트에게 부르주아지 자신들의 교양 요소들 즉 부르주아지 자신들에게 대항할 무기들을 제공한다."

부르주아지는 항상 다른 계급과 혹은 자신들끼리 투쟁하고 있다. 따라서 프롤레타리아트를 자신들의 투쟁에 동원할 필요가 있다. 그래서 부르주아지의 교양 요소들을 프롤레타리아트에게 제공하고 이것이 부르주아지에게 겨누는 무기가 될 것이라 본다. 부르주아지가 프롤레타리아트에게 교양 요소를 제공하는 이유가 그들을 동원하기 위한 것이라면 그 교양 요소의 성격이 어떤 것일지를 생각해볼 필요가 있다. 부르주아지의 교양 요소가 중립적인 도구여서 누가 가지느냐에 따라 다른 역할을 할 것이라고 믿는 것은 순진한 태도다. 부르주아지의 교양 요소는 당연히 부르주아지에게만 쓸모 있는 계급적 성격을 많이 가지고 있을 것이다. 혁명적인 엘리트들, 계몽주의 지식인들이 프랑스혁명, 미국혁명에 미친 영향 때문에 마르크스는 교양 요소의 긍정적 역할을 과대평가하는 경향이 있었다. 마르크스와 엥겔스 자신들이 상층 계급 출신의 혁명적 지식인이란 점도 그의 판단에 영향을 미쳤을 것이다.

부르주아지의 교양 요소가 프롤레타리아트에게 전해지는 다른 경로도 있다. "지배계급의 작은 부분이 지배계급으로부터 이탈해 미래를 손에 쥐고 있는 계급 즉 혁명적 계급에 합류한다." 보통은 프롤레타리아트가 계급의식적으로 각성하는 과정에 부르주아지 일부가 긍정적으로 기여한다는 의미라고 이 구절을 이해한다. 그러나 이때 프롤레타리아트의 편이 되는 부르주아지는 소수에 불과하며, 그것도 부르주아지의 핵심 부분이 아니라 이데올로그들뿐이다. 부르주아지가 프롤레타리아트에게 전해주는 교양 요소는 프롤레타리아트에게 큰 실익이 없다. 역사를 보면 프롤레타리아트가 혁명의 주체가 되고 힘을 키우는 과정에 부르주아지가 했던 역할은 알려진 것보다 크지 않았다. 게다가 혁명 이후에 프롤레타리아트가 다시 수동적인 객체로 전락하는 중요한 원인이 부르주아지 교양 요소를 독점한 지식인들이 새로운 지배 엘리트로 성장했기 때문이다. 현실 사회주의사회의 병폐로 흔히 지적된 관료주의가 그 사례다.

어쨌든 문제는 프롤레타리아트의 단결이 순탄하게 이뤄지지 않는다는 점이다. "프롤레타리아트의 계급으로의 그리고 그와 함께 정치적 당으로의 조직화는 노동자들 스스로의 경쟁에 의해서 매번 다시 분열된다." 계급과 정치적 당의 관계가 어떤 것이든 간에 이 단결은 분열과 통합을 여러 번 되풀이하며 발전한다. 단결을 파괴하는 주된 원인은 노동자들 자신의 경쟁이다. 산업의 발전으로 프롤레타리아트의 힘, 의식은 확대되고, 공간적으로 집중된다. 그러나 동시에 경쟁은 프롤레타리아트를 분열시킨다. 《독일 이데올로기》에서 분업, 소외, 경쟁 문제를 다루면서 마르크스와 엥겔스가 이해하려 했던 것이 바로 이 모순이다.

분할되고, 소외된, 서로 간의 경쟁에 매몰된 프롤레타리아트가 혁명의 주체가 될 수 있는 조건은 무엇일까? 마르크스는 끊임없는 상호 관계 속에서 일어나는 계급들 사이의 투쟁과 적대의 양상을 분석하려 한다. 프롤레타리아트가 지도적인 위치를 차지하도록 사회적으로 성장할 수 있는 과정을 알기 위해서다. 계급투쟁은 총자본이 총노동을 착취하는 과정이다. 노동자계급의 존재 조건 자체가 계급투쟁의 과정이다. 계급은 역사적 과정 속에서 변화하고 분화되며 확고하게 고정되지 않는다.《공산당 선언》에서《자본》으로의 발전 과정에서 마르크스가 계급을 이해하는 방식도 발전했다. 계급투쟁을 계급이 형성되는 역사적 과정이라는 틀로 연구한 것이《프랑스혁명사 3부작》의 의미이다. 하지만 마르크스의 계급 개념에서 일관된 생각은 계급투쟁이 자본주의적 생산과 교류 과정 안에 있다는 것이다. 겉으로 드러난 사회적 적대 행위들은 계급투쟁이 현상으로 드러나는 모습이지 계급투쟁 자체가 아니다.

자본주의적 생산과 교류의 과정은 역사적인 것이기에 계급투쟁도 역사적 과정이다. 생산관계의 변화와 젠더, 인종, 민족, 세대가 이 역사적 과정 안에서 서로 관계를 맺는다. 어떤 역사적 조건에서 프롤레타리아트가 새로운 사회를 구성하는 주체로 성장할 수 있는가가 문제다. 노동자계급이라는 이미 존재하는 실체에 계급의식, 혁명 의지를 주입하거나 이미 충분히 있다고 주장하는 것은 의미가 없다. 프롤레타리아트가 주체로 형

성되는 조건이 무엇인지를 밝혀야 한다. 즉, 프롤레타리아트는
왜 혁명적이 되며, 혁명을 성공시킬 수 있는가?

프롤레타리아트는 왜 혁명적인가?

"오늘날 부르주아지와 대립하는 모든 계급들 중에서 프롤레타
리아트만이 진짜로 혁명적인 계급이다." 그 이유는 분명하다.
"낡은 사회의 삶의 조건들은 프롤레타리아트의 삶의 조건에서
는 이미 사라졌다." 따라서 기존 사회의 낡은 어떤 것도 유지할
이유가 프롤레타리아트에게는 없다. 그러나 이것만으로는 충
분하지 않다. 프롤레타리아트는 새로 등장하는 "대공업의 가장
고유한 산물"이다. 이 점에서 중간신분, 룸펜프롤레타리아트와
는 다르다. 이들 이야기부터 먼저 해보자.
　　"다른 계급들은 대공업이 발전하면 쇠락하고 몰락한다……
소공업자, 소상인, 수공업자와 농민 같은 중간신분들은 모두
중간신분으로서 자신의 존재가 몰락하지 않도록 부르주아지
와 투쟁한다. 그렇기에 그들은 혁명적이지 않고 보수적이다."
소공업가, 소상인, 수공업자 및 농민은 대공업 발전과 함께 몰
락의 위협에 처한다. 그들은 몰락하지 않기 위해 부르주아지와
싸운다. 그러나 대공업 발전 이전의 세상으로 사회를 되돌려야
지금까지의 삶의 방식을 유지할 수 있기에 진보적 혁명의 주

체가 될 수는 없다. 프롤레타리아트는 생산력을 발전시키면서도 사적 소유를 폐지하는 진보적 혁명과 이해관계가 일치한다. 중간계급은 과거로 되돌아가는 것은 불가능하고 그들은 이제 곧 "프롤레타리아트로 전락할" 운명임을 깨달을 때 자신들의 미래 즉 프롤레타리아트의 입장에 서게 된다.

그렇다면 중간계급보다 훨씬 열악한 상황에 있는 룸펜프롤레타리아트(노동에서 자의로, 타의로 배제되어 범죄 같은 기생적 방식으로 생계를 이어가는 하층민들)는 혁명의 주체가 될 수 있을까? "낡은 사회 최하층에 있고 수동적 부패 집단인 룸펜프롤레타리아트는 때때로 프롤레타리아혁명에 의해 운동 안으로 이끌려 들어오기도 하지만 그들의 전반적 삶의 처지 때문에 반동적인 음모에 기꺼이 매수될 것이다." 마르크스는 룸펜프롤레타리아트가 혁명의 편에 서게 될 가능성보다는 반동적 음모에 매수될 가능성이 더 높다고 보았다. 룸펜프롤레타리아트가 기존 체제에 산발적이고 원초적인 방식의 저항을 하는 경우는 드물지 않다. 범죄와 같은 일탈의 방식으로 불만을 표출하는 경우가 훨씬 많지만. 그럼에도 룸펜프롤레타리아트에 대한 과도한 의미 부여, 기대, 매혹은 오늘날까지도 끊이지 않고 있다.

피지배계급이 대범죄자에게 매혹되어 그를 영웅시하며 지지하는 일은 거의 의식의 원형처럼 생각될 정도로 오랫동안 반복되어왔다. 로빈후드와 홍길동의 다른 버전들은 사회적 혼란과 경제적 곤궁을 자양분으로 삼아 자라난다. 대공황 시기

미국인들은 잔인한 연쇄살인범이었던 보니와 클라이드Bonnie and Clyde 커플을 자신들의 편으로 여겼고 그들을 닮고 싶어 했다. 보니의 머리 모양과 옷 스타일은 대도시에서 흔히 볼 수 있을 정도로 유행했다. 대중들은 그들이 사람을 잔인하게 살해한 사실을 잊거나 외면하고, 가난한 이들에게 높은 이자를 뜯어내고 집을 경매에 넘겨 사람들을 길거리로 내몰았던 은행을 강도질하는 행위만을 빈민들의 대리 복수로 느껴 공감했다.

일부 사회주의자나 많은 아나키스트들도 룸펜프롤레타리아트가 혁명의 주체가 될 것이라는 낭만적 기대를 버리지 못했다. 20세기 후반의 신좌파들은 노동자계급이 소멸했거나 타락했다고 전제했다. 노동자계급이 더 이상 혁명의 주체가 아니라 배격되어야 할 기득권, 적폐라고 생각한 이들은 룸펜프롤레타리아트를 다시 소환했다. 이들의 기대가 얼마나 현실적 근거를 가진 것인지는 의심스럽다. 왜냐하면 가장 큰 피해를 입은 자가 반드시 가해자에게 복수하는 것도 아니며, 다른 사람들 즉 사회 전체에게 이익을 가져오는 방식의 저항을 하려면 더 많은 조건을 갖춰야 하기 때문이다. 사회 최하층의 집단이 사회 전체를 뒤집는 주체가 된다는 생각은 작용-반작용의 물리 법칙을 그대로 사회에 적용한 유비적 환상일지도 모르겠다.

다시 정리하자면 프롤레타리아트가 혁명의 주체가 되는 중요한 조건 중 하나는 그들이 잃을 것이 없다는 것이다. "프롤레타리아는 소유가 없다. 그의 부인과 자녀들에 대한 관계는 부르주아의 가족 관계에서는 더 이상 공통된 것이 없다…… 프롤레타리아는 모든 민족적 특성을 빼앗겼다. 법률, 도덕, 종교는 그에게는 그만큼 많은 부르주아적 편견일 뿐으로, 그 뒤에는 또 그만큼의 부르주아적 이해관계가 숨겨져 있다. 프롤레타리아들에게는 지켜야 할 자신의 것이라고는 없다. 그들은 지금까지의 모든 사적 안녕과 사적 보장을 파괴해야만 한다." 프롤레타리아트는 기존의 부르주아사회의 요소들을 모두 박탈당했다. 재산, 부르주아적 가족 관계, 일체의 민족적 성격, 법률, 도덕, 종교 등을 잃어버린다. 그런데 이 박탈에는 다른 측면이 있다. 프롤레타리아트가 자발적으로 버린 것이 아니라 빼앗긴 위의 것들은 실제로는 "그만큼 많은 부르주아적 편견일 뿐으로, 그 뒤에는 또 그만큼의 부르주아적 이해관계가 숨겨져 있다." 박탈이 해방의 조건이 될 수 있는 근거가 여기에 있다. 기성의 편견 밖으로 내몰린 프롤레타리아트는 그 덕분에 부르주아적 편견을 벗어날 수 있게 된다. 또한 "프롤레타리아들에게는 지켜야 할 자신의 것이라고는 없"는 처지다. 그들이 "사회적 생산력을 장악"하기 위해서는 지금까지 자신들도 그 안에 묶여 있었던 "지금까지의 전유 양식 전체를 철폐"해야 한다. 즉 "지금까지의 모든 사적 안녕과 사적 보장을 파괴해야만 한다." 지켜야 할 것이 없는 이들이 철저한 파괴에 적합한 것은 당연하다.

또한 대공업 발전이라는 새로운 현실의 결과이자, 대공업의 앞으로의 발전과 함께 상승할 계급이라는 이유 때문에 프롤레타리아트는 혁명의 주체가 된다. "다른 계급들은 대공업이 발전하면 쇠락하고 몰락한다." 대공업의 산물이라고 해서 프롤레타리아트의 처지가 대공업 발전, 생산력의 증대와 비례해서 나아지지는 않는다. 프롤레타리아트는 대공업을 움직이고, 이윤을 만드는 주체이지만 빈궁한 상태로 빠져든다. 프롤레타리아트의 사회적 역할의 확대와 빈곤화가 동시에 발생하는 모순적 상황이 프롤레타리아트를 혁명적인 계급으로 만든다.

프롤레타리아트가 혁명의 주체가 되리라는 낙관적 전망을 말하는 이 부분이 신자유주의 시대에는 프롤레타리아트의 죽음을 주장하는 이들에게 비판의 빌미를 제공했다. 논쟁의 핵심은 대공업의 운명이다. 19세기부터 신자유주의로의 전환 시기까지 줄곧 발전해온 제조업 대공업이 더 이상 유지되지 못할 것이라는 전망이 널리 퍼졌다. 그리고 그 자리를 금융, 유통, 문화 등 비물질적인 방식으로, 지금까지보다 더 높은 이윤을 만들어내는 산업이 차지한다는 진단도 유행했다. 신자유주의적 산업구조 조정이 시작된 것이다.

서구의 좌파 지식인들 다수는 신자유주의로의 전환을 탈산업화로만 받아들이지 않았다. 자본주의는 곧 제조업이라는 정식을 전제로 신자유주의로의 전환을 탈자본주의라고 주장하거나 심지어 공산주의와 자본주의 모두를 넘어서는 새로운 세상이 왔다고 열광했다. 이들은 제조업 구조 조정을 통한 대량

해고, 작업장의 주변부로의 이전(오프쇼어링off-shoring), 금융화, 대량 실업으로 인한 자영업의 증가, 비정규직을 포함한 불안정 노동의 확대 등을 탈산업화라 주장했고, 탈산업화의 결과 프롤레타리아트는 소멸될 것이라 보았다. 마르크스가 프롤레타리아트를 "대공업의 가장 고유한 산물"이라 주장했기에 대공업이 소멸하면 프롤레타리아트의 죽음은 당연한 귀결이라 보았다. 그들의 눈에 새롭게 등장한 주변부의 제조업 노동자, 더 열악한 처지로 내몰린 선진국의 불안정 노동자들은 보이지 않았다. 어떤 특이 취향의 포스트주의자들은 불안정한 삶이 가슴 떨리는 자유, 해방이라 찬양하기도 한다. 백수로서의 삶을 찬양하며, 실업으로 고통을 받는 민중들을 규율과 돈 몇 푼에 굴종하는 속물로 비하하는 모진 심성의 지식인들이 대중매체에서 아직도 행세하는 사회가 한국 사회다. 이 지식인들은 각종 포스트post주의를 선전하며 대중매체에 기생하기 시작했다. 그들의 운명은 이미 알고 있다. 그들이 열광한 탈근대는 제조업을 주변부로 이동시키고 세계적 가치사슬로 착취 구조를 정교화하며 금융투기로 '비물질적' 부를 소수가 독점하는 세상으로 밝혀졌다. 세상은 거듭되는 금융, 외환, 실물의 위기로 흔들리고 있다. 노동자계급은 소멸한 것이 아니라 더 불안정한 삶을 강요받았을 뿐이다.

자본주의가 위기에 대응하기 위해 성격을 전환하는 과정의 핵심은 산업구조를 재구성하는 것이다. 산업구조 조정 과정은 자본주의의 구조적 성격에 근본적으로 영향을 받지만, 실행의 과정은 자본가를 비롯한 사회 구성원들의 의식적 행위로 일어난다. 그리고 각 사회 구성원들은 구조 조정의 결과가 자신들에게 유리한 것이 되도록 서로 싸운다. 구조적 전환의 시기에 계급투쟁은 더 격화될 수밖에 없다. 프롤레타리아트가 혁명의 주체가 되려면 이 전환의 과정에 능동적으로 개입해 계급적 이해관계를 쟁취해야 한다. 노동자계급은 신비한 힘에 의해 만들어지는 세상의 질서에서, 특정한 자리를 배당받고, 그것을 운명으로 여기는 수동적 존재가 아니라 자본가에 맞서 싸우는 능동적인 집단적 주체가 되어야 한다.

프롤레타리아트의 운동은 무엇이 다른가?

역사는 가진 것이 없다고 모두가 주체적 실천에 나서지는 않음을 여러 차례 보여주었다. 봉건사회를 붕괴시킨 계급이 농노계급이 아니라 부르주아지라는 사실은 부를 축적하는 새로운 방식이 봉건적 축적 방식과의 경쟁에서 승리한 것을, 즉 봉건제에서 자본제로의 이행은 생산력과 생산관계의 혁명이라는 것을 보여준다. 피지배계급의 복수라는 정치적 동기만으로 혁명을 설명할 수는 없다. 프롤레타리아트가 혁명의 주체가 되는 이유가 단순히 피억압, 피착취 계급이라는 사실만은 아니다.

우선 "프롤레타리아트의 운동은 압도적 다수의 이익이 되는 압도적 다수의 자립적 운동"이 되어야 한다. 그리고 "프롤레타리아트는 공식적인 사회를 이루고 있는 계층들의 상부구조 전체를 공중으로 날려 보내지 않는다면 몸을 일으켜 똑바로 설 수 없는" 계급이어야 한다.

지금까지의 운동과 프롤레타리아트의 운동의 차이는 두 가지다. 다른 운동들이 소수의 이익을 위한 소수의 운동이었다면 "프롤레타리아트의 운동은 압도적 다수의 이익이 되는 압도적 다수의" 운동이다. 숫자가 많아지는 것도 필요충분조건은 아니다. 다수의 운동은 "자립적 운동selbst ständige Bewegung, self-conscious, independent movement"이어야 한다. 다른 계급, 세력에게 종속되거나 의지하지 않는 운동이 자립적 운동이다. 압도적 다수인 계급이 자신의 이익을 스스로 실현하려면, 지배계급이 만들어놓은 "상부구조 전체를 공중으로 날려버려"야 할 것임은 자명하다. 자본주의사회가 부르주아지의 이익을 위해 만들어놓은 정치적, 사회적, 문화적 장치들을 그대로 사용하는 것이 아니라 파괴하는 것이 프롤레타리아트의 운동의 특징이다. 프롤레타리아트의 곤경이 자본주의사회의 본질, 구조적으로 필연적이며 핵심적인 원인에 의한 것이어야 이들의 저항이 사회 전체를 본질적으로 변화시키는 운동이 될 수 있다. 가장 많이 고통을 받는다는 것만으로는 부족하다. 고통의 원인이 자본주의사회 구조의 본질에서 유래한 것이어야 한다.

마르크스는 붕괴가 일어나고 자본주의가 사회주의로 이행하는 과정에서 구체적으로 어떤 현상이 일어나는지를 차례대로 이야기한다. 먼저 노동자계급이 사회의 다수를 차지하게 된다. 자본주의가 충분히 발전하면 노동자의 수도 당연히 늘어날 것이다. 자본주의적 생산관계가 일반화되어서 농업이나 다른 전前 자본주의적 생산이 없어지고 산업생산이 사회를 지배하게 되면, 사회에는 극소수의 자본가계급과 인구의 압도적 다수를 차지하게 되는 노동자계급만이 남게 된다. 그런데 실제 19세기 말의 유럽 사회의 인구구성을 보면 가장 선진적인 자본주의사회였다는 영국에서도 상당히 많은 수의 농민 계급이 남아 있었다. 유럽의 주요 자본주의국가들에서는 19세기 내내 노동자계급보다 농민 계급이 훨씬 많았다. 따라서 농민 계급이 어떻게 될 것이냐는 문제가 제기되었다. 마르크스는 단호하게 농민들이 머지않아 프롤레타리아트로 전락할 것이라고 대답한다. 농민을 포함한 중간계급은 다 분해되고, 소수의 부르주아지와 다수의 프롤레타리아트만 남게 될 것이라는 것이다. 이것이 계급 구성의 단순화 테제이다. 자본주의가 충분히 발전해 사회주의로 넘어가는 그 즈음이 되면 계급 구성이 단순화되어 두 계급만이 남게 되는데 자본가계급은 소수가, 노동자계급은 압도적 다수가 될 것이다. 프롤레타리아트의 다수화 테제는 계급 구성의 단순화 테제와 사실상 연결된 테제이다.

그런데 프롤레타리아트가 인구의 절대 다수를 이루는 것만으로 자립적이 될 수 있을까? 1888년 영어 번역판에서는 자기의식을 강조한다. 프롤레타리아트가 착취당하고 있다는 사실, 그러나 자신들이 사회를 움직이는 실질적 힘이라는 사실 그리고 자신들의 이해관계를 스스로의 힘으로 관철시켜야 한다는 것을 의식해야 자립적이 될 수 있다. 1864년에 마르크스와 엥겔스가 작성한 〈국제 노동자협회 임시규약〉의 첫 문장은 이렇다. "노동자계급의 해방은 노동자계급 스스로에 의하여 전취되어야 한다." 프롤레타리아트 운동의 자립성을 분명하게 선언한 것이다. 노동자계급이 스스로 해방되기 위해서는 당연히 충분한 힘을 가져야 한다. 그 힘이 어디에서 나오며 어떻게 그 힘을 획득해 키울 수 있는지가 혁명을 가능하게 하는 주체적 조건이 될 것이다. 그리고 자기의식적이 되기 위해 지배계급으로부터 이런저런 경로로 전해진 교양 요소는 결정적인 것은 아니다. 마르크스 스스로도 《공산당 선언》 2장에서 "그들(부르주아지)이 그 상실을 유감으로 생각하는 그 교양이란 압도적 다수(프롤레타리아트)에게 있어서는 기계에 대한 교양이다"라고 한계를 지적하고 있다. 《공산당 선언》에서의 마르크스는 프롤레타리아혁명의 조건이 그리 오래지 않아 갖추어질 것이라고 낙관적으로 전망했다.

마지막으로 자본주의가 붕괴하고 노동자계급은 혁명을 일으킨다. 사회주의로의 이행 과정에서 노동자계급은 정치적으로는 국가권력을 장악해야 한다. 여기서 마르크스의 정치철학이 구체화된다. 마르크스에게 국가는 계급 지배의 수단이고 중립적이지 않다. 국가는 부르주아지의 가장 악한 계급 지배의 수단인 동시에 프롤레타리아트를 착취하고 억압하는 장치이다. 따라서 혁명의 첫 단계에서 프롤레타리아트는 부르주아지가 장악하고 있던 국가권력을 탈취해야 한다. "프롤레타리아트는 부르주아지를 폭력적으로 몰락시킴으로써 자신의 지배의 기초를 마련"할 것이다. 그리고 이 국가권력을 사용해서 생산수단의 사회화 등의 사회주의적 조치를 실행하는 사회혁명을 수행해야 한다.

그런데 마르크스는 이 과정이 우선은 각 나라 단위로 일어날 것이라 예상한다. "부르주아지에 대한 프롤레타리아트의 투쟁은 내용상으로는 그렇지 않지만 형식상으로는 우선 한 나라에서의 투쟁이다. 모든 나라들의 프롤레타리아트는 자연히 그들 나라의 부르주아지들과의 일을 우선 끝내야 한다." 근대 세계가 근대적 국가 단위로 재편되었음을 고려한 상식적인 이야기다. 그런데 그 투쟁이 "내용상으로는 그렇지 않음"을 또한 말하고 있다. 앞서 자본주의의 발전이 처음부터 세계적 차원의 것임을 밝힌 바 있다. 한 나라의 자본주의, 부르주아지와 프롤레타리아트의 이해관계는 다른 나라의 자본주의와 직간접적으로 연결되어 있으니 프롤레타리아트의 투쟁 역시 한 나라만의 문제는 아니라는 의미다.

별문제 없이 받아들일 수 있어 보인 이 구절이 현실에서는 복잡한 문제가 된다. 한 나라의 혁명 다음은 세계혁명인가? 이 순서는 법칙인가 정세적 예측일 뿐인가? 형식적으로만 일국적이고 내용상은 그렇지 않다는 말은 투쟁하는 프롤레타리아트는 다른 나라들의 프롤레타리아트와 국제적 연대, 통일된 계급의식을 가질 것이고, 투쟁은 전개될수록 국제적으로 확산될 것임을 당연하게 전제하고 있다. 그러나 민족국가 단위로 나뉘어진 근대 세계는 프롤레타리아트의 국제적 연대에도 장애물이되었다. 게다가 국가 간의 불균등 발전의 심화, 제국주의의 성장은 다른 민족국가에 속한 노동자계급들 사이를 적대적 관계로도 변질시켰다. 그래서 "먼저 그들 나라의 부르주아지를 끝장내"고 다음으로 세계로 혁명이 확산되는 방식으로 혁명이완수될 수 없는 상황이 나타났다. 그런 상황에 대응하기 위해마르크스주의는 새로운 흐름의 마르크스주의를 낳았다. 어쨌든 마르크스는 혁명 과정이 폭력적인 것이라고 보았다.

1848년의 마르크스는 프롤레타리아트의 투쟁이 "지금의 사회 내부의 어느 정도는 은폐된 내전", "공개적인 혁명", "프롤레타리아트가 부르주아지를 폭력적으로 몰락시킴", "자신의 지배의 기초를 마련"하는 순서로 전개될 것이라 예상했다. 이때 "폭력적으로 몰락시킴"은 구체적으로 어떤 의미일까? 마르크스와엥겔스는 프랑스혁명의 전개 양상을 떠올렸음에 분명하다. 《공산당 선언》 출간 직후 전 유럽을 휩쓴 혁명, 봉기에 그들도 참여했다. 특히 엥겔스는 진짜 전투에 참여했고 상당히 능력 있는 군인임을 보여주었다. 엥겔스가 생각한 혁명은 무장봉기, 진짜 무기를 동원한 전투였을 것이다. 말년의 엥겔스는 건강이 나빠져 말을 탈 수 없게 되자 무장봉기가 일어나도 참가할 수 없게 되었다고 걱정했다고 한다. 그가 생각한 혁명의 모습을 짐작할 수 있는 일화다. 그러나 독일과 유럽에서 의회 전술의 성과가 두드러지자 엥겔스는 의회 전술을 통한 합법적이고 평화로운 사회주의로의 이행에 대한 기대도 숨기지 않았다.

주관적이며 객관적인 혁명의 조건

마르크스는 1장의 끝에서 프롤레타리아혁명의 조건에 대해 다시 한번 언급한다. 앞에서 말한 프롤레타리아트의 다수화에 이어 프롤레타리아트의 빈곤화를 프롤레타리아트가 혁명에 나서는 중요한 조건으로 제시한다. 자본주의사회의 지배계급인 부르주아지가 프롤레타리아트의 생존을 보장하지 못한다면 프롤레타리아트의 입장에서는 더 이상 자본주의사회를 견딜 이유가 없다. 굶어 죽지 않고 살아남으려면 자본주의가 아닌 다른 사회가 되어야 한다. "근대의 노동자는 산업 진보와 함께 상승하기는커녕, 자기 계급의 조건들보다 더 아래로 더 깊이 가라앉는다. 노동자는 빈민이 되고, 빈곤은 인구와 부보다 더 빨리 번진다…… 부르주아지는 자신의 노예들에게 노예제

안에서의 생존조차 보장해줄 능력이 없기 때문에…… 부르주아지의 삶은 사회와 더 이상 조화를 이룰 수 없다."

마르크스는 자본주의가 발전할수록 대중의 빈곤화가 심화될 것이라고 예측한다. 프롤레타리아트의 태도는 사회주의로의 이행 단계가 되면 혁명적으로 되어야 하는데, 그 전제조건이 프롤레타리아트의 빈곤화이다. 이 빈곤화를 통해서 프롤레타리아트는 의식의 고양을 경험하고 혁명의 주체로 상승한다. "오늘날 부르주아지와 대립하는 모든 계급들 중에서 프롤레타리아트만이 진짜로 혁명적인 계급이다." 이 주장은 노동자계급의 빈곤화와 연결되어 있다. 부르주아지가 생존조차 보장해줄 수 없기 때문에 부르주아지는 지배계급으로서 기능할 수 없다는 것이다.

그런데 이때의 빈곤pauperism은 일반적인 가난poverty과는 다른 의미다. 이 단어는 자선이나 공적인 부조에 의해서만 겨우 살아가는 절박한 처지의 사람이 되는 상황을 의미한다. 즉 생존이 유지되기 힘든 정도의 가난함이라는 뜻이다. 이런 상황이 필연적으로 온다는 주장은 앞서 마르크스가 묘사한 자본주의의 비약적 발전과 어울리지 않아 보인다. 또 현실의 역사에서도 빈곤이 일반화되는 일은 적어도 서구에서는 일어나지 않았다. 역사는 예상보다 복잡하게 전개되었다. 선진 자본주의국가들에서는 프롤레타리아트의 생활수준이 오히려 향상되어 그들이 정치적으로 온건해지는 현상이 나타난다. '수정주의 논쟁'이 이런 현상을 둘러싸고 벌어진다.

다음으로 마르크스는 대공업 발전의 모순된 경향을 간략히 정리한다. "부르주아계급이 존재하고 지배하기 위한 본질적인 조건은 개인의 손으로의 부의 축적, 즉 자본의 형성과 증식이다." 자본가가 증식시킨 자본은 임금노동에서 온 것이다. 임금노동을 통해 노동자들을 착취하려면 노동자들 상호 간의 관계가 경쟁적이어야 한다. 이런 조건들이 갖추어졌기에 근대적 대공업이 발전했고 자본가들은 더 많은 자본을 증식시켰다. 그런데 대공업의 발전은 "노동자들의 혁명적 단결을 가져온다." 단결은 경쟁을 대체하고 "부르주아계급의 발 아래에서 기초 자체가 무너진다." 즉 자본가들은 임금노동을 통해 부를 얻을 수 없게 된다. 자본가들이 자본을 증식시키기 위해 발전시킨 방식이 부르주아지를 몰락시킨다. "부르주아지는 무엇보다 먼저 자신들을 매장할 사람들을 만들었다"라는 유명한 구절의 의미다. "부르주아지의 몰락과 프롤레타리아트의 승리"라는 모순된 결과는 자본주의의 발전 과정을 통해 동시에 달성된다. 그리고 이 과정은 불가피unvermeidlich하다고 마르크스는 말한다.

"불가피unvermeidlich"함의 의미에 대한 해석과 논쟁이 마르크스 이후 마르크스주의의 전개에서 결정적인 갈림길이 된다. 자본주의의 흥망성쇠와 붕괴가 '불가피'하다는 말은 여러 가지로 해석할 수 있다. 그렇지만 자본주의의 발전과 주기적 공황 뒤에 결국 오는 프롤레타리아트의 증가와 빈곤화, 그들의 분열과 단결의 반복, 자본주의라는 경제적 조건의 변화와 프롤레타리아트의 혁명 주체로의 고양이 결합되어야 사회주의로의 성공적인 이행이 가능하다는 것이 마르크스와 엥겔스의 주장이었음은 분명하다. 혁명은 객관적인 물질적 조건과 혁명 주체의 실천이 하나가 되어야 성공한다는 말이다.

2장

프롤레타리아와 공산주의자들

공산주의자와 프롤레타리아트의 관계

공산주의자, 당, 프롤레타리아계급

이 장은 공산주의자들과 전체 프롤레타리아트와의 관계를 물으며 시작한다. 마르크스는 계급투쟁이 분명히 정치투쟁의 성격을 가질 것이라고 생각했다. 그는 자생적이지만 고립된 개인들의 단기간의 투쟁이 손쉽게 공산주의사회를 가져올 것이라는 비현실적 기대를 하지는 않았다. 반대로 계급투쟁을 주도하고 혁명을 수행할 정치적 주체가, 개인이나 개인들의 우연적이고 일시적인 모임과는 다른 형태로 존재해야 한다고 생각했다.

마르크스가 여기서 주장하는 자격을 갖춘 정치적 주체가 등장할 것이라고 기대한 것은 분명하다. 공산주의자가 바로 그 주체다. 그렇다면 공산주의자는 프롤레타리아계급과는 어떤 관계에 있는가?

공산주의자는 "공산주의자들은 전체 프롤레타리아트의 이해관계와 분리된 이해관계를 가지지 않는다." 프롤레타리아트는 계급적 보편성을 가지지만 동시에 상이한 이해관계를 부분적으로 가지는 여러 집단으로 나뉠 수도 있다. 국적, 지역, 젠더, 업종, 고용 형태 등에 따라 프롤레타리아들 사이에서도 이해관계의 충돌이 일어난다. 특수한 이해관계들 사이의 상충을 넘어서는 일반적 이해관계를 지향하는 것이 공산주의이기 때문에 프롤레타리아트의 한 분파만을 대변하는 특수한 당이 되어서는 안 된다. 역사적 맥락에서는 당시 영국의 차티스트운동이라는 대규모 프롤레타리아 운동 내부에서 특정한 분파의 주장을 내세워서는 안 된다는 생각을 표현한 구절로 해석하는 연구도 있다.

공산주의자는 "특수한 원리들을 세워 프롤레타리아의 운동을 거기에 따라 만들지model 않는다." 마르크스는 공산주의 운동이 "특수한" 원리를 먼저 세워놓고 현실에서의 프롤레타리아트의 운동을 원리로 재단하는 방식, 즉 공상적 방식과는 근본적으로 다르다고 선언한다. 자신만의 공상적 원리에 근거해 노동자들을 편가르기 하는 방식의 운동을 극복해야 했기 때문이다. 그래서 《공산당 선언》 1888년판에서는 "특수한besonderen"이라는 단어를 "종파적sektiererischen"이라고 바꿔서 의미를 더 분명하게 했다. 또한 "특수한"이란 말은 한 사회 안의 프롤레타리아들 사이의 차이라는 의미 외에 다른 뜻도 가진다. "공산주의자들은…… 국적에 상관없는 전체 프롤레타리아트의 이해관계", 즉 전 세계 프롤레타리아트를 포괄하는 공통의 이해관계를 내세운다.

또한 "프롤레타리아트와 부르주아지 사이에 진행되는 투쟁들의 상이한 발전 단계들" 중 특정한 어느 단계만이 아니라 "전체 운동의 이해를 주장한다는 점에서 다른 프롤레타리아 정당들과 구별된다." 즉 장기적인 과정에 보편적으로 적용되는 전망과 노선의 주체여야 한다. 프롤레타리아계급의 투쟁은 사회변혁의 보편적 목적을 대변하는 운동이라는 점에서 이전의 다른 혁명 운동과는 다르다.

"공산주의자들은 다른 노동자 정당들에 대립되는 특수한 당이 결코 아니다. 공산주의자들은 전체 프롤레타리아트의 이해관계와 분리된 이해관계를 가지지 않는다." 이 문장대로 되기 위해서는 두 가지 문제를 해결해야 한다. 하나는 공산주의자들이 프롤레타리아트 전체의 이해관계를 제대로 알 수 있어야 한다. 즉 공산주의자의 지향과 노선이 프롤레타리아트의 이해관계와 일치할 수 있는 현실적 근거가 있어야 한다. 두 번째는 전체 노동자계급의 이해관계가 부분적 모순은 있더라도 전체적으로는 통일되어야 한다. 상층과 하층, 정규직과 비정규직, 남성 노동자와 여성 노동자, 제국주의 국가의 노동자와 식민지 노동자 등 노동자계급 내부의 차이와 분할을 넘어 공통된 프롤레타리아트의 이해관계가 실제로 존재해야만 한다. "공산주의자들은 프롤레타리아의 다양한 일국적 투쟁들에 있어서 국적에 상관없는 전체 프롤레타리아트의 이해관계를 주장하기에…… 다른 프롤레타리아트 정당들과 구별된다." 한 나라의 프롤레타리아트와 모든 나라 프롤레타리아트의 이해관계 사이에 공통된 것이 존재하고, 운동의 상이한 단계들 사이의 차이에도 불구하고 관철되는 공통의 이해관계가 있다고 마르크스는 생각한다.

이 구절들은 공산주의자가 마땅히 어떠해야 하는가를 표명한 것으로, 앞으로 등장할 프롤레타리아계급 주체가 어떻게 행위해야 하는지에 대한 원칙과 지침 정도로 이해하는 것이 합리적이다. 누구든 간에 전체 노동자계급의 이해관계를 온전히 대변하는 것이 공산주의자들이라면, "공산주의자들은 또한 실천적으로는 모든 나라들의 노동자당의 가장 단호하고, 항상 더 멀리 이끌고 가는 부분"이 되는 것은 자연스럽다. 그리고 공산주의자가 어떻게 대중에 앞선 통찰을 가지고 단호하게 운동을 이끌 수 있는지를 설명하고, 실행할 방안을 제시하는 것이 과제로 남는다.

위의 조건들이 충족되더라도 공산주의자들과 프롤레타리

아트의 운동의 관계 문제는 아직 남아 있다. 공산주의자는 도대체 누구인가? 프롤레타리아트의 선진적인 부분인가? 1장에서 나온 노동자들에게 교양 요소를 전해주는 지배 엘리트 출신의 의식화된 사람들인가? 공산주의자들의 원칙이 전체 노동자계급의 이해관계와 일치한다면 그때 공산주의자들은 프롤레타리아트의 운동을 이끌 정당한 자격을 가지는가? 마르크스가 공산주의자와 프롤레타리아트 사이에 사라지지 않는 거리를 두는 것에 반대한 것은 분명하다. 《공산당 선언》 3, 4장의 다른 사회주의, 공산주의들에 대한 비판, 그리고 《공산당 선언》 직전에 이루어진 작업들인 《신성가족》, 《독일이데올로기》, 《철학의 빈곤》 등에서 종교적 구원자처럼 행세하며 민중을 지도하는 방식에 대해 통렬히 비판하기도 했다. 마르크스가 프롤레타리아트를 혁명의 주체라고 처음 언급한 텍스트인 《헤겔 법철학 비판 서설》에서는 "해방의 머리는 철학이요. 그 심장은 프롤레타리아트다"라고 했다. 그러나 《공산당 선언》에서는 프롤레타리아트의 주도적 역할을 더 강조한다. 마르크스는 공산주의자들의 역할이(아마도 자신의 역할까지도) 프롤레타리아트의 자기해방을 초기에 돕는 해방운동의 수단의 역할에 그쳐야 한다고 생각했을 것이다. 이것이 프롤레타리아트가 지배계급으로 상승하고 해방의 주체가 된다는 《공산당 선언》 전체의 주제와도 어울리는 생각이다.

엥겔스는 《공산당 선언》 1890년판 서문에서 "정치혁명만으로는 충분하지 않다고 확신한 사람들이 그 당시 자신을 공산주의자라 불렀다.…… 그리고 우리는 그렇게 이른 시기에 이미 '노동자의 해방은 노동자계급 자신의 행위여야 한다'는 의견을 매우 단호하게 가지고 있었다"라고 썼다. 1864년 제1인터네셔널 〈임시 규약〉에서 노동자계급의 해방은 노동자계급 자신에 의해 성취되어야 한다고 주장한 것은 《공산당 선언》의 계승이다.

다음으로 프롤레타리아계급 운동이 시작되고 발전해 "프롤레타리아트의 계급으로의 성장, 부르주아 지배의 몰락, 프롤레타리아트에 의한 정치권력의 획득"이라는 목표를 향해 나아가는 과정에 대해 말하고 있다. 그렇다면 이 과정 동안에는 공산주의자들이 운동을 이끌어나가는 것이 항상 정당한가? 또 정치권력을 획득한 이후에 공산주의자들의 역할은 무엇인가? 공산주의자들이 프롤레타리아트 전체와 구별되지 않는 시점, 모든 프롤레타리아트가 곧 공산주의자가 되는 상황이 온다면 이 물음들은 의미가 없다. 마르크스주의의 목표이기는 하지만 이 목표가 단기간에 실현되기는 어렵다.

공산주의자의 역할에 대한 이 문장을 러시아혁명기의 볼셰비키 같은 전위당이나 혁명 후 소련의 공산당처럼, 공산주의자의 대중에 대한 이론적 우위와 실천적 지도 역할을 정당화하는 구절이라고 해석한 경우도 있었다. 이런 식의 해석에 대해 공산주의자의 지도적 역할이 다른 노동자 대중들과의 위계를 낳고 그것을 구조적으로 지속하게 만들었다는 비판이 오랫동안 제기되었다. 공산주의자(당)의 프롤레타리아트 전체에 대한 우월적 지위가 실제로 근거가 있는지를 의심하는 의문도 제기되었고, 공산주의자의 주도적 역할은 1장에서 나온 노동자계급의 자립적 운동과 모순되지 않느냐고 물을 수도 있다.

대중이 자립적, 자발적인 주체가 된다는 말의 의미를 여러 측면에서 생각해볼 필요가 있다. 마르크스는 혁명 주체로서 공산주의자들의 자세를 말했지 특정한 집단이나 제도를 명시적으로 밝히지는 않았다. 또 공산주의자들은 "이론적으로는 프롤레타리아의 운동의 조건들, 진행 과정, 전반적인 결과들에 대한 통찰에 있어서 다른 프롤레타리아트 대중들보다 뛰어나야 한다"는 말도 그래야 한다는 것이지 공산주의자나 당이면 저절로 그런 통찰력을 가지게 된다는 말이 아니다. 오히려 그런 실천적, 이론적 자격을 갖추지 못한 정치집단은 공산주의자일 수가 없다는 말로 해석하는 것이 맥락에 부합한다. 하지만 더 근본적인 질문은 대중 스스로가 공산주의자가 되는 것은 언제 어떻게 실현되는가 그리고 그때까지의 과도기에 공산주의자들의 역할은 무엇인가다.

19세기 후반 노동운동은 대중적 노동자계급 정당 건설에 성공했다. 이 당들은 그 후 수십 년간 노동운동의 중요한 수단이었다. 제2차세계대전이 끝난 후의 세상에서도 서구의 사민주의 정당이든 소련의 공산당이든 노동자계급을 대변하는 정당들은 여전히 중요한 역할을 했다. 그러나 불과 20~30년이 지나자 이 당들에 대한 노동자 대중의 신뢰는 예전보다 못하게 되었다. 게다가 20세기 말에 현실 사회주의사회가 붕괴하자, 공산'당'에게 상당한 책임이 있다는 판단이 널리 받아들여졌다. 결국 공산주의, 노동자 운동에서 20세기적 의미에서의 '당'은 적합하지 않다는 비판까지 나오게 되었다. 그래서 당과는 다른 공산주의 정치조직을 시도하기도 한다. 또 프롤레타리아트와 공산주의자의 구별을 없애고, 프롤레타리아트가 곧 공산주의자여야 문제가 해결된다는 주장도 꾸준히 제기되었다.

당 문제는 현재에도 중요한 과제다. 《공산당 선언》 이후로 다양한 형태의 운동체와 공동체들이 시도되었고, 여전히 시도하고 있지만 지난 세기 당의 역할만큼 강한 영향력을 가진 조직은 아직 등장하지 않고 있다. 특히 소련의 공산당은 물론, 서유럽의 사민주의 당들마저 억압적이라고 비판하며 일체의 조직과 제도를 거부했던 각종 포스트주의 담론과 운동은 실천적 한계를 뚜렷이 드러내었고, 문화 운동으로 축소되는 시기를 거쳐 기존의 정치체제 안으로 자발적으로 투항하고 있다. 이론적으로나 표어로는 지극히 급진적인 운동이 기존 주류 정당과 아무렇지 않게 결합하고 있는데, 급진적 운동의 당사자들은 어떤 강제도 없이, 자신들의 주장에 대한 해명도 없이 자발적으로 기존 '정당'의 틀로 들어갔다. 즉 과거의 공산당, 사민당에 대한 급진적 비판의 실천적 귀결은 정치적 제도화, 온건한 신자유주의로의 편입이다. 그 결과 노동자계급의 현실은 더 열악해지는데도 저항의 주체로서의 공산당을 대체할 정치조직은 아직 나타나지 않고 있다.

신자유주의 시대, 자본주의의 모순이 전 세계의 민중들에게 더 큰 고통을 가하는 상황에서 민중들이 정치, 사회, 경제적 투쟁을 수행할 장치는 여전히 필요하다. 우리는 1848년《공산당 선언》에서 제시한 노동자 운동의 첫 과제인 "프롤레타리아트의 계급으로의 성장"을 이제 다시 목표로 삼아야 하는 상황에 있다. 노동자계급의 정체성이 다양한 정체성들(민족, 국적, 인종, 젠더, 지역, 언어 등)과 결합되어 복합적 정체성을 형성한다는 것이 노동자계급의 정체성을 부정할 근거가 될 수는 없다. 동성애자이면서 동시에 노동자인 것이 왜 불가능한가? 계급적 정체성, 자본주의사회에서 경제적 조건에 의해 규정되는 집합적 특징에 대한 관심이 다시 필요한 때다. 현실에서 노동자계급이 사라진 적은 없다. 진보 담론, 진보 지식인들이 애써 외면하려 했을 뿐이다. 그래서 노동자계급의 자발적이고 주체적인 운동은 더욱 중요한 과제가 되었다.

공산주의 운동의 당면 목적

이제 "공산주의자들의 당면 목적"을 자세히 검토해보자. 마르크스는 "프롤레타리아트의 계급으로의 성장, 부르주아 지배의 몰락, 프롤레타리아트에 의한 정치권력의 획득"이 어떤 프롤레타리아 정당에도 동일한 목표라고 말한다. 프롤레타리아트가 집단적 주체로서의 계급으로 형성되는 과정에 대해서는 1장에서 이미 설명했다. 마르크스는 자본주의적 대공업의 발전이 가져온 물질적 조건의 변화와 노동자계급의 처지의 유사함 그리고 지배계급의 교양 요소가 더해져 계급이 형성된다고 말한다. 물론 이 과정이 쉽게 완결되고 후퇴하지 않는다는 말은 아니다. 노동자계급의 통일성은 끊임없이 위협받는다. 그러나 이 무렵의 마르크스가 계급 형성이 빠른 속도로 달성될 것이라고 낙관적으로 전망했던 것은 분명하다. 그리고 이 과정에서 노동자계급 스스로의 의식적인 실천보다는 객관적인 조건의 변화가 더 큰 역할을 할 것이라 본 것도 사실이다. 마르크스와 엥겔스 이후의 공산주의 운동들도 계급의 조직화와 공산주의당으로의 발전이 너무 쉽게, 거의 저절로 일어나리라 기대했다. 그래서 어떻게 프롤레타리아트가 다양한 차이를 넘어 단일한 계급으로 형성될 것인가에 대한 구체적 탐구와 실천을 제대로 하지 않았다. 그 결과 19세기 말과 20세기 초에 노동자계급의 정체성은 민족이라는 새로운 집단 정체성과 힘겹게 대결해야 했다.

프롤레타리아계급은 저절로 혁명 주체로 성장하지 않는다. 또 성장의 과정은 단기간 내에 완성되어 후퇴하지 않는 고정된 단계가 아니라 변증법적 과정이다. 노동자계급의 정체성 형성과 혁명 지향성은 객관적 조건과 주체적 실천이 상호작용하며, 상승하고 후퇴하는 복잡한 과정이다. 노동자계급의 형성은 어느 시점에 완결되는 과제가 아니다. 계급 형성, 계급의식, 계급투쟁과 혁명이라는 과정은 하나의 원인으로 환원해 설명할 수 없다. 따라서 이 과정에 영향을 주는 조건들에 대한 과학적 이해가 계급 형성을 위해 반드시 필요하다. 자본주의의 변동성 그리고 자본가들이 노동자계급에게 부과하는, 착취당하면서도 자신들끼리 경쟁해야 하는 삶의 방식은 노동자계급의 형성 과정에 영향을 준다.

현재까지 나타나는 자본주의의 불균등한 발전 양상은 자본주의의 경쟁적 속성과 관련이 있다. 신자유주의적 세계화는 가치사슬에 편입된 (그리고 배제된) 나라들, 사람들이 경쟁적으로, 경쟁을 통해 가치사슬에 묶이도록 한다. 초국적 자본은 자본의 이익을 위해 세금을 낮추고, 규제를 무력화시키며, 임금을 낮추는 경쟁을 하도록 국가들에게 강요한다. 노동자들의 여러 가지 방식의 연합들이 경쟁을 극복하고 안정된 임금을 보장받는 데 성공하기도 하지만 동시에 그 연합 밖으로 다른 노동자들을 배제하기에 노동자들 사이의 경쟁은 사라지지 않는다. 기업별 노조를 산별노조로 확장하면, 개별 기업 노동자들끼리의 경쟁은 완화될 수도 있지만, 같은 업종, 산업 안에서만 그렇다. 산업의 여러 부문들, 세계의 다른 나라와 지역 사이의 경쟁은 다시 나타난다. 그래서 마르크스가 《공산당 선언》 1장에서 통찰했듯이 "프롤레타리아트의 계급으로의 그리고 그와 함께 정치적 당으로의 조직화는 노동자들 스스로의 경쟁에 의해서 매번 다시 분열된다."

자본가 사이의 경쟁은 개별 기업과 국가 간 경쟁의 방식으로 나타난다. 노동자계급은 계급으로서의 정체성을 잃고 기업과 국가 혹은 다른 자본가가 만든 집단에 귀속된다. 노동자들은 다른 집단, 정체성의 노동자들을 경쟁자로 여기게 된다. 신자유주의 시대 자본 간, 국가 간 경쟁의 격화는 노동자들 간의 연대를 파괴하고 분열을 부추긴다. 이런 분열을 넘어 노동자계급을 혁명적으로 단결하는 대안적 운동은 자본주의 역사 내내 계속되어왔다. 노동운동은 자본이 만들어내는 새로운 분할과 경쟁을 넘어 더 광범위한 노동자계급의 공통성을 찾고 만들면서 조직해야 한다. 노동자계급의 형성과 공산주의당의 발전 역시 지속적으로 상호작용하는 관계에 있다. 노동자계급의 분열이 심화되고 세계적으로 확장된 오늘날의 상황에서 공산주의당의 역할은 그것의 구체적 모습이 어떤 것이든 간에 만국의 "프롤레타리아트를 하나의 계급으로 만드는 것"이어야만 한다. 그것만이 프롤레타리아트의 혁명적 잠재력을 실현하는 길이다.

이렇게 하나의 계급으로 형성된 프롤레타리아트는 부르주아지의 지배를 전복하고, 정치권력을 장악해야 한다. 마르크스가 국가권력 장악이라는 정치혁명을 당면 목적으로 설정한 것은 당대 다른 운동 노선들 중에 반정치적 성격을 강조한 노선들과의 차이를 보여주기 위한 것이다. 이 과제에서 특히 국가권력의 파괴, 해체를 주장한 아나키즘, 비정치적인 방식의 사회적 실천을 통한 운동만 주장하던 다양한 공동체주의들과 마르크스주의 간의 결정적인 차이가 드러난다. 마르크스는 책을 쓸 당시에 주로 피에르 조지프 프루동Pierre-Joseph Proudhon이 주장했던 정치 운동을 배제한 반정치적 사회변혁운동을 염두에 두었다.

근대사회에서 정치권력은 근대국가라는 장치를 통해 행사된다. 따라서 정치권력 장악은 국가기구를 지배, 통제하는 권력을 장악하고 행사한다는 의미다. 마르크스는 국가가 본질적으로 계급독재의 수단이라고 부정적으로 평가했다. 이 점을 고려한다면 혁명은 국가권력 장악으로 완결되지 않을 것임을 짐작할 수 있다. 과도기인 프롤레타리아독재 시기를 거쳐 공산주의사회가 실현되면 국가는 필요하지 않다. 국가는 기본적으로 한 계급이 다른 계급을 착취하고 억압하기 위한 수단이므로 무계급사회인 공산주의사회가 실현되면 국가는 폐지된다.

다시 도식적으로 말하면 부르주아 국가기구가 있고 이것을 프롤레타리아트가 장악한다. 그 이후에도 한동안은 국가기구가 존속할 것이다. 하지만 이 시기는 국가기구를 해체하는 과정이기도 하다. 이 과도기를 프롤레타리아독재라고 부른다. 공산주의사회가 되어야 국가가 완전히 폐지된다. 이렇게 단계를 설정하는 것이 《공산당 선언》에서의 마르크스 국가론의 특징이다. 나중에 기존의 국가권력을 장악하고 일정 정도 유지하는 게 필요한가, 기존의 국가권력이 프롤레타리아혁명 이후에도 유용한 도구일 수 있는가를 둘러싸고 논쟁이 벌어진다. 하지만 《공산당 선언》의 단계에서 마르크스는 분명히 국가권력을 장악해 사회주의 건설의 목적을 위해 사용하는 것이 필요하다고 말한다.

마르크스는 혁명의 다음 단계들에서도 공산주의자들이 주도적인 역할을 할 것인지, "여타 프롤레타리아트 대중"과 공산주의자들의 구별이 없어질지 또 프롤레타리아트를 제외한 사회 구성원들은 어떤 역할을 할지에 대해서는 거의 설명하지 않는다. 그는 이 문제가 그리 중요하지 않을 것이라 여겼을 수도 있다. 그러나 21세기에 사는 우리는 이 물음이 역사적으로 실재했던 사회주의사회에서 가장 심각한 문제가 되었음을 알고 있다.

이 단락에서 또 하나 흥미로운 것은 부르주아지의 지배의 전복과 프롤레타리아트의 권력 장악을 구별한다는 점이다. 부르주아지의 지배가 무너진다고 해서 프롤레타리아트가 자동적으로 권력을 가지지는 않는다. 이 말은 1장 처음에 나오는 계급투쟁에서 "투쟁하는 계급들이 함께 몰락하면서 끝나는 투쟁"이란 생각과 연결된다. 부르주아지의 지배의 붕괴가 프롤레타리아트가 의식적인 계급투쟁을 통해서 공산주의사회로 자본주의사회를 대체하려는 실천에 의해서만 일어나지는 않는다. 자본주의 체제가 자체 안의 모순으로 붕괴되는 객관적 조건과 주체적 실천이 결합되어야 프롤레타리아트에 의한 사회주의 건설이 가능하다. 프롤레타리아트가 주체적 역량을 갖추고 새로운 사회를 만들기 위해 의식적으로 투쟁하지 않는다면 정치권력 장악과 권력을 사용한 사적 소유 폐지는 일어나지 않을 것이다. 그렇게 되면 사회 전체가 붕괴되거나 다른 세력이 권력을 장악할 가능성도 있다. 프롤레타리아트의 승리와 사회주의는 저절로 주어지지 않는다.

권력 장악 이후의 과제는 사적 소유의 폐지다. 자본주의 시대에서 계급투쟁은 생산수단에 대한 사적 소유라는 소유관계가 근본적인 원인이 되어 일어난 일이다. 인류의 역사는 소유관계들이 지속적으로 교체되어온 역사다. 역사적 시기마다 다른 소유관계들이 생기고 없어졌다. 자본주의사회에서는 생산수단에 대한 사적 소유라는 자본주의만의 고유한 소유관계가 존재한다. 근대 부르주아적 사적 소유는 생산물을 생산하고 전유하는 체계를 드러내는 방식이다. 이 체계는 계급 적대와 착취의 체계다. 그리고 공산주의는 부르주아지의 착취의 근거를 폐지하는 운동이다. 자본주의적 소유관계의 폐지가 공산주의의 과제가 된다. 자본주의사회에서 생산수단을 소유한 계급이 부르주아지다. 따라서 공산주의자들의 목표는 "소유 일반의 폐지가 아니라 부르주아적 소유의 폐지다." 공산주의는 한마디로 부르주아적 사적 소유 폐지의 노선이다.

마르크스는 공산주의자들의 "이론적 명제들이 결코 이념이나 원리들에 근거하는 것이 아니라…… 우리 눈앞에서 일어나는 역사적 운동의, 실존하는 계급투쟁의 사실상의 관계들을 일반적으로 표현한 것이다"라고 말한다. 마르크스는 《공산당 선언》 이전에 쓴 《독일이데올로기》와 《철학의 빈곤》을 거치면서 자신의 방법론을 어느 정도 정립했다. 도덕적 당위나 초월적 원리, 관념적으로 고안해낸 원칙을 가지지 않는 것이 마르크스 방법론의 중요한 특징이다. 마르크스주의는 '주의'라기보다는 과학이기를 추구한다. 실제 현실을 드러내려 하지, 비현실적 원리로 현실을 재단하지 않는다. 현실을 과학적으로 관찰하면 계급투쟁이라는 역사의 실체를 볼 수 있다. 공산주의 이론은 현실에 실제로 있는 계급투쟁의 표현일 뿐이지 이론이 계급투쟁을 만들어내지 않았다. 이것이 공산주의 이론과 프롤레타리아트 운동의 일치를 보장하는 조건이다. 이론은 실제에 의존한다. 마르크스가 유물론과 과학이라는 단어로 흔히 표현한 자신의 방법론을 여기서도 다시 밝히고 있다. 그 방법을 사용해 밝힌 공산주의의 독특한 특징은 공산주의가 "부르주아적 소유의 폐지"를 주장한다는 것이다.

부르주아적 소유의 폐지

공산주의가 부르주아적 소유의 폐지를 목표로 삼는 이유는 분명하다. "근대 부르주아적 사적 소유는 계급 대립에, 한 계급에 대한 다른 계급의 착취에 근거하기" 때문이다. 그래서 부르주아적 소유의 폐지는 계급 간 착취의 폐지와 같은 말이다. 마르크스는 사적 소유 철폐에 반대하는 논리를 반비판하는 방식으로 자신의 주장을 정리하고 있다. 사적 소유 폐지에 반대하는 논리들은 이렇다.

1. 소유는 "개인이 번, 스스로 노동한 소유"이다.
2. 소유는 "모든 개인적 자유, 활동 그리고 자립성의 근거가 된다." 그런데 소유를 폐기하면 개인의 자유와 자립성도 없어진다.
3. 2는 곧 개성의 폐기로 이어진다. 결국 개인도 없어질 것이다.
4. "사적 소유를 폐지하면 모든 활동이 정지하고 그리고 전반적으로 게으름이 넘쳐날 것이다."
5. "정신적 생산물들의 전유와 생산" 곧 "교양"이 상실된다.
6. 소유권은 "영원한 자연법칙 그리고 이성의 법칙"에 근거하므로 소유의 폐기는 영원한 법칙을 어기는 것이다.

비판 1에 대한 마르크스의 대답은 이런 순서로 전개된다.

1. 일체의 모든 소유를 없애는 것은 공산주의자의 목표가 아니다. 자본주의 이전 사회에서 내려온 소부르주아적, 소농민적 소유는 공산주의자들이 아니라 부르주아지 자신들이 폐지하고 있다.

2. 소유를 옹호하고 신성시하는 자본주의적 소유관계에서 프롤레타리아트는 오히려 소유를 박탈당한다. "자본 즉 임금노동을 착취하는 소유" 때문이다. 소유는 모두에게 동일한 것이 아니다. "오늘날과 같은 모습의 소유는 자본과 임금노동의 대립 안에서 운동한다." 즉 자본가의 소유와 임금노동자의 소유는 대립적이어서 자본가의 소유가 늘수록 노동자의 소유는 줄어든다. 모든 소유를 동일하게 보고, 모든 사람의 자유, 자립성의 토대가 된다는 주장은 거짓이다. 소유와 자유의 형태 그리고 둘 사이의 관계는 사회마다 다르고, 한 사회라 해도 사람들이 처한 조건마다 다르다. 자본가의 소유는 노동자의 소유를 박탈한다. 그래서 자본가와 노동자의 소유가 같을 수는 없다.

3. "자본가는 생산 안에 있는 하나의 사회적 자리"이고 "자본은 공동의 생산물이며…… 사회의 모든 구성원들의 공동의 활동을 통해서만 작동하게 된다." 자연에서 무상으로 주어진 것들에 다른 사회 구성원들과의 공동의 노력이 더해져 만들어진 성과를 개인이 소유권을 내세우며 배타적으로 독점하는 것은 부당하다. "자본은 또한 개인적 힘이 아니라 사회적 힘"이

다. 개인의 배타적이고 독점적인 소유를 폐지해, 애초에 사회적인 힘이었던 "자본이 사회적이고, 사회의 모든 구성원들에게 귀속된 소유로 변화하는" 것이 개인의 자유와 자립성을 위태롭게 할까? 마르크스는 소유 자체를 폐지하는 것이 아니라고 다시 한번 강조한다. 사회 구성원 대다수가 아무것도 가질 수 없게 만든 소유의 "계급적 성격"을 폐지하면, 사회 구성원들은 오히려 잃어버렸던 소유를 되찾게 될 것이다. 폐지되는 것은 타인의 소유를 착취할 수단에 대한 소유권일 뿐이다. 오히려 회복된 개인적 소유는 개인이 더 자유롭고, 더 자립적이 되도록 도울 것이다.

소유 문제에 대해 조금 더 자세히 살펴보자. 마르크스주의 문헌의 한글 번역에서 독일어에서는 같은 단어인 Privat Eigentum을 문맥에 따라 '사적 소유'와 '개인적 소유'로 구분하는 경우가 많다. 부르주아적 소유를 '사적 소유'로, 소유의 계급적 성격을 철폐하면 사회 구성원 모두에게 복원되는 소유를 '개인적 소유'로 번역하는 것이다. 그런데 마르크스주의 이론의 역사에서 '사적 소유'의 대상과 '개인적 소유'의 대상이 각각 어떤 것인지를 놓고 많은 논쟁이 있었다. '사적 소유'의 대상이 착취를 위한 수단인 생산수단이고 '개인적 소유'는 소비재에 적용된다는 해석이 가장 일반적이다. 좀 더 추상적으로는 타인에 대한 착취를 낳지 않을 정도까지의 소유는 개인적 소유로 허용되고, 타인을 착취하는 것이 가능한 만큼의 소유는 사적 소유이기에 폐지해야 한다고 설명한다. 그러나 두 경우 모두 소유 대상, 양을 구체적으로 확정할 수는 없다. 사회적 조건에 따라 달라지기 때문이다.

하지만 분명한 점은 생산수단에 대한 소유권의 유지, 강화는 사회 구성원 대다수의 소유를 실질적으로 제한하고, 사적 소유의 폐지는 오히려 사회 구성원 모두에게 물질적, 정신적으로 더 충만한 소유와 향유를 보장한다고 마르크스가 생각했다는 것이다. "부르주아사회에서 살아 있는 노동은 축적된 노동(자본)을 증식시키는 수단일 뿐이다. 공산주의사회에서 축적된 노동은 노동자들의 생활 과정을 확장시키고 풍요롭게 하며 후원하는 수단일 뿐이다." 자본가들에게 이윤을 가져다주는 역할만을 하던 자본이 사적 소유의 독점에서 풀려나자 노동자들의 삶을 풍요롭게 해준다. 삶이 풍요로워지는 것이 개인적 소유의 확대다. 마르크스는 《독일 이데올로기》에서 소유가 물질적 재화를 가지고 사용하는 것만이 아니라, 인간의 육체와 정신의 풍요와 역량 강화까지를 의미한다고 말한 바 있다.

예를 들어서 오늘날 단순노동에 종사하는 저임금노동자를 생각해보자. 셋방, 옷 몇 벌, 배우자와 자식, 약간의 저축 등이 그가 가진 전부일 것이다. 교양이나 지식도 거의 없고 취미와 특기를 가질 여유도 없다. 사적 소유를 신장한다는 자본주의에서 이 사람이 실제로 소유하고 있는 것은 거의 없다. 하지만 사적 소유가 폐지되고 개인적 소유가 회복되면 물질적으로 풍족하게 소비할 수 있을 뿐만 아니라, 하고 싶은 것을 할 수 있고, 자기 잠재력을 충분히 발현할 수 있으며, 지식과 감정도 풍부해진다.

정신적 소유의 경우를 좀 더 보자. 자본가들은 지적 재산에 대한 소유권이 엄격하게 보장되어야 지적인 생산물이 다양하게 늘어난다고 말한다. 지적 재산권이 사회의 정신적 산물을 개인이 누리도록 보장해주는 경우가 더 많은가 아니면 제한하는 경우가 더 많은가? 지적 재산권은 소수의 특정 부르주아들이 독점하고 있다. 현재도 진행 중인 전염병 대유행의 시대에 백신과 치료제에 대한 지적 재산권은 사람들의 목숨을 담보로 이윤을 늘리고 있다. 약을 살 돈이 없는 민중들은 자신의 건강에 대한 권리조차 소유하고 있지 못하다. 이게 정말 개인적 소유가 신장된 것인가? 이것은 인류의 지적 활동의 산물에 대한 소유권의 강화가 더 많은 인간들의 소유를 제한하는 사례이다. 지식에 대한 사적 소유를 사회적 소유로 전환하면 개인들이 소유하는 것은 더 늘어날 수 있다. 사회주의가 되면 지식의 결과물들을 공유할 수 있다. 지적 재산권이 사유화되지 않고 공유되면 대다수의 민중들이 가지게 되는 지식은 늘어난다. 약을 제조하는 과정을 우리가 알지 못하더라도 지식의 결과물들이 나에게 공유됨으로써 간접적으로 내가 소유하는 지식이 늘어난다.

자본주의사회에서 사적 소유권이 보장되면 개인적 소유가

늘어날 것 같지만 실제로는 대다수의 사람들에게는 소유가 박탈되고 소수의 소유만 늘어난다고 마르크스는 봤다. 자본주의 사회에서 개인적 소유의 박탈은 구조적으로 발생하는 착취를 통해 일어난다. 공산주의는 착취의 철폐를 위해 소유의 계급적 성격을 없애려 한다. 이렇게 되면 오히려 개인적 소유는 회복될 것이다. 따라서 공산주의는 타인의 노동력에 대한 지배를 낳는 소유만을 폐지한다. 개인적 소유의 한도는 "남의 노동을 전유해 지배하지 않을 만큼" 즉 자본으로 전화하지 않을 만큼이다. 이 한도는 역사적 조건에 따라 다르다. 자본주의는 생산수단을 소유할 권리를 주장한다. 대다수 사람들에게 그 권리는 명목상으로만 허용되고 실제로는 박탈당한다. 반면에 공산주의는 사회의 생산물을 전유할 힘을 누구나 가져야 한다고 주장한다. 공산주의는 개인적 소유가 타인을 착취할 힘을 가지는 생산수단의 사적 소유로 발전하는 것을 금지함으로써 사회적 생산물을 점유하고 향유할 개인의 권리를 실질적으로 보장하려 한다.

그런데 사회적 소유가 사회 구성원 모두에게 개인적 소유를 회복해주는 것은 아니라는 견해도 있다. 사회를 사회 구성원과 분리되어 대립하는 실체로 보는 입장에서는 자본가를 대신해 사회가 다시 개인의 소유를 빼앗는다고 주장한다. 마르크스가 《독일 이데올로기》에서 다루었던 막스 슈티르너Max Stirner의 주장이 대표적인 경우다. 슈티르너는 사회라는 추상적 자본가가 자본을 독점하고 구성원인 개인을 다시 착취한다는 이유에서 공산주의를 반대한다. 하지만 마르크스는 '추상적 소유자인 사회 대 개인'이라는 구도 자체가 자유주의의 잘못된 전제에 입각한 것이라고 대답한다. 모든 사회가 모든 개인을 착취한다는 주장은 비현실적이다. 사회와 개인은 고정되어 대립하는 관계에 있지 않다. 자본주의라는 특정한 사회의 구성 방식이 문제다. 사회주의는 개인적 소유와 대립하지 않는다. 개인적 소유를 사실상 없애는 것은 소유를 계급적으로만 허용하는 자본주의다.

마르크스는 《공산당 선언》을 집필한 이후에 정치경제학 비판을 통해 자본주의가 발달할수록 생산을 둘러싼 사회적 관계는 확대되고 복잡해지며 긴밀해지는 반면에, 생산수단과 자본은 소수의 손에 독점되는 모순이 심화됨을 발견한다. 그리고 이 모순이 자본주의를 근본적으로 규정하고 있다고 보았다.

비판 2에 대한 답은 비판 1에 대한 답에서 자연스럽게 도출된다. 부르주아적 소유만을 보장하는 자본주의사회에서는 "자본이 자립적이며 개성적인 반면에, 활동하는 개인은 비자립적이고 비개성적이다." 반대로 사적 소유를 폐지한 사회에서 대다수 사회 구성원들은 더 자유롭고, 더 자립적인 삶을 살게 된다고 마르크스는 대답한다. 자본가들이 소유 폐지를 자유의 소멸이라 주장했던 이유는 착취를 통해 노동자들의 소유를 박탈할 수단과 자유를 잃어버리는 것에 대한 두려움 때문이다. 사적 소유의 폐지를 통해 "폐기되는 것은…… 부르주아적 개성, 부르주아적 자립성, 부르주아적 자유"일 뿐이다.

사적 소유와 개인적 소유 및 그에 기반한 자유, 능동, 자립의 문제를 좀 더 생각해보자. "모든 개인적 자유, 활동 및 자립성의 기초를 이룰 그러한 소유를" 폐지하면 개인은 자유, 활동성, 자립성을 잃어버린 수동적 사물이 될 것이라고 자본주의 이데올로기는 선전한다. 소유와 자유, 자유와 자립성의 연결은 오늘날에도 널리 받아들여지는 논리다. 신자유주의의 이데올로그들이 국가, 사회, 공동체의 억압으로부터 벗어난 개인의 절대적 자유를 옹호하는 것도 같은 근거에서다. 마르크스는 사적 소유에 의존한 자유는 사실은 "자유로운 상업, 자유로운 판매 및 구매"를 위한 것에 불과하다고 말한다. 자본을 소유하지 못한 이들에게 이런 자유는 아무런 의미가 없다.

자본가들이 지키려 하는 사적 소유와 그에 기반한 자유는 타인의 소유와 자유를 빼앗아야만 실현되는 것이다. 착취자와 피착취자에게 소유와 자유는 같은 의미가 아니다. 착취자의 자유는 피착취자의 부자유, 질곡과 같은 말이다. 착취자의 소유는 피착취자의 가난, 소유의 박탈을 의미한다. 따라서 자유와 소유의 권리를 보편적이라고 주장하는 것은 거짓말이다. 착취하는 자유를 금지하는 것은 자유가 보편적 권리라고 보는 관점에서는 논리적 모순이다. 반대로 착취의 자유를 허용한다면 피착취자의 부자유를 인정하기에 역시 자유가 보편적이라는 전제와 모순된다. 현실을 보자. 실제로는 착취의 자유는 거의 무한정하게 허용되어왔지만 착취당하지 않을 자유는 거의 인정받지 못한다. 공산주의자가 주장하는 사적 소유의 폐지는 착취의 폐지라고 분명히 말해왔다. 그러나 그것은 항상 개인의 권리인 소유와 자유를 침해한다고 비판받아왔고 심지어 폭력적으로 억압되었다. 그래서 현실에서 보장되는 자유는 거의 착취자, 즉 생산수단 소유자의 자유였다. 사적 소유가 다수의 비소유를 전제로 한 것임을 인정해야 한다. 계급사회에서 소유, 자유 등의 권리는 동질적이지도 평등하지도 않다.

급진적인 자유주의자들은 개인의 자유를 절대적으로 실현하는 것이 기존 사회를 근본적으로 바꿀 혁명적 행동인 것처럼 과장하기도 한다. 하지만 실제로는 다른 사람의 자유를 침해하는 범죄적 일탈이거나, 시장이 제공하는 상품의 자유로운 소비에 지나지 않는다. 성애의 자유를 실현하려 상대의 동의 없이 성폭력을 저지르거나, 자유로운 영혼으로 살기 위해 사직서를 내고 항공권을 구매해 유료 숙박업소들을 전전한다고 해서 자본주의사회로부터 한 발짝이라도 벗어나는 것은 아니다.

공산주의사회가 모든 자유, 모든 사람들의 자유를 제한하는 것은 아니다. 다른 사람들의 자유를 빼앗을 자유만 제한된다. 사적 소유의 폐지, 착취할 자유의 제한을 통해서만 진짜 자유가 가능하다. 예를 들어보자. 절대적 자유, 몸의 자유를 주장한 20세기의 대표적 철학자 미셸 푸코Michel Foucault가 프랑스의 식민지였던 튀니지에서 8세가량의 아이들을 성적으로 착취했음이 밝혀졌다. 푸코는 프랑스 백인인 자신이 구식민지의 유색인 아동을 성적 대상으로 삼는 것도 절대적 자유의 관점에서는 제한해서는 안 된다고 주장했다고 한다. 더 나아가 아무리 어린 아동이라도 성적 쾌락을 즐길 권리는 있다고도 주장했다. 공산주의는 제국주의, 인종주의를 등에 업고 돈으로 가난한 구식민지 유색인 아동의 성을 구매할 자유를 억압할 것이다. 그 자유는 다른 이의 몸을 착취하는 자유이기 때문이다.

비판 3에 대한 답은 자유주의자들이 외치는 자유의 주체인 개인이 누구인지 되묻는 것으로 시작한다. 이 문제는 인간이 어떤 존재인가에 대한 생각과 관련된다. 부르주아지는 생산수단을 소유하고, 프롤레타리아트를 착취하고, 자연을 수탈하는 관계 방식을 통해 개인이 되고 개성을 가진 인간이 된다. 자유주의적 개인은 "부르주아적 소유자 외에 그 누구도" 아니다. 개인이 완결되고 고립되어 존재한다는 것은 환상일 뿐이다. 자연과 다른 사람과의 관계망 속에 있는 사람들만이 실제로 존재한다.

따라서 자본주의사회에서 개성을 잃어버리는 것은 자신의 것을 가지지 못하는 노동자들이다. 생활을 풍요롭게 하기 위한 노동을 하지 못하고 축적된 노동을 증식시키는 수단으로서의 노동만 하는 개인은 의존적이게 되고 개성을 잃는다. 착취로 인해 개인적 소유를 빼앗긴 개인은 개성도 잃는다. 재산을 소유하지 못한 사람은 사회적으로 주체일 수 없다는 생각은 자본주의 초기부터 노골적으로 표현되어왔다. 재산에 의한 차등 선거권 같은 과거의 형태든, 소유자 사회Ownership Society라는 신자유주의 시대의 구호든 간에 내용은 본질적으로 같다. 개인은 자본의 소유자를 의미할 뿐이다. 그런 개인의 개성은 개인 안에 원래 있는 독창적인 무엇이 아니라 자본의 힘의 표현일 뿐이다. 결국 노동자뿐만 아니라 자본가도 개성이 없다. 소유와 소비만을 위해 사는 사람을 개성적이라고 할 수는 없다.

다음은 **비판 4**에 대한 대답이다. 사적 소유 폐기를 비판하는 측에서 제기하는 잘 알려진 또 하나의 주장은 "사적 소유를 폐지하면 모든 활동이 정지하고 그리고 전반적인 게으름이 넘쳐날 것"이라는 우려다. 이 비판은 현실에 존재했던 사회주의 국가들이 자본주의 진영과의 경제 경쟁에서 패배해 붕괴했다고 보는 관점에서는 상당히 설득력 있는 사회주의 비판 논리다. 이 논리는 1917년 혁명 당시의 러시아 경제 상황을 고려한다면 소련이 비약적인 경제성장을 하지 않았느냐는 반론에 대해서는, 그 성장은 강제노역에 의한 결과이며 그것도 개인의 수요를 고려하지 못하는 계획경제의 한계로 소비재 부족에 시달린 실패한 경제라고 대답해왔다. 그러나 현실 사회주의국가들의 경제적 성과에 대한 평가는 이 책의 범위 밖의 문제이므로 길게 다루지 않을 것이다. 경제적 이익이 인간을 일하게 하는 근본 동력인지의 문제로 돌아가자.

자본주의사회에서는 개인에게 소유가 보장되지 않는다면, 경제활동의 결과가 개인에게 귀속되지 않게 된다. 자신에게 돌아올 경제적 보상에 대한 기대가 없다면 사람들은 열심히 일할 동기가 없어진다. 모든 사회 구성원들이 게을러진 사회가 경제적으로 파산하는 것은 당연하다. 마르크스는 "그렇다면 부르주아사회는 게으름 탓에 오래 전에 몰락했어야 했다. 왜냐하면 그 사회에서 노동하는 사람은 벌어들이지 못하고, 벌어들이는 사람은 노동하지 않기 때문이다"라고만 답한다. 일하지 않는 것이 문제라면 노동하지 않는 부르주아가 지배하는 자본주의사회가 더 문제 아니냐는 식의 마르크스의 대꾸는 제대로 된 대답이 아니다. 우리도 나쁘지만 너희들 같은 최악은 아니지 않느냐는 식의 답은 우리 방식의 정당함을 입증하지는 못한다. 하지만 공산주의사회를 실현하려면 이 비판에 대한 제대로 된 답변을 반드시 제출해야 한다.

마르크스는 이 문제를 20여 년 뒤 《고타강령 초안 비판》에서 다시 다룬다. 마르크스는 노동이 생산에 기여한 바를 분배의 기준으로 삼는 것은 자본주의사회를 극복한 '낮은 단계의 공산주의'에서도 완전히 폐기되지 않을 것이라 본다. 경제활동의 결과가 개인에게 귀속되는 것이 사람들이 노동하는 중요한 동기임을 인정한 것이다. 그러나 더 발전한 '높은 단계의 공산주의' 사회에서는 각자의 필요가 분배의 원리가 된다. 인간의 노동이 경제적 동기로부터 완전히 분리된 행위가 되는 것은 지금 세상과는 많이 다른 사회에서나 가능하다는 말이기도 하다.

경제적 보상이 없다면 물질적 생산을 위한 동기와 함께 정신적 생산물들을 만들고 전유할 동기도 사라진다는 **비판 5**에 대해서는 이렇게 답한다. 자본주의사회에서 정신적 활동, 교양이란 실제로는 이윤을 낳는 능력을 의미할 뿐이다. 취미, 취향, 수양, 학식, 정신적 가치 등등 아무리 고상한 이름으로 포장하더라도 자본주의사회에서 교양으로 인정받는 것은 직접 경제적 이익을 가져오거나, 경제활동을 잘하도록 도와주거나(심리적 위안이든 실무능력의 기초를 훈련하든 간에) 아니면 경제적 부를 과시하는 데 사용되는 것들이다. 과시적 교양도 그 자체로 그치지 않고 다시 더 많은 부를 모으는 수단으로 기능하기도 한다. 이렇게 경제적 부를 얻는 데 성공한 집단의 정신적 요소들을 교양이라 부른다.

사적 소유 폐기의 효과와 의미를 제대로 평가하려면 평가 기준이 보편적이어야 한다. 공산주의에 대한 부르주아지의 비판은 계급적 잣대를 적용한 비판이다. 그들이 말하는 자유, 권리, 법, 교양 등은 모두 계급적인 의미를 가진 것일 뿐이다. 부르주아지의 계급적 교양은 경제적 동기와 직접 연결된다. 그러나 다른 사회적 조건에서는 경제적 동기로부터 자유롭게 교양을 만들고 확산할 수 있을 것이다. 이 문제는 비판 4와 같은 맥락에 있다. 마르크스와 그의 계승자들은 인간과 노동에 대한 다른 관점을 제시하면서 이 문제에 답한다. 그러나《공산당 선언》에서는 그 답을 자세히 말하지 않는다. 마르크스는 더 앞선 저술인《경제학 철학 초고》,《독일 이데올로기》에서 철학적인 방식으로 이 문제를 다루었다.

마지막 **비판6**에 대해서도 간단하게 답한다. 현재의 소유관계를 폐기하는 것은 공산주의만의 고유한 주장이 아니다. 역사적 조건이 바뀌면 기존의 소유관계는 변화해왔다. 부르주아지 자신들이 자본주의 이전 사회의 소유를 철폐하고 새로운 소유를 만드는 역사적 역할을 했다. 그들은 고대사회와 봉건사회의 소유는 일시적이고 역사적이어서 사라졌다는 것을 인정했다. 그러나 부르주아적 소유는 더 이상 변화, 소멸하지 않고 영원하며, 예외를 허용하지 않는 법칙 같다고 주장한다. 마르크스는 역사적인 경제적 조건에서 나온 관념을 영원한 것으로 포장하는 것은 "몰락한 모든 지배계급들"의 공통된 행태였다고 일축한다. 마르크스는 생산과 분배와 소유관계의 역사적 변화를 규명하는 것을 자신의 중요한 과제로 삼았다. 그래야 자본주의 이후에 올 변화를 생각할 수 있기 때문이다. 그는 그 작업을 '역사유물론'이라 불렀다.

가족의 폐지

이 문제에 관해 공산주의자들에게 가해지는 비판은 다음과 같다.

1. 공산주의자들은 가족을 폐지하려 한다.
2. 부모에 의한 아동 착취를 없애려 한다.
3. 가정에서의 교육을 사회적 교육으로 대체함으로써 가장 고귀한 관계들을 폐지한다.
4. 부인 공유제를 도입하려 한다.

비판 1에 대해서는 다음과 같이 답변하고 있다.

마르크스가 보기에 프롤레타리아트는 부르주아 가족의 모델을 따라가려 한다. 그러나 그것은 경제적 궁핍 때문에 불가능하다. 결혼해 가정을 유지할 돈이 없는 프롤레타리아트는 공인된 성매매로 결혼을 대신한다. 프롤레타리아트의 독신, 성매매는 부르주아 가족 같은 가족을 만들기 원하지만 할 수 없기에 나온 행태일 뿐이다. 그렇다고 해서 프롤레타리아트가 부르주아 가족과 완전히 다른 형태의 가족, 남녀 관계를 시도하지는 않는다. 프롤레타리아트는 부르주아지의 가족 이데올로기에 사로잡혀 있기 때문이다. "부르주아들의 가족은 당연히 이러한 자신의 보완물(프롤레타리아트의 독신 생활과 공인된 성매매)의 제거와 함께 제거되며, 또 양자는 자본의 소멸과 함께 소멸한다." 부르주아지와 프롤레타리아트의 가족 문제에서의 상반된 행동 방식은 동전의 양면이다. 그래서 자본주의가 붕괴하고 새로운 사회가 와서 부르주아 가족이 소멸하면 프롤레타리아트의 이런 행태도 사라질 것이다.

프롤레타리아트는 부르주아사회 안에서 살지만 부르주아적으로는 살 수 없는 계급이다. 프롤레타리아트는 부르주아 가족과 같은 가족생활을 영위할 수 없다. 마르크스가 비판에 제대로 답하려면 부르주아의 삶의 방식이 바람직하지만 프롤레타리아트가 그 방식을 영위할 수 없는 것이 문제인지 아니면 프롤레타리아트가 부르주아지의 가족제도를 거부해야 하는지를 분명히 해야 한다. 지금 한국 사회에서 문제가 되고 있는 결혼 포기 현상을 예로 들어보자. 결혼 포기가 진보적인 의미를 가지려면 단지 결혼 실패의 변명이 아니라 억압적 젠더 관계를 벗어나 기존과는 다른 새로운 젠더 관계, 인간관계를 시도해야 한다. 그러나 《공산당 선언》에서의 마르크스는 프롤레타리아트가 지금과는 완전히 다른 형태의 가족, 남녀 관계를 지향해야 하는지에 대해서 분명하게 답하지 않는다.

마르크스는 앞의 장에서도 부르주아 가족에 대해 부정적으로 묘사한 바 있다. "부르주아지는 가족 관계로부터 감상적 껍데기를 벗겨버리고, 그것을 순전한 금전 관계로 되돌려놓았다." 돈이 가족을 해체한 수많은 사례들을 모르거나 경험하지 못한 이가 있을까? 가족제도와 자본주의의 관계는 사회 상황에 따라 모순된 모습으로 나타난다. 부르주아지는 자신들이 전통의 가족적 유대를 파괴하면서 동시에 가족적 가치를 찬양하는 위선적 모습을 보일 때도 있다. 자본주의가 위기에 처할 때마다 가족의 가치를 강조하며 사회적 압력을 완충할 수단으로 이용하는 현상은 반복적으로 나타났다. 경기 침체기에 가족의 가치를 강조하는 영화와 드라마가 쏟아져 나오는 것은 오래된 현상이다. 이런 문화 상품들은 국가와 사회가 져야 하는 의무를 가족이라는 사적 영역으로 떠넘기는 것을 당연히 여기도록 만든다. 그리고 가족 안에서는 다시 상대적 약자에게 책임이 떠넘겨진다. 대부분의 경우에 가족 내의 약자는 여성이다. 그래서 "부모와 자녀의 친밀한 관계에 대한 부르주아들의 상투적인 말들은 더욱 구역질나는 것이 된다."

비판 2에 대해서는 다음과 같이 답변하고 있다.

"당신들은 우리가, 부모에 의한 아동들의 착취를 폐기하려 한다고 우리를 비난하는가? 우리는 이 죄를 인정한다." 이 구절에서 마르크스는 당시의 가족제도가 어린이를 착취하고 있음을 지적한다. 어린이에 대한 관념, 어린이를 양육하는 방식은 시대마다 사회마다 당연히 다르다. 오늘날에는 어린이가 성인과 다른 존재이므로 그에 맞는 방식으로 대우해야 한다는 생각이 일반적이다. 하지만 이런 관념이 자리 잡은 것은 그리 오래되지 않았다. 동화《헨젤과 그레텔》에 묘사된 아이를 버리는 부모의 행동은 중세 말, 근대 초까지도 유럽에서 드물지 않았다. 19세기 자본주의사회에서도 많은 어린이들이 가혹한 노동에 시달리고 있었다. 마르크스는 그런 가족을 흔들어 바꾸려는 것이 뭐가 문제냐고 말한다. 그러나 마르크스는 부르주아적 가족을 완전히 다른 모습으로 바꿔야 어린이에 대한 부모의 착취가 끝난다는 결론으로 분명하게 나가지는 않는다.

어린이 학대와 대조적으로 보이는 자녀에 대한 과도한 애정과 과보호, 가족 이기주의의 강화 같은 현상들도 자본주의사회의 재생산에서 가족이 수행하는 기능과 연결해 이해해야 한다. 자본주의의 냉혹함이 사회 거의 모든 영역의 아우라를 제거해버리는 경향 속에서 가족 이데올로기가 더 강화되는 현상은 자본주의 재생산의 위기와 관련된다. 가족의 결속은 가족과 사회 사이의 관계를 부르주아지에게 유리하게 작동하도록 하는 이데올로기다. 부르주아적 가족 관계는 자본주의 재생산에 필수적이기 때문이다.

비판 3에 대한 답변은 다음과 같다.

"가정에서의 교육을 사회적 교육으로 대체함으로써 가장 고귀한 관계들을 폐지한다"는 비판에 답하면서 마르크스가 핵심적으로 반박하는 것은 가족과 사회를 분리해서 보는 관점이다. "공산주의자들이 사회의 교육 개입을 고안해낸 것이 아니다. 그들은 개입의 성격을 변화시킬 뿐이고, 교육을 지배계급의 영향으로부터 빼낸다." 마르크스가 보기에 가정과 사회의 이원론적 분리는 가상에 불과하다. 가정 밖의 다른 사회 조건들로부터 영향을 받지 않는 가정은 존재하지 않는다. 자본주의 시대에는 사회와 가정 사이의 관계가 자본주의적으로 변화한다. 그 변화는 양육, 교육에서도 나타난다. 현실의 교육 문제도 이런 관점에서 볼 필요가 있다. 교육은 고립된 별개의 문제가 아니다. 현대의 학교처럼 사회가 제도화한 교육이든 가정교육이든 마찬가지다. 예를 들어 한국의 입시 문제도 노동력 재생산 조건의 변화, 산업구조의 재편으로 인한 노동시장의 변화, 자산 보유의 불평등 확대 등의 조건을 고려해야 이해할 수 있다. 가정교육과 사회적 교육 모두 사회의 구조적 조건에 영향을 받기 때문에, 그 영향이 미치는 방식을 어떻게 새롭게 바꾸는가가 중요하다.

비판 4에 대해서는 다음과 같이 답변하고 있다.

《공산당 선언》은 여성, 아동, 가족 문제에 대해서는 짧게 그리고 수세적으로 언급한다. 비판에 대한 반박과 해명을 주로 할 뿐 공산주의가 지향하는 새로운 가족 관계가 어떤 것인지에 대해서는 거의 말하지 않는다. 특히 공산주의가 부인 공유제를 도입하려 한다는 비판에 대해서는 초점을 빗나간 대꾸를 되풀이하고, 부르주아 가족을 긍정적으로 평가한다는 인상을 주기도 한다. 마르크스가 부르주아 가족을 비판하는 것은 남성 부르주아들이 자신의 아내들을 도구로 취급하기 때문이다. 그렇다면 부부 사이에 대등하고 상호적인 존중이 가능하다면 부르주아적 가족 형태 자체는 긍정적인가?

"현대의 가족, 부르주아적 가족은…… 오직 부르주아지에게만 완전히 발전되어 존재한다." 부르주아사회의 정상 가족 형태는 모든 사람에게 보편적으로 적용되는 것이 아니라 부르주아계급에만 적용된다는 말이다. 그러나 프롤레타리아트가 부르주아적 가족을 거부해야 한다는 말은 없다. 다른 부르주아적 문화와 생활양식에 대한 거부와는 사뭇 다른 태도다. 프롤레타리아트가 착취당해 가난해졌기에 마땅히 가져야 할 가족을 가질 수 없는 것이 불행인 듯 들릴 수도 있다. 1장에서 나온 "프롤레타리아는 재산이 없다; 아내와 자식들에 대한 그의 관계는 부르주아적 가족 관계와의 공통점을 더 이상 갖고 있지 않다"라는 구절을 다시 보자. 부르주아가 아내와 아이들까지도 소유물로 여기는 것은 그가 재산을 가지고 있기 때문이다. 그렇다면 재산이 없는 프롤레타리아트가 부르주아적 가족 관계와는 아무런 공통점도 없는 관계를 아내와 자식들과 맺을 때, 그 관계는 소유, 지배, 억압이 없는 관계가 될 가능성도 있을 것이다. 그러나 재산이 없다고 해서 젠더 간의 관계가 반드시 평등해지지는 않는다.

"부르주아들의 결론은 실제로는 부인 공유제다"라고 비판하는 것은 여성에게는 별 의미가 없다. 공유든 사유든 여성이 소유의 대상이라는 것이 문제다. 그러나《공산당 선언》의 마르크스는 여성이 소유 대상을 넘어 주체적 존재가 되어야 한다고까지 주장하지는 않는다. 부르주아적 결혼이 사실상 부인 공유제라고 판단하는 근거도 선명하지 않다. 마르크스는 여성을 생산도구로 보는 부르주아지의 관점이 진짜 문제라고 지적한다. 도구이기에 공유될 가능성이 높다는 식으로 설명한다. 부르주아들은 생산도구이자 성적 대상으로만 여성을 취급해왔다. 그렇다면 도구 취급을 받던 여성들의 해방이 중요하지 그도구를 독점하는지 공유하는지를 따지는 것은 의미 없는 논쟁이다.

결혼 특히 가부장적 남성 우월적 결혼제도가 자본주의 철폐와 함께 사라지느냐도 문제다. 결론은 기존의 생산관계가 소멸하면 공식적 성매매(즉 결혼)든 비공식적 성매매든 사라질것이라고 예측한다. "부르주아들의 가족은 당연히 이러한 자신의 보완물(프롤레타리아트의 독신 생활과 공인된 성매매)의 제거와 함께 제거되며, 또 양자는 자본의 소멸과 함께 소멸한다."그러나 현실 사회주의사회에서 이 둘은 더 확대되기도 했다. 결국 자본주의 이후 사회의 새로운 젠더 관계, 인간관계에 대한 전망과 그것을 실현할 방법에 대해 고민해야 한다.

《공산당 선언》의 모든 한계에도 불구하고, 가족을 역사적 관점에서 보았다는 점, 즉 영원히 변치 않는 신성한 질서가 아니라 얼마든지 추악한 모습으로도 변할 수 있는 사회현상의 하나로 보았다는 점은 당시로서는 새로운 접근이었다. 또 마르크스는 대표적으로 사적인 인간관계로 여겨졌던 가족 내의 남녀, 부모와 자식 관계가 경제적 조건에 의해 거의 완전히 영향을 받는다는 것을 공개적으로 인정했다. 부르주아지가 감정의 외피를 벗겨내는 동시에 사적, 인간적, 윤리적, 심리적 심지어 종교적 의미까지 부여하는 모순된 행태를 보일 때, 재산의 있고 없음에 따라 가족은 완전히 달라진다는 민낯을 드러낸 것이 마르크스의 기여다. 그는 이렇게 썼다. "현대의 가족, 부르주아 가족은 무엇에 근거하고 있는가? 자본, 사적인 취득에."

수십 년이 지나 엥겔스가 《가족, 사유재산, 국가의 기원》에서 이야기한 바는 《공산당 선언》보다는 발전해 있다. 엥겔스는 "역사상 등장한 최초의 계급 적대는 일부일처제 결혼에서 남성과 여성 사이의 적대 발전과 일치하며, 최초의 계급 억압은 남성에 의한 여성의 억압과 일치한다"라고 이야기하였다. 즉 엥겔스는 계급 억압과 여성 억압 중 하나를 다른 하나의 원인으로 본 것이 아니라, 두 억압의 발생이 시기적으로 일치하며 두 억압이 서로 긴밀한 관계에 있다고 봤다. 마르크스주의가 '계급 억압을 여성 억압의 근원'으로 본다는 비판은 사실이 아닙니다.

비슷한 맥락에서 서구의 여성주의자들 일부는 마르크스주

의가 젠더 문제를 계급 모순으로 환원시킨다며 비판해왔다. 이들은 반대로 계급 모순을 젠더 모순으로 환원해버리기도 한다. 그들은 주변부에서 이삼십 년 만에 여성 노동자가 수억 명 이상이나 늘어났다는 사실을 대놓고 부정한다. 주변부 여성의 비참한 처지를 폭로하며 가부장제를 공격하는 여성주의자들 중에, 그 주변부 여성들의 상당수가 노동자 그것도 제조업 노동자라는 사실을 중요하게 고려하는 이는 많지 않다. 그들은 여성들이 가족 안에서 생계 노동을 통해 남성에게 착취당하는 점을 부각시키지만, 방글라데시에서 라나플라자 붕괴로 죽은 여성들은 가사 노동이 아니라 서구에 본사를 둔 의류업체를 위해 옷을 제조하는 임금노동에 시달리다 사망했다는 사실은 이야기하지 않는다. 이것은 노동자의 정체성을 여성이라는 정체성으로 환원시키는 또 다른 환원주의다.

《공산당 선언》을 계승 발전하는 길은 생산양식의 역사적 변화와 가족 사이의 상호 관계를 밝히는 것이다. 그래야 자본주의 전복이 부르주아 가족을 어떻게 대체하고, 여성이 해방될 수 있는가도 밝혀질 것이다. 노동자계급은 자신이 해방되기 위해서는 동시에 보편적 인간 해방을 달성해야만 한다. 한 억압으로 다른 억압들을 환원하지 않으면서 여러 억압을 총체적으로 설명하고 그에 따라 올바른 실천을 해야 한다. 마르크스가 사용한 자본주의의 모순을 통해 보편적 인간 해방으로 나가는 관점은 이를 위해 효과적인 수단이다.

노동자에겐 조국도, 영원한 진리도 없다

공산주의자들을 향한 다음 비판은 그들이 "조국, 국적(국민임)을 폐지하려 한다"는 것이다. 마르크스는 애초에 "노동자들은 조국이 없다"고 대답한다. 물론 이 말은 1848년에 이미 그런 상황이 되었다는 뜻은 아니다. 노동자들은 당시에는 여전히 국민적이거나 국민적 단계에도 미달한 상태였다. "프롤레타리아트는 우선 정치적 지배를 장악하고, 스스로를 국민적 계급으로 상승시키고 스스로를 국민으로서 정립sich zur nationalen klasse erheben해야만 하기 때문에…… 아직은 그 자체로 국민적이다." 이 문장을 영어판에서는 "국민 중의 지도적인 계급으로 상승"이라고 옮겼다. 마르크스는 이전부터 익숙했던 헤겔 철학적인 표현을 사용한 것인데, 프롤레타리아트의 발전이 단계적으로 이뤄져서 우선 자기 나라 안에서 지배적인 계급이 되고 나서야 조국, 국민임을 벗어버릴 수 있다는 식으로 해석할 수도 있다. 그러나 마르크스는 동시에 자본주의는 처음부터 세계화의 방식으로 발전했다는 것도 강조했다. "민족들의 국민적 분리와 대립은 부르주아지가 발전하고, 상업의 자유, 세계시장으로 인해 산업 생산과 그에 상응하는 생활 관계들이 균질적으로 되면서 점점 더 소멸한다." 머지않아 이 경향이 지배적이게 될 것이라고 마르크스는 생각했다.

자본주의의 세계적 차원의 발전이라는 객관적 조건만이 노동자계급 내부의 국민적 분리를 없애는 것은 아니다. 프롤레타리아트의 주체적, 의식적 단결을 통해서도 "이러한 분리와 대립을 더욱더 사라지게 할 것이다." 자본주의적 세계화라는 객관적 조건과 프롤레타리아트의 국제적 연대라는 주체적 조건이 상호작용하며 노동자계급에게서 조국과 국민성을 없앨 것이라고 당시의 마르크스는 예견했다. 그리고 그때가 되면 "한 개인에 대한 다른 개인의 착취가 지양되는 것과 같은 정도로, 한 나라에 대한 다른 나라의 착취도 지양될 것이다. 한 나라 내에서의 계급 대립이 없어지면서 나라들 상호 간의 적대적 태도도 없어질 것이다." 이 문장에서 알 수 있듯이 마르크스는 한 사회 내의 혁명과 세계 모든 나라에서의 혁명이 연결되어 있다고 생각했다. 한 사회에서 계급이 폐지되면 세계의 다른 사회들에서도 같은 일이 일어날 것이다. 자본주의 시대에 세계는 하나처럼 연결되기 때문이다. 또 이 구절은 나라들 사이의 관계에 대한 마르크스주의의 입장을 근본적으로 표명하고 있다. 계급 지배에 반대하는 것과 마찬가지로 한 국민의 다른 국민에 대한 지배도 반대하는 것이 마르크스주의의 입장이다. 수십 년 뒤에 세계를 지배할 제국주의는 마르크스주의자라면 당연히 거부하고 맞서 싸워야 할 대상이다.

　《공산당 선언》의 작성 시기를 고려하면 가장 놀라운 점은 마르크스와 엥겔스가 세계화를 자본주의의 본질적 특성으로

파악했다는 점이다. 민족국가가 노동자계급에게 큰 의미가 없게 될 것이라는 이들의 낙관적인 전망은 자본주의의 세계화 추세에서 깊은 인상을 받았던 탓일 수도 있다. 세계화가 너무나 확고하고 광범위하게 일어날 것이므로 그 흐름 앞에서 개별 국가나 민족은 빠르게 약화될 것이라 예상했을 것이다. 그렇다 하더라도 세계화가 개별 국가에 사는 노동자들의 국제적 단결을 어떻게 가져올지에 대한 설명은 부족하다. 마르크스는 앞으로 나타날 국가의 역할 강화, 민족주의 이데올로기가 불러일으킬 열광도 예상할 수 없었다. 불행하게도 현실의 유럽 역사는 다르게 전개되었다. 《공산당 선언》의 민족과 국가 문제에 대한 입장은 크게 수정되어야 했다. 19세기 말 유럽에서 우파 민족주의의 부상을 대수롭지 않게 여기다가 정치적 패배를 당했던 유럽 마르크스주의 운동의 주류는 민족주의를 상당히 수용하기도 했다.

《공산당 선언》을 계승한 마르크스와 엥겔스의 후계자들의 입장이 엇갈리고 모순되게 전개된 중요한 이유 하나는 자본주의가 지구 차원에서 발전하는 과정이 불균등하고 복합적이기 때문이었다. 유럽 중심의 역사관과 주변부 사회를 그 자체로 가치 있는 것으로 여기는 낭만적이고 비현실적인 관점 둘 다 자본주의의 지구적 전개 과정과 상황을 총체적으로 설명하는 데 실패했다. 통신과 운송의 기술적 발달이 공간적 장벽을 극적으로 감소시키면서 지구 여러 곳은 더 밀접하게 영향을 주고받게 되었지만, 역설적이게도 세계화는 노동자계급 운동 안에서 지역주의와 민족주의 이데올로기를 강화해, 계급 내부의 분열을 가져왔다. 《공산당 선언》은 자본주의가 노동자들에게서 "일체의 민족적 성격"을 빼앗아갈 것이라고 너무 낙관적으로 예상했기에 만국의 노동자의 단결을 이룰 효과적인 전략전술을 크게 고민하지 않았다.

마찬가지로 프롤레타리아혁명이 "한 개인에 대한 다른 개인의 착취가 지양되는 것과 같은 정도로, 한 나라에 대한 다른 나라의 착취도 지양될 것"이라고 예상했기에 한 지역에서의 혁명운동이 세계혁명으로 발전하는 것을 당연하게 여겼다. 그러나 세계혁명으로의 발전은 지극히 어려운 과제였고, 고립된 러시아혁명은 일국사회주의 체제를 낳은 중요한 원인으로 작용했다. 또 코민테른이 각 사회의 특수성을 인정하고, 특수한 상황들을 조직할 전략을 고민하기보다, 획일적 지도로 주변부의 운동을 지도하는 경향을 보인 것도 《공산당 선언》의 낙관주의와 관련이 있다. 《공산당 선언》은 민족주의, 인종주의, 종교, 지리적 조건 등의 문화적 분할들을 사용해 노동자계급을 파편화하고 분리하고 차별하는 자본주의의 힘을 과소평가하는 경향이 분명히 있다. 제국주의와 식민지 사이의 모순은 신자유주의적 세계화에서도 결코 약화되지 않았기에 전 세계 노동자계급이 신자유주의적 가치사슬을 벗어나면서도 우파적 민족주의를 모두 넘어 연대할 근거를 찾는 것은 중요한 과제다.

노동자계급의 자세와 관련해 한 가지 더 생각해볼 것이 있다. "아직은 그 자체로 국민적"인 단계의 사회라면, 그 사회의 노동자계급은 국민적 분리와 대립에 빠져 있을 수밖에 없는 것인가? 그리고 국민적 계급으로 상승하고 권력을 장악하는 과제를 노동자계급끼리의 국제적 연대보다 우선해야 할까? 만약 그렇다면 다른 나라의 노동자계급과의 연대 이전에 자국의 진보적 부르주아지와의 계급 연대 등이 더 효과적인 수단인 것은 아닐까? 20세기 식민지에서의 마르크스주의 운동의 역사에서 이런 의문 혹은 유혹은 너무나 강력한 것이었다. 사회마다 구체적 조건이 다르므로 일률적인 답을 하기는 힘들다. 하지만 해당 사회가 충분히 발전하지 않았다는 이유로 노동자계급끼리의 국제적 연대보다 자기 나라 자본가계급과의 민족적 연대를 우선시하는 입장은 2장의 도입에서 말한 공산주의자는 운동의 모든 과정을 대변해야 한다는 원칙과는 분명히 어긋난다. 아직은 국민적 계급으로의 형성에 미달한 사회라 하더라도 그 단계의 과제만을 특권화해서 노동자 운동의 궁극적 목적과 어긋나는 운동을 하는 것은 공산주의자의 태도가 아니다. 전체 운동의 모든 과정 그리고 최종 목적의 관점에서 특정 단계의 투쟁 목표가 어떤 의미를 지니는지를 판단해야 한다. 단기적 시각에서 당면한 과제에 매몰되는 태도는 결코 공산주의적이지 않다.

종교적, 철학적 및 이데올로기적 비난

다음 부분에서는 《독일 이데올로기》에서 가다듬은 이데올로기 이론이 요약되어 있다. "자유, 정의 등처럼 모든 사회 상황들에 공통된 영원한 진리들이 있다. 그러나 공산주의는 이 영원한 진리들을 없애버린다." 마르크스는 이런 비난에 맞서 당당하게 선언한다. 부르주아지의 정치 이념인 자유는 결코 보편적이지 않은 자본주의 시대의 산물일 뿐이다. 양심, 종교, 사상의 자유는 자유 경쟁의 지배를 표현한 것이다. 지난 시기의 사회적 의식들은 모두 계급사회의 의식이었다. 계급 지배를 없애고자 하는 공산주의는 의식과 사상에서도 가장 철저한 혁명을 가져올 것이다. 사회의 근본적인 변화 앞에서 살아남을 영원한 진리 따위는 없다.

우선 마르크스는 "종교적, 철학적 및 이데올로기적 관점들 일반으로부터 제기되는 공산주의에 대한 비난은 더 이상 자세하게 논구할 가치가 없다"고 말한다. 마르크스의 이데올로기론의 핵심은 이데올로기는 자립적이지 않다는 것이다. 사회의 토대를 이루는 조건들에 의존해 존재할 뿐인 이데올로기를 그 자체로 독립적인 것으로 보고 이데올로기적인 방식으로 대응하는 것은 무의미하다. 갖은 미사여구나 현학적인 말과 논리들 뒤에 감춰진 진짜 의도와 효과를 보는 것이 핵심이다. 중세 시대 스콜라철학의 복잡하고 난해한 논쟁은 철학적으로 일일이 논박되어 힘을 잃은 것이 아니라 중세가 끝나자 저절로 사라졌다. 포스트 무슨 주의라는 이름표를 달고 쏟아진 수많은 난해하고 스타일리시한 담론들은 신자유주의가 반복된 금융위기로 흔들리고, 노동자 민중의 삶이 바닥으로 치닫자 흔적도 없이 사라져갔다. 철학적 연구와 논박의 결과가 아니었다. 단지 그 수다스러운 지식인들에게 가던 돈과 대중매체의 관심이 끊어진 것만이 원인이다.

마르크스는 지배계급의 이데올로기가 어느 사회, 시대의 지배적인 이데올로기가 되는 것은 이데올로기 자체의 우수함, 힘에 달린 것이 아님을 간파했다. 그의 이데올로기론의 가장 중요한 명제는 지배계급의 이데올로기가 지배적인 이데올로기가 되는 것은 지배계급이 이데올로기를 생산하고 유통시키는 물질적 장치, 수단을 장악했기 때문이라고 보는 것이다. 공산주의에 대한 이데올로기적 비판의 진짜 전장은 물질의 영역이다. 따라서 이데올로기가 아니라 그 배후의 물질적 조건, 힘에 대응해야 한다.

그렇다면 "모든 세기들의 사회의식이 다양하고 상이함에도 불구하고 확실한 공통된 형태"를 유지한 것은 어떻게 설명해야 하나? 시대마다 다른 사회가 등장했다면 공통된 모습의 이데올로기는 없어야 하지 않나? 마르크스는 "어떤 형태를 취하든 간에, 사회의 일부에 의한 다른 일부의 착취는 지나간 모든 세기들의 공통된 사실"이었음이 공통적 형식의 이데올로기가 존속한 이유라고 답한다. 계급 지배라는 공통의 물질적 조건이 원시공산사회 이래로 모든 시기에 존재했던 것이 공통의 형태를 가진 이데올로기가 존속했던 원인이다. 계급 지배 자체를 철폐하는 공산주의사회가 온다면 계급 지배를 옹호한 대가로 번영하던 이데올로기들의 오랜 지속은 마침내 끝날 것이다.

역사적으로 지배계급의 사상이 기존 체제를 유지하도록 하는 힘에 비해 피지배계급의 혁명적 사상이 현실의 변화를 가져오는 힘은 언제나 약했다. 피지배계급의 힘이 약하므로 당연하다고 생각할 수 있다. 그러나 현대에 와서 피지배계급의 이데올로기 투쟁은 과거에 비해 더더욱 효력을 잃어버린 것처럼 보인다. 피지배계급의 이데올로기적 실천은 지배계급의 이데올로기 조작이 현 체제를 유지시키는 데 발휘하는 효과 앞에서 무기력하다. 그 이유 역시 이데올로기가 물질적으로 존재하고 작동하기 때문이다. 지배계급의 이데올로기는 과거 어느 때보다 더 거대하고 정교한 물질적 장치를 통해 작동한다. 따라서 더 강력하다. 마르크스의 생각을 참조한다면 대항 이데올로기 투쟁이 아니라 이데올로기의 물질적 장치 영역에서의 대안을 찾아야 한다.

프롤레타리아트의 지배와 민주주의

"노동자혁명의 첫걸음은 프롤레타리아트의 지배계급으로의 고양, 민주주의의 쟁취다." 이 문장에 바로 이어서 프롤레타리아트의 계급 지배 흔히 '프롤레타리아독재'에 대한 설명이라 해석되어온 구절이 나온다. "프롤레타리아트는 부르주아지로부터 차례차례 모든 자본을 빼앗아 들이고, 모든 생산도구들을 국가의 손안으로 즉 지배계급으로 조직된 프롤레타리아트의 손안으로 집중시키고, 생산력의 양을 가능한 한 빨리 증대시키기 위해 프롤레타리아트의 정치적 지배권을 이용할 것이다." 이 조치들은 결국 "생산양식 전체의 변혁"을 가져오기 위한 것이다. 이 시기의 국가는 프롤레타리아트가 지배계급으로서 조직되어 운영하는 정치체가 된다. 그래서 프롤레타리아트에 의한 생산수단의 사회적 소유는 프롤레타리아독재 국가를 통해 실행된다. 생산수단을 사회화하는 것은 우선 생산력을 증대하기 위해서다.

이 짧은 구절은 마르크스주의에서 가장 중요하고 논쟁적인 주제 여럿을 다루고 있다. 20세기 사회주의에서 이 구절은 너무나 많은 논쟁과 연구의 주제가 되었다. 프롤레타리아트의 계급적 지배가 민주주의일 수 있는가? 한 계급의 다른 계급에 대한 지배는 전제적이라고 한 것은 바로 마르크스 자신 아닌가?

프롤레타리아트의 지배가 민주적이려면 어떤 방식의 지배이어야 하는가? 이것은 현실에 존재했던 사회주의사회가 태어난 순간부터 사라진 날까지 고심했던 질문이기도 하다.

먼저 "프롤레타리아트의 지배계급으로의 고양"과 "민주주의의 쟁취"는 어떤 관계에 있을까? 독일어 원문을 보자. "Wir sahen schon oben, daß der erste Schritt in der Arbeiter-revolution die Erhebung des Proletariats zur herrschenden Klasse, die Erkämpfung der Demokratie ist." 독일어본에서는 둘은 실질적으로 같은 것이다. 프롤레타리아트가 지배계급이 되는 것이 곧 민주주의의 쟁취다. 프롤레타리아트의 지배는 부르주아지의 독재를 전복시키는 것이니 그 자체로 민주주의라는 뜻일까? 아니면 민주주의를 쟁취하기 위해 프롤레타리아트가 정치권력을 장악해야 한다는 의미인가? 영어판에서는 "victory for democracy" 혹은 "win the battle of democracy"로 번역했다. 프롤레타리아트가 계급투쟁에서 승리하는 것은 민주주의를 위한 투쟁에서 승리한 것이다. 혹은 프롤레타리아트의 승리는 민주주의의 승리가 된다는 의미다. 어떤 표현이든 프롤레타리아트의 지배는 민주주의를 실현할 조건이어야 하거나, 민주주의 쟁취 자체임을 의미한다.

프롤레타리아트가 국가권력을 장악하는 것은 정치적 행동이다. 그러나 자본주의에서 사회주의로 넘어가는 것은 사회구조 자체가 변화하는 것이기 때문에 정치혁명이 아니라 사회혁명이다. 사회체제 자체가 다른 체제로 변화하는 것이 사회혁명이다. 이를 위한 최초의 단계는 프롤레타리아트에 의한 국가권력의 장악이라는 정치혁명의 형태로 전개된다. 국가권력을 장악한 프롤레타리아트는 '프롤레타리아독재'를 한다. 프롤레타리아독재는 프롤레타리아트의 지배라는 의미다. 마르크스는 프롤레타리아트의 지배가 이전까지의 계급 지배와는 다르게 민주적일 것이라고 예측한다. 또 민주적이어야 한다는 당위의 의미 역시 가지고 있다.

프롤레타리아트의 '독재'가 어떻게 민주적일 수 있는가? 우선 마르크스가 사용한 독재의 의미부터 분명히 해야 한다. 19세기 중반까지 유럽에서 오늘날 사용되는 의미의 '독재'를 지칭하는 단어들로는 despotism, tyranny, absolutism, autocracy 등이 있었다. 그런데 프롤레타리아독재에서 '독재'를 의미하는 단어는 dictatorship이다. dictatorship은 앞의 단어들과 동의어로 사용되지 않는다. 이 단어가 오늘날처럼 민주주의에 반대되는 용어로 일반적으로 쓰인 것은 최근에 와서다. 1848년 혁명기에도 이 단어는 민주주의의 반대말이 아니었고, 민주주의자들의 운동의 한 측면으로 여겨졌다. 또 dictatorship에는 평상시의 통치 방식과 구별되는 일시적이고 제한적인 동안의 권력 사용이라는 의미가 기원에서부터 있었다. dictatorship이라는 말은 고대 로마에서 나온 것이다. 고대 로마에서는 외침을 받는 등의 위기 상황이 발생하면 집정관이 한시적으로 독재관

dictator을 임명해서 정부를 효율적으로 운영했다. 그리고 이런 체제를 dictatura라고 불렀다. 그 이후로 dictatorship은 위기 상황에서 임시적으로 운영되는 어떤 통치 형태를 의미했다.

하지만 가장 일반적으로는 지배rule라는 뜻으로 사용되었다. 19세기 초중반에는 이 단어를 '지배'나 '특정 집단의 우세'라는 말과 거의 동의어로 사용했다. 마르크스의 용법에서도 dictatorship과 rule은 대체될 수 있는 경우가 많다. 그러니까 프롤레타리아독재는 프롤레타리아트가 지배하는 정부 혹은 프롤레타리아트가 지배 세력인 정치체제다. 그리고 이 때문에 부르주아 독재와 프롤레타리아독재가 대비되는 것이다. 부르주아지가 지배하는 정치체제는 부르주아 독재이고 프롤레타리아독재는 프롤레타리아트가 지배하는 정치체제이다. 19세기에는 지금 보기에 이상한 용어, 즉 '프롤레타리아트의 민주적 독재' 같은 말을 사용한다. 지금 보면 용어모순이지만 이것을 '프롤레타리아트의 민주적 통치'라고 읽으면 이해가 된다. 프롤레타리아트가 지배계급이 되어서 통치하는데 그 통치 형태가 민주적이거나 민주주의의 온전한 실현을 지향하는 것이 바로 '프롤레타리아트의 민주적 독재'인 것이다.

그런데 19세기 말에서 20세기 초로 넘어오면서 dictatorship이 오늘날의 의미에서의 '독재'로 의미가 변한다. 용법의 변화는 충분히 일어날 수 있는 일인데, 이 경우에는 용법의 변화 과정에서 인위적인 개입과 정치적인 해석이 있었다. 특히 러시아혁명 이후에 반공주의자들이 러시아혁명을 비판하기 위해서 dictatorship이라는 용어를 '반민주적이고 폭력적인 수단에 주로 의존하는 전제정치'라는 의미로 사용했다. 물론 여기에 이행의 과도기라는 특수한 상황의 정치적 지배라는 의미도 덧붙여진다. 그러나 예외적 상황이 오늘날 용법에서의 독재, 즉 비민주적이고 억압적, 통제적인 정치권력의 작동을 반드시 가져오지는 않는다.

dictatorship과 democracy는 범주가 다른 말이다. dictatorship은 통치 자체를 가리키는 말이고, democracy는 통치의 성격을 가리키는 말이다. 따라서 "프롤레타리아트의 지배계급으로의 상승, 민주주의의 쟁취" 구절은 프롤레타리아트가 정치권력을 장악해 지배하는 시기의 정치는 완전한 무계급사회는 아니지만 부르주아지의 계급 지배보다는 더 민주적일 것이란 의미를 담고 있다.

이 문장들은 아직 계급 소멸이 되지 않았고, 프롤레타리아트가 부르주아지를 전복하고 국가권력을 장악해 이 권력으로 수행하는 역할에 대해서도 설명하고 있다. 이때의 국가는 계급 지배의 유지를 위한 수단으로서의 성격을 없애고, 계급 지배 철폐를 위한 조치를 수행하는 장치가 되어야 한다. 그래서 지배계급으로 조직된 프롤레타리아트의 지배인 프롤레타리아독재는 무계급사회로 이행하는 과도기다.

이처럼 프롤레타리아혁명의 궁극적 목표는 완전히 새로운

사회의 건설이지만, 당면 목표는 정치적이다. 즉 국가권력을 장악해 그것을 이용해 사회주의를 실현해야 한다. "프롤레타리아트에 의한 정치권력의 장악, 즉 민주주의 쟁취가 노동자혁명의 첫 단계다." 이처럼 혁명 과정에서 정치적 행위의 중요성을 강조하는 것이 아나키스트와의 차이를 보여주는 특징이다. 프롤레타리아독재는 부르주아 독재와는 달리 민주주의의 쟁취다. 이 말은 프롤레타리아트의 권력 장악과 행사가 또 다른 계급 지배에 머무르지 않는다는 의미이기도 하다. 전적으로 민주적인 계급 지배가 프롤레타리아독재다.

마르크스에게 민주주의는 단지 정치형태의 변화뿐만 아니라 사회의 기본 구조가 변화하는 것을 의미한다. 엥겔스는 1846년에 발표한 민족 축전이라는 글에서 "오늘날의 민주주의는 공산주의다. 민주주의는 프롤레타리아의 원칙, 대중의 원칙이 되었다." 또 영국 차티스트들에게 보낸 서신에서 "오늘날 민주주의와 노동자는…… 거의 하나인 것이나 다름없다"고도 말했다. 차티스트들은 프롤레타리아트의 국제적 단결을 "민주주의적 우애"라고 표현했다고 한다.

민주주의는 대중의 지배다. 인구의 다수를 차지하게 될 프롤레타리아트의 지배를 대중의 지배, 곧 민주주의라 부르는 것은 오늘날의 용법으로도 크게 이상하지 않다. 문제는 프롤레타리아트의 지배의 구체적인 내용이 실질적으로 민주적이려면 어떻게 해야 하는가이다. "국가, 즉 지배계급으로 조직된 프롤레타리아트"라는 말이 기존 국가를 프롤레타리아트가 지배한다는 말인지, 기존의 국가 장치와는 다른 새로운 정치체를 만든다는 의미인지가 그래서 문제가 되었다.

민주주의가 온전히 실현되려면 계급 지배 자체가 없어져야 한다. 프롤레타리아독재가 대중의 통치보다 더 발본적으로 민주적이 되려면 계급 지배의 형태, 계급 지배의 수단인 국가의 폐지를 중요한 과제로 삼아야 한다. 따라서 "지배계급으로 조직된 프롤레타리아트"로서의 국가는 부르주아 독재의 수단인 국가와는 당연히 목표와 기능이 다르다. 국가장치가 작동하는 방식도 달라야 한다. 기존의 국가와 같은 성격의 권력을 누가 장악하느냐에 따라 성격이 달라지는 것은 아니다. 권력의 주체가 누구이냐에만 주목하는 것은 마르크스주의적이지가 않다. 덜 억압적이고 더 민주적이어야 억압적 국가장치, 나아가 계급독재를 철폐하는 과도기로서의 역할을 할 수 있다.

좀 더 구체적으로 말해보자. 민주주의는 대중이 스스로를 다스리는 것이다. 즉 남이 아니라 스스로 자신의 이익을 실현하는 주체가 되어야 한다. 프롤레타리아트의 이익을 실현시켜 준다 하더라도 그 역할을 누군가 (주로 기존 사회의 엘리트들일 것이다) 대신한다면 온전한 민주주의가 아니다. 억압적 성격을 여전히 가진 국가장치나 스스로의 관성으로 작동하는 관료제의 힘이 강하다면 이 장치들을 프롤레타리아트의 일부가 장악하고 운영한다 하더라도 프롤레타리아계급의 주체성은 약화되는 것이다. 결국 프롤레타리아트가 지배계급으로 상승해야만 한다. 사회를 프롤레타리아트의 이익을 위해 그리고 계급 지배 없는 새로운 방향으로 발전시킬 수 있는 역량이 프롤레타리아트 스스로에게 있어야만 한다. 이것이 프롤레타리아트가 지배계급으로 상승하기 위해 반드시 필요한 조건이다. 레닌의 《국가와 혁명》에서 핵심적으로 다루는 주제가 바로 이것이다.

프롤레타리아트의 지배의 목적은 계급을 소멸하고 국가를 없애는 것뿐이다. 부르주아지가 지배하는 국가의 주인을 바꾸고 국가기구를 장악함으로써, 부르주아지가 프롤레타리아트를 지배하던 기존의 체제를 전환시키는 것이다. 그 전환의 핵심적 조치가 부르주아 독재의 억압적인 수단을 파괴하고 생산수단을 사회화하는 것이다. 마르크스주의에서 생산수단의 사회적 소유가 중요한 것은 생산수단의 사적 소유가 자본주의의 근본적인 문제이기 때문이다. 사적으로 생산수단을 소유하는 방식에 대한 대안이 사회적 소유다. 프롤레타리아트가 권력을 장악한 후에 그 권력으로 해야 할 가장 중요한 일이 바로 생산수단에 대한 소유관계를 근본적으로 변화시키는 것이다. 《공산당 선언》에서는 생산수단의 사회화가 구체적으로 어떤 방식으로 진행될지는 얘기하지 않는다.

다음으로는 프롤레타리아혁명 과정에서 생산력의 급속한 증대가 핵심 과제라는 점을 주목해야 한다. 정치권력의 장악은 혁명의 기초 단계일 뿐이다. 그리고 공산주의 혁명은 분배보다 생산에 우선 관심을 가진다. 생산수단을 쪼개어 개인에게 나누어주거나 생산물을 공평하게 분배하는 것을 우선 과제로 말하지 않는다. 생산수단의 사회적 소유를 통해 시급히 해야 하는 과제는 생산력을 자본주의사회보다 더 늘리는 것이다. 20세기에 와서 생산력주의라고 비판받은 입장이기도 하다. 또 마르크스가 러시아혁명처럼 생산력이 고도로 발달하지 못한 사회에서의 혁명을 염두에 두고 이 주장을 한 것은 결코 아니다. 자본주의 세계에서 가장 발전한 지역 혹은 전 세계에서 공산주의 혁명이 일어난다는 전제하에 혁명 과정에서 우선적으로 해야 할 과제를 말했다. 따라서 생산력 수준이 기존의 자본주의사회보다 더 높아지는 것이 공산주의사회 건설의 전제 조건이라는 의미로 이해해야 한다. 자원을 효율적으로 관리하고 사용함으로써 생산력이 증대하고 이윤 추구와 경쟁의 원리는 배제된다. 이것이 사회적 소유의 목표다. 이 목표를 달성하는 데는 어느 정도의 과도기가 필요하다. 그러나 이 과도기가 또 다른 억압적인 계급독재로 퇴행하지 않아야 프롤레타리아트의 계급 지배가 곧 "민주주의 쟁취"일 수 있다.

《공산당 선언》을 쓸 당시에도 국가권력을 수단으로 하는 국가의 해체, 계급의 폐지는 불가능하다고 보는 이들도 많았다. 과도기라 하고 국가권력을 해체하는 방향으로 간다고 해도 국가권력은 계급 지배를 굳건히 유지하려는 성격을 버리지 못할 것이라는 이유에서다. 이런 입장에서는 정치권력, 국가기구의 장악을 거부한다. 그리고 비정치적인 집단적인 사회적 실천을 통한 역사적 변화만이 대안이다. 이런 시도는 지금의 역사적 조건에서 얼마나 실현 가능할까? 국가가 항상 악하다는 생각은 국가에 대한 또 다른 물신화가 아닌가? 또 이른바 시민사회, 연합, 공동체의 힘을 과신하는 것은 아닐까? 21세기의 거대한 국가권력과 소규모 공동체가 가진 힘의 현실적 차이는 과연 무시해도 좋은 것일까? 또 작은 공동체, 시민사회, 새로운 연합은 과연 옹호자들의 주장대로 실제로 민주적일까? 시민사회, 공동체를 주도하는 기존 사회의 엘리트 출신들의 영향력을 제어할 힘이 국가권력 외에 존재하기는 하는 것일까? 한국의 시민사회에서 '국립 서울대학교'에서 '법률'을 전공한 사람들의 압도적 영향력은 과연 우연일 뿐일까? 분권화, 풀뿌리 민주주의 실험의 수십 년의 결론은 결코 긍정적이지 않다. 많은 연구들이 시민사회의 심층 구조에서 기존 사회의 불평등이 강화되고 확대되는 경향을 발견했다. 신자유주의 40년의 경험은 국가, 계급 정치가 더 이상 좌파에게 의미가 없다는 주장을 의심할 만한 상당한 사례들을 제공하기도 했다.

열 개의 실행 과제들

마르크스와 엥겔스가 예시한 다음과 같은 열 개의 정책들은 충분하지는 않지만 기존의 낡은 생산양식을 완전히 뒤엎기 위한 수단이었다.

1. 토지 소유의 몰수 그리고 지대를 국가의 비용으로 사용.

2. 고율의 누진세.

3. 상속권의 폐지.

4. 모든 망명자들과 반역자들의 재산 압류.

5. 국가자본과 배타적인 독점권을 가진 국립은행을 통한 국가 수중으로의 신용의 집중.

6. 운송 수단의 국가 수중으로의 집중.

7. 국영 공장과 생산도구들의 증가, 모든 토지를 공동의 계획에 따라 개간, 개량.

8. 모든 사람에게 동등한 노동 책임, 산업 특히 농업을 위한 노동자 집단 육성.

9. 농업과 산업의 결합. 도시와 농촌의 차이가 점차 폐지되도록 노력.

10. 모든 아동의 공공 무상교육. 지금 같은 형태의 아동의 공장 노동 폐지. 교육과 물질적 생산의 결합 등등.

이 정책들은 기존 사회에서 우선 실행해야 하는 구체적이고 부분적인 사회 개혁 과제이지만 "소유권과 부르주아적 생산관계들을 전제적으로 침해"하지 않으면 실행할 수 없다. 이 과정은 왜 "전제적 침해despotischer Eingriffe, means of despotic inroads"일까? 전제적despotischer이라는 단어는 당시의 용법으로도 강제적이고 억압적이라는 의미를 분명히 가지고 있었다. 생산수단에 대한 사적인 소유권을 침해하는 것은 부르주아사회의 근본을 무너뜨리는 일이다. 기존 사회의 경제적 기초를 침해하는 것은 제도로서의 법의 형식을 이용하든, 그것 없이 실행되든 이미 전제적이다. 기존 사회를 파괴한다는 의미에서 폭력적, 전복적이라고도 말할 수 있을 것이다. 두 번째로는 그 과정이 토론과 설득과 다수결 등의 물리적 힘을 배제한 방식으로 진행되지 않을 가능성이 높을 것이기에 전제적이다. 마르크스와 엥겔스가 《공산당 선언》을 쓴 당시는 무장력을 동원한 내전의 방식으로 혁명이 일어나던 시기다. 마르크스가 큰 영향을 받았던 프랑스혁명의 전개 과정은 그런 방식이었다.

소유권에 대한 침해라는 구절을 쓰면서 마르크스가 자코뱅이 시행했던 곡물에 대한 최고 가격제를 떠올렸을 것은 분명하다. 자코뱅의 이 정책은 소유권 침해라는 논쟁을 불러일으켰다. 논쟁은 의사당과 신문에서의 논쟁에 그치지 않았다. 로베스피에르Robespierre는 더 급진적으로 소유권을 폐지하려 했던 극좌파의 목을 단두대로 잘랐고, 그 자신은 우익의 무장 쿠데

타(테르미도르 반동)로 체포되어 사형을 당했다. 소유권의 침해가 전제적이 아닌 방식으로 실행될 것이라 마르크스가 생각하기는 힘든 상황이었다. 말년의 엥겔스가 크게 기대했던, 의회 전술을 통한 사회주의로의 이행 가능성은 1848년으로부터 30년은 더 지나서야 엿보이기 시작했다.

이 정책들은 당연히 "각 나라에 따라서 다양한 것이 될 것"이지만 마르크스는 제안한 열 가지 정책들이 "가장 진보한 나라들에서는 전반적으로 적용될 수 있을 것"이라고 판단했다. 진보한 나라는 자본주의적 생산양식이 더 발달한 나라들을 의미한다.

정책들의 내용과 의미를 차례대로 정리해보자.

1. 토지 소유의 몰수 그리고 지대를 국가의 비용으로 사용

누가 토지를 몰수하며, 몰수한 토지의 소유권은 어디로 귀속될까? 앞선 내용으로 볼 때 몰수한 토지를 국가를 통해 사회적으로 소유할 것이라고 예상할 수 있다. 그리고 협동조합적 소유도 사용될 것이다. 당시에 유행하던 토지의 공동체 소유를 공산주의사회로 가는 과도기에 활용하려는 계획은 마르크스 후기와 이후 마르크스주의자들의 구상에 여러 번 나타났다. 토지 소유권을 개인에게서 몰수하는 것이 중요하다. 소유권은 그대로 두고 지대를 국가가 징수하거나, 토지와 지대에 세금을 부과하는 것만으로는 문제가 해결되지 않기 때문이다.

마르크스보다 조금 뒤에 활동한 헨리 조지Henry George가 토지의 국유화는 필요하지만 현실적으로 세금만으로도 토지 사유의 부작용을 해결할 수 있다고 생각한 것과 비교하면 흥미롭다. 오늘날도 부동산 가격 상승, 그에 따른 투기 열풍을 부르주아사회는 막지 못하고 있다. 《공산당 선언》의 관점에서는 그 이유가 너무나 명백하다. 토지 등 부동산을 사적으로 소유하고 이윤을 목적으로 시장에 상품으로 유통시키는 한 투기는 사라지지 않을 것이다. 투기는 자본주의사회에서 이윤을 얻는 아주 일반적인 방식이기 때문이다. 토지의 전면적 사회화나 공적으로 소유하는 부동산의 비중을 대폭 늘리는 것이 아닌, 과세, 사용과 거래 제한, 윤리적 호소만으로는 투기를 잡을 수 없음은 자본주의의 모든 역사가 증명하고 있다.

몰수 이후 토지는 상품을 자본주의적으로 소유하는 것과는 다른 방식의 사회관계에 의해 관리해야 한다. 상속, 증여, 매매의 대상도 아니며 사적 이윤 추구의 수단으로 토지를 이용하는 일도 없을 것이다. 또 토지를 특정 개인이나 집단이 배타적으로 통제하고 이용하지도 않을 것이다.

2. 고율의 누진세

수입과 재산이 많은 사람에게 더 높은 세율을 적용한다는 원칙은 20세기에 와서는 자본주의사회에서도 당연한 과세 원칙이 되었다. 노동운동이 발전한 것도 그 변화의 큰 원인이었다. 그러나 신자유주의 시대가 오면서 그 당연한 원칙이 다시 약화되었다. 신자유주의자들은 부자에게 세금을 적게 부과하면 경제 발전을 촉진시켜 결국 가난한 사람들에게까지 경제적 이익이 돌아간다는 이른바 낙수효과를 명분으로 내세웠다. 그러나 30년이 지난 오늘날 신자유주의 경제정책의 핵심인 부자 감세가 빈부 격차를 얼마나 극적으로 확대시켰는지는 전 세계의 거의 누구나가 다 알고 있다. 낙수효과를 선전한 국제금융기구조차도 낙수효과가 실제로 일어나지 않았다고 인정했다.

3. 상속권의 폐지

19세기 중후반, 마르크스주의와 경쟁했던 프루동과 바쿠닌의 아나키즘은 상속권 폐지를 중요한 정책으로 내세웠다. 이들은 경제적 불평등의 중요한 원인을 상속이라고 생각했다. 그러나 프루동은 상속권 폐지를 소유권 일반의 폐지로 확장하지는 않았다. 마르크스도 당연히 상속 제도를 폐지해야 한다고 생각했다. 하지만 이는 상속권이 부르주아적 소유권의 일부이기 때문이었다. 상속권 폐지에서 시작해 부르주아지의 소유권 모두를 폐지하는 것이 마르크스주의의 입장이다. 단순히 상속권 폐지만으로 자본주의사회의 불평등이 사라지지는 않을 것이다.

현재 한국 사회에서는 경제적 자산뿐만 아니라 사회자본, 문화자본의 대물림이 지배계급 재생산의 중요 수단이다. 그러므로 상속의 폐지는 가족을 매개로 한 지배집단의 재생산을 막기 위한 제한적 효과는 있을 수 있다. 그러나 혈연적 가족을 통한 재생산의 방식이 아닌 자본주의의 재생산 경로까지 막는 근본적 대책일 수는 없다.

4. 모든 망명자들과 반역자들의 재산 압류

이 정책은 프랑스혁명 과정의 사례를 참고한 것이다. 흥미롭게도 1871년 파리코뮌 당시에도 이 정책을 실행한 사례가 있다. 마르크스는 파리코뮌을 기록하고 분석한《프랑스 내전》에서 파리코뮌의 중요한 정책 중 하나로, 민중봉기를 피해 도망간 자본가들의 공장을 노동자들이 점거해 자체적으로 운영한 사례를 들고 있다. 노동자들은 자본가들의 지시 없이 사업을 운영할 능력이 없다는 자본가들의 선전을 반박한 실례이기에 의미가 크다. 이후 공산주의 혁명에서 노동자들이 자본가로부터 빼앗은 공장을 자체적으로 운영하는 것이 혁명 과정의 중요한 정책이 된다. 작업장을 노동자들의 평의회가 운영하고 더 나아가서 국가도 노동자 평의회의 연합으로 대체하려는 노동자 자주관리는 러시아혁명 과정에서도 시도되었다. 스탈린, 니콜라이 이바노비치 부하린Nikolai Ivanovich Bukharin 과 대립했던 좌익 공산주의는 노동자들이 자주적으로 관리하는 작업장들의 연합이 당이나 국가 장치보다 더 공산주의에 부합한다고 생각했다. 20세기 말에 반복되는 금융·외환 위기로 경제가 붕괴된 아르헨티나의 노동자들이 부도난 공장을 점거해 스스로 운영한 사례들도 많은 주목을 받았다.

5. 국가 자본과 배타적인 독점권을 가진 국립은행을 통한 국가 수중으로의 신용의 집중

6. 운송 수단의 국가 수중으로의 집중

(1888년 영어판에는 통신 수단도 포함되어 있다. 초판 발간 이후 40년 간 일어난 통신기술의 발달과 경제적 영향 증대를 고려한 것이다.)

7. 국영 공장과 생산도구들의 증가, 모든 토지를 공동의 계획에 따라 개간, 개량

5, 6, 7은 모두 중요 생산수단, 신용, 생산과 유통을 위한 기반 시설을 사회화하는 조치들이다. 계획경제는 자본주의의 시장주의와 대비되는 사회주의의 경제 운영 방식이다. 7에서 토지에 적용되는 공동 계획은 신용, 생산, 운송, 통신 등의 중요 경제 부문 모두에도 해당한다. 신자유주의 금융화와 ICT의 발달이 사회 전반과 특히 노동자계급의 상황에 미치는 거대한 영향을 고려한다면 이 정책 역시 현재 상황에 맞게 조정된다는 가정하에 큰 의미가 있을 것이다. 오늘날 자유주의적, 사회민주주의적 좌파조차도 자본에 대한 공적 통제를 요구한다. 무제한의 자본 유동성을 부르주아지가 장악하고 있음에도 주기

적으로 반복되는 금융 불안은 신용을 통제하라는 《공산당 선언》의 요구를 떠올리게 한다.

공동 계획에 의거한 토지의 개량은 생태적 관점에서도 의미 있는 정책이다. 존 벨라미 포스터John Bellamy Foster는 이런 방식의 토지 정책이 "평등하고 생태학적으로 지속될 수 있는 재생산"에 필수적이라고 주장한다. 개인이 소유한 토지를 이윤 추구를 위해 제한 없이 사용하도록 허용되는 상황에서는 생태 위기의 악화를 체계적으로 막을 수단이 없다. 부동산과 토지는 투기 대상, 자산, 소유 재산일 수 없다. 더 나아가서 인간만이 독점적으로 사용하는 자원이어서도 안 된다. 인간이 존재하는 조건으로서의 자연의 한 형태로 토지를 볼 때, 생태적 위기에 대응하는 마르크스주의적 토지 정책이 나올 수 있다.

8. 모든 사람에게 동등한 노동 책임, 산업 특히 농업을 위한 노동자 집단 육성

누구는 노동하고 누구는 노동의 산물을 소비하기만 하는 사회는 끝이 나야 한다. 사회 구성원 모두에게 노동은 의무가 된다. 그러나 공산주의사회로 발전하면서 노동은 더 이상 강제적인 고역이 아니게 될 것이다. 이 조건이 덧붙여지지 않으면 개별 자본가를 비인격적인 사회로 확장시킨 것에 불과하다. 노동으로부터의 탈출, 게으를 권리는 마르크스의 주장이 아니다. 계급 지배에 의해 소외된 노동을 인간의 자기실현이자 향유로서의 해방된 노동으로 전환하는 것이 마르크스주의의 목표다. 이 문제는《공산당 선언》에 앞서《독일 이데올로기》에서 슈티르너를 비판하면서 상세히 다룬 바 있다.

9. 농업과 산업의 결합. 도시와 농촌의 차이가 점차 폐지되도록 노력

9는 7의 공동 계획에 의거한 토지의 개간 및 개량, 8의 농업을 위한 노동자 집단 육성과도 연결되는 정책이다. 근대적 산업화가 막 본격화하던 시기에 마르크스와 엥겔스는 "도시와 농촌의 차이가 점차 폐지되도록 노력"하는 것이 사회주의로 가기 위해 중요한 과제라고 말한다. 그 과제는 농업과 공업의 결합을 통해서만 달성 가능하다. 또《공산당 선언》의 영어판에서는 "나라 전체에 인구를 보다 균등하게 분산시키는 방식"이란 내용을 덧붙였다. 도시와 농촌 사이의 모순은 자본주의 초기부터 오늘날까지 갈수록 심각해지는 문제다. 이 모순이 자본주의의 가장 근본적인 한계 중 하나임을 마르크스는《공산당 선언》이전의 저술에서도 분명히 한 바 있다.

"도시와 농촌의 차이가 점차 폐지되도록 노력"이라는 구절은 생태 문제와 관련한 마르크스와 엥겔스의 생각을 엿볼 수 있는 곳이다. 그리고 마르크스주의에 대해 백 년 이상 덧씌워진 반생태적이라는 비난에 대한 반박의 근거다. 공산주의의 생산력 증대가 소유관계 더 좁게는 생산물의 분배만 다르고 생산이 이뤄지는 과정은 자본주의와 같은 방식으로 이뤄진다고 생태주의는 비판해왔다. 생태주의 입장에서 마르크스가 인간과 자연 관계에 대해 인간을 자연보다 우위에 두고 인간이 자연을 자원과 도구로 이용하는 것을 당연시하는 "프로메테우스적" 견해를 취했다고 비판해왔다. 이러한 비난의 전제는 반근대주의적 (탈근대적, 혹은 전근대적) 가정이다. 진정한 생태주의라면 근대성 자체를 사실상 거부해야 한다는 것이다. 프로메테우스주의라는 비난은 마르크스의 저작과 마르크스주의를 근대주의의 극단적 사례라 판단한다. 하지만 현대 생태주의자들이 비판하는 "프로메테우스주의"의 전형은 맬서스주의와 프루동의 사고다. 이미 본 바와 같이 《공산당 선언》의 중요한 과제는 이 둘을 비판하는 것이다.

마르크스와 엥겔스는 도시와 농촌, 인간과 자연을 더 높은 수준에서 재결합시키고자 했다. 더 나아가, 이러한 조치들은 "토지 소유의 몰수 그리고 지대를 국가의 비용으로 사용", "모든 토지를 공동의 계획에 따라 개간, 개량" 정책과 결합된다. 토지와 자연이 이윤을 추구하는 사적 개인에게 맡겨져서는 생태의 파괴를 막을 수 없기 때문이다. 이는 자연이 인류의 손이 미치지 않는 상태로 남겨져야 한다는 입장이 분명 아니다. 마르크스와 엥겔스는 그런 생각은 비현실적이기에 자연에 대한 순수한 "감상적" 관념에 불과하다고 비판했다. 그들은 인간은 자연의 일부이고 주변의 자연과 상호작용하며 서로를 변화시키는 것이 현실의 모습이라 본다. 그래서 인간과 자연 사이의 물질대사의 방식을 변경시켜 상호 파괴적인 자본주의의 방식이 아닌 상호 보존의 방식으로 생산을 조직하여, 인류와 자연 사이의 지속가능한 관계를 실현하려 했다.《공산당 선언》보다 몇 년 전에 쓴《경제학 철학 초고》에서 마르크스는 인간 소외의 극복이 인간과 자연 관계의 소외 극복과 하나로 연결된 문제임을 분명히 한 바 있다.《독일이데올로기》에서도 도시와 농촌의 모순 문제를 상세히 다루었다.

10. 모든 아동의 공공 무상교육. 지금 같은 형태의 아동의 공장노동 폐지. 교육과 물질적 생산의 결합 등등

공공 무상교육은 오늘날 선진국에서는 당연시되는 교육 복지 정책이다. 그리고 근대 공업이 가져온 인간의 비참함 중에 당대에도 가장 많이 지적된 것이 가혹한 아동노동이었다. 어린이 교육 문제는 당시의 선진국과 오늘날의 주변국에 여전히 만연한 아동노동 문제와 당연히 연결된다. (1장에 나온 "나이와 성별의 차이는 노동자계급에게는 더 이상 사회적 중요성이 없다" 부분에 대한 설명을 참조.) 마르크스가 어린이들이 공장에서 나와 학교로 가야 한다고 단순히 주장하지는 않았다는 사실은 흥미롭다. 그는 교육과 물질적 생산의 통일을 바람직한 대안으로 본다. 이런 관점은 노동, 교육, 향유가 분리된 자본주의사회에 대한 문제의식에서 나온 것이다.《독일 이데올로기》,《경제학 철학 초고》 같은 《공산당 선언》 이전의 저작뿐만 아니라 《자본》에서도 마르크스는 자본주의사회의 근본 문제 중 하나로 '분업'의 고착화를 꼽고 있다. 자본주의가 만든 분업이 인간을 파편화하기에, 조화로운 총체적 인간이 되기 위해서는 노동과 교육과 향유가 하나로 이어지는 사회를 만들어야 한다.

교육은 인간 사회의 다른 영역, 활동과 분리, 고립된 것이 아니다. 자본주의 체제와 괴리된 교육은 없다. 자본주의사회에서 교육은 경제에 종속되어 있다. 노동운동과 교육 운동은 그래서 연결된 과제다. 자본주의 체제를 원활하게 재생산하는 것이 자본주의적 교육의 기능이기에, 교육 운동은 반자본주의 운동, 노동운동과 연계되어야 진정한 대안적인 운동이 될 수 있다. 교육 노동자들의 운동이 노동운동을 버리고 교육 운동에만 집중하는 것은 기존 자본주의 체제를 받아들인다는 말이다. 자본주의는 건드리지 않고 좁은 의미의 교육 분야에서 나타나는 부정적 현상을 개선하는 것이 과제라 보는 것은 자본주의와 자본주의적 교육의 수혜자들의 관점이다. 노동자들이 교육 문제를 보는 입장은 이와는 완전히 달라야 한다. 교육 운동이 아닌 교육 노동운동이 필요하다.

열 가지 정책들의 의미를 정리해보자. 《공산당 선언》은 미래 사회의 완벽한 모델을 제안하지 않는다. 현존 사회를 공격하고, 현존 질서를 근본적으로 폐지하는 실제적 운동의 방안을 찾는 것이 《공산당 선언》의 과제다. 이상적인 것을 찾는 것이 아니라 현실의 갈등에 발 딛고 있는 실현 가능한 해방의 길을 찾고 있다. 《공산당 선언》이 제시하는 미래 사회의 원리는 개인, 자유라는 자유주의의 환상을 넘어선다. 해방은 슈티르너가 상상하는 쾌락의 고독한 향유가 아니다. 인간 종의 보편적 발전에 적합한 조건의 실현이 해방이다. 따라서 구체적으로는 "소유권과 부르주아적 생산관계들에 대한 전제적 침해"라는 방향을 제시한다. 이 방향에 따라 10가지의 정책 제안이 제시되었다. 이 제안들은 개인의 이윤 추구보다 공공의 소유를, 개인적 사용보다는 공적 활용을 강조한다. 이를 위해 신용을 사회적으로 통제하고, 생산수단을 공적으로 관리하며, 여타의 필수 업무를 사회에 제공하는 공적 기구를 만들고, 토지를 공적으로 소유해 계획적으로 이용하며, 무상교육을 모든 사람에게 제공하되 노동과 교육의 유기적 결합을 추구한다. 이런 정책들이 실행되면 농촌과 도시의 분리, 농업 노동과 공업 노동의 분리라는 인류사의 근본적 분업(《독일 이데올로기》에서 분업을 다루며 언급했다)을 극복할 수 있을 것이다.

각자의 자유로운 발전이 모두의 자유로운
발전을 위한 조건이 되는 연합

2장의 마지막에 공산주의사회의 원리를 언급하는 유명한 문장이 나온다. "각자의 자유로운 발전이 모두의 자유로운 발전을 위한 조건이 되는 연합association" 이것이 마르크스가 분명하게 표현하는 공산주의사회의 구성 원리다. 이때 연합의 의미를 분명히 하는 것이 중요하다. 이때의 연합은 마르크스가 당대의 많은 사회주의자들 특히 마르크스가《공산당 선언》직전에 격렬하게 비판했던 프루동, 슈티르너가 생각했던 연합과는 분명히 다를 것이다. 그들은 주로 소생산자들의 소규모 촌락을 연합이라 생각했다. 또 마르크스가 근대 부르주아국가를 계급 지배의 수단이라 보았다는 점을 고려하면 이 문장의 연합이 근대적 국가의 형태가 아니라는 점도 분명하다.

엥겔스는《공산당 선언》을 쓰기 전에 공동체주의적인 사회주의에 한때 열광하기도 했다고 전해진다. 그러나 1848년의 책에서는 그 흔적을 찾아보기 힘들다. 말년의 마르크스와 엥겔스가 연합association을 새로운 대안으로 제시하며, 연합의 의미를 재정의하고 구체적 모습까지 구상했다는 주장이 신 MEGA의 발간 사업 결과에 근거해 나오기도 한다. 그러나 그 연합에 대한 의미 부여가 마르크스와 엥겔스의 진짜 의도였음을 확실하게 보여주는 문헌적 근거는 부족해 보인다. association이란 말은 오늘날처럼 19세기에도 다양한 의미로 사용되었다고 한다. 사적이든 공적이든, 규모가 크든 작든, 체계를 갖추었든 느슨한 형태이든 사람들의 모임을 흔히 지칭하던 단어였다. 사용자의 의도와 단어가 사용된 맥락에 따라 association의 구체적 모습은 다르다. 당이나 국가, 중앙집중적 조직이라는 말 대신에 association이라는 단어를 사용했다고 해서 당, 국가, 노동조합, 중앙 집중적 조직을 부정했다고 판단할 수는 없다. 마르크스가 적극적으로 관여했던 국제적 노동자운동의 조직 이름도 International Workingmen's Association이었음을 기억하자. 그 연합association의 구체적 조직 형태와 역할을 놓고 벌어진 격렬한 논쟁과 갈등을 생각해보면 association이라는 말 안에 얼마나 이질적이고 모순적인 의미들이 담길 수 있는지 알 수 있을 것이다. 《공산당 선언》에서 이 명제 가까운 부분에서의 용례를 보자.

열 가지 정책을 나열한 뒷부분에서 마르크스는 "생산이 연합된 개인들assoziierten Individuen의 수중에 집중되면"이라고 쓰고 있는데, 이 구절은 "모든 생산도구들을…… 지배계급으로 조직된 프롤레타리아트의 수준에 집중"한다는 말로 다시 설명한다. 따라서 이 부분에서 "연합된 개인들"이 "지배계급으로 조직된 프롤레타리아트"와 같은 의미임은 분명하다. 그러나 연합되고 조직되는 구체적인 방식, 연합의 모습은 알 수 없다. 그러나 연합의 구체적 형태가 어떤 것이든 간에, 인간과 인간이 각자와 모두를 상호 발전시키는 새로운 관계를 맺는 것이 공산주의의 정치적 과제일 것이다.

이 과제의 전제가 되는 철학적 측면도 살펴보자. 개인주의 (자유주의)와 자신 이전의 사회주의 두 조류를 비판적으로 극복해서 통일시키려 한 것이 마르크스의 정치철학의 중요한 과제였다. 그런 관점에서 개인과 사회를 이원론적으로 대립시키는 것은 일면적이고 관념적인 이해 방식이다. 사회와 분리된 개인의 자유도 있을 수 없고, 개인을 희생시키면서 사회만이 자유로운 것도 바람직하지 않다. 자본주의사회에서는 이 둘이 계속해서 모순을 일으킬 수밖에 없다. 자본주의에서는 계급과 계급의 대립이라는 형태로 이 모순이 나타난다. 우리에게 익숙한 공산주의에 대한 통념은 전체의 이익을 위해서 개인을 희생시키는 사회라는 것이다. 전체주의라는 말을 공산주의에 적용하는 것도 그 때문이다. 그러나 공산주의는 개인과 전체의 대립이라는 틀이 비현실적인 것이어서 벗어나야 한다고 본다.

사회주의와 공산주의를 자유주의와 대비시켜서 살펴보자. 자유주의에서 자유의 주체는 개인이다. 반면에 사회주의에서는 정치 또는 사회를 구성하는 주체는 '개인들의 연합'이라고 생각한다. 이때 연합이라는 말은 단순히 개별 개인들의 합만을 의미하는 것은 아니다. 주체로서의 개인 개인이 모여 있는 것이 사회이지 사회가 개인 위에 독자적으로 있는 것이 아니라고 보면 개인주의이다. 반면에 개인을 포함하지만 개인을 넘어서는 독자적인 실체로서의 사회가 집단적인 주체를 형성한다고 보면 사회주의가 된다. 자유주의에서 재산에 대한 권리는 개인이 가진다. 반대로 사회주의에서는 재산에 대한 권리는 개인이 아니라 사회집단이 가지고 있다. 따라서 집단의 소유가 된다. 마르크스는 정치철학적으로 이 두 가지를 통합하려는 생각을 한다. 당대의 사회주의가 자유주의를 극복한다고 했지만, 그는 자유주의나 당대의 사회주의나 둘 다 부족하다는 생각을 했다. 그리고 이 둘이 발전적으로 통일되어 공산주의로 완성된다고 보았다. 개인의 자유로운 발전이 이뤄져야 전체의 자유로운 발전이 가능하고, 동시에 모두의 발전이 개인의 자유로운 발전의 조건이 되는 사회가 공산주의사회다. 개인은 위축되거나 소멸되는 것이 아니라 오히려 훨씬 더 자유로워지고, 그리고 그 자유는 사회적 관계의 망 속에서만 가능하다.

이런 사회 구성 원리는 마르크스의 인간관과 연결된다. 인간 본질에 대한 마르크스의 입장은 관념론에서 유물론으로 발전해나갔다. 유물론적으로 보면 개인을 영원히 변치 않는 선험적인 본질로 설명하는 것은 불가능하다. 유물론에서 개인은 관계 속에서 만들어지는 것이다. 개인 또는 개별적 인간이라는 것은 여전히 그대로인데 사회적 관계, 사회구조만 변화한다고 공산주의사회가 될 수 있는 것이 아니다. 〈포이어바흐에 대한 테제들〉에 따르면 인간의 본질은 "사회적 관계의 앙상블"이다.

공산주의사회가 되면 새로운 사회적 관계의 앙상블로서의 새로운 인간이 구성될 것이다. 이 생각은 자본주의사회의 인간과 공산주의사회의 인간은 질적으로 다른 존재라는 것을 함축하고 있다. 이것이 현실에서 어떻게 실현될지가 어려운 과제다.

지금까지의 자본주의사회와는 다른 세상, 더 나은 세상을 꿈꾼다면 동시에 우리의 삶의 방식과 존재 조건 자체가 변화해야 한다는 것을 인정해야 한다. 지금 우리의 모습을 가지고는 새로운 사회로 갈 수 없다.

3장

프롤레타리아트의 공산주의와
다른 사회주의, 공산주의는
무엇이 다른가?

마르크스 당시의 비마르크스주의적 사회주의와 공산주의를 비판적으로 소개하는《공산당 선언》의 3, 4장은 1, 2장에 비해 상대적으로 덜 중요하게 여겨져 왔다. 여기서 소개된 사회주의와 공산주의들은 이제는 과거의 낡은 이야기로 취급되기 때문이다. 그러나 마르크스가 1848년에 대결했던 사회주의와 공산주의들 가운데 여럿은 마르크스주의와 마찬가지로 오늘날까지도 계승되고 있다. 그 이름과 원형은 사라졌어도 중요한 아이디어와 개념, 관점이 다른 사상들에 영향을 줘 계승되는 경우도 있다. 마르크스의 공산주의와 어떤 다른 사회주의 노선들 사이의 차이는 200년 가까이 지난 오늘날도 여전히 기본 골격을 유지하며 계승되어왔다. 현대 사회의 중요한 정치 노선들 사이의 관계를 이해하고 비판적으로 검토하기 위해서 그 사상들의 역사를 아는 것은 유용할 것이다. 하지만《공산당 선언》에서의 다른 사회주의에 대한 소개와 비판이 실제로 그 사회주의를 정확하게 소개, 비판한 것은 아닐 수도 있다. 3장은 마르크스가 생각하는 다른 반자본주의 운동과 자신들 입장의 차이를 통해 마르크스와 엥겔스의 입장을 선명하게 이해하는 자료로서 더 큰 의미가 있을 것이다. 3장은 혁명 주체로서의 프롤레타리아트, 정치적 투쟁의 결정적 의미, 자본주의에 대한 역사적 이해와 공산주의 실현의 역사적 조건 등이 마르크스의 고유한 주장임을 분명히 밝힌다. 마르크스 자신도 그런 의도에서 나중에 3장만 따로 떼어 다른 매체에 게재하기도 했다.

《공산당 선언》은 발간 이후에 등장한 페르디낭 라살레 Ferdinand Lassalle 의 국가주의, 바쿠닌의 아나키즘을 직접 다루지 않는다. 아나키즘은 다양한 형태로 변형되어 마르크스주의와 가까워지기도 하고 멀어지기도 하며 오늘날에도 큰 영향을 끼치는 사회사상이다. 3장의 여러 노선들에 대한 비판 중에는 아나키즘과 마르크스주의 사이의 공통점과 차이점을 보여주는 내용도 있다.《독일 이데올로기》에서 아나키즘의 사상적 원류인 막스 슈티르너에 대한 비판을 수행한 2년 뒤에 쓴《공산당 선언》에는 슈티르너식 사고방식에 대한 비판이 적지 않게 나타난다.

3장은 사회주의, 공산주의라는 용어의 역사적 변화 과정도 보여준다. 이 단어들이 뜻하는 바는 계속 변화하고 있었고 지역에 따라 다른 의미로 사용되기도 했다. 영국, 프랑스에서의 사회주의, 공산주의의 용법은 독일과는 조금 달랐다. 1820년대 사회주의, 공산주의 용어가 일반적으로 사용되기 시작했던 시기에 영국에서는 사회주의가 오언주의 운동을 가리키는 말이었다. 1830년대가 되면 오언의 추종자들도 오언주의 대신 사회주의라는 명칭을 사용한다. 1830년대 초 프랑스에서 사회주의는 생시몽의 가르침을 지칭하는 말로 사용되었다. 그래서 1840년대 독일에서는 영국, 프랑스의 사회이론을 지지하는 사람들을 사회주의자라 부르게 된다.

1848년 혁명기 이전까지 사회주의는 사회과학의 의미도 가지고 있었는데 1848년 혁명 이후에 정치노선만을 뜻하는 말이 된다. 이 무렵 독일에서는 공산주의를 사회주의의 부정적 변형이라는 의미로 사용하기도 했다. 독일에서는 공산주의라는 말이 사회적으로 큰 변화가 있었던 1840년 이후에서야 많이 사용되었는데 영국, 프랑스를 따라 '재화의 공동소유권'을 주로 의미했다. 1842년 이후 프랑스에서 사유재산의 폐지를 주장한 평등주의적인 모든 노선들을 '공산주의'라고 불렀기 때문이라고 추측한다.

《공산당 선언》에서 공산주의와 사회주의는 의미가 겹치기도 하지만 같지는 않다. 둘 다 공동체, 연합, 협력을 긍정적으로 승인하고, 반대로 근대 부르주아사회의 특징인 개인주의와 경쟁을 부정적으로 보는 사상이다. 사회주의와 공산주의 모두 자본주의와 자유주의를 비판한다. 하지만 사회주의는 공산주의보다 훨씬 폭넓은 스펙트럼을 가지고 있다. 19세기에는 다양한 세력들이 자칭 타칭 사회주의라는 이름으로 불렸다. 당시 사람들이 사회주의를 이해하고 받아들인 기준은 어떤 계급이 주도하느냐가 아니라 해당 사상이 이상적 사회를 무엇으로 보느냐에 따른 것이었다. 어떤 사회를 이상적으로 보며, 자유, 경쟁, 개인과 평등, 공동체 등의 가치를 어떻게 평가하고, 그 가치를 실현하기에 적합한 수단으로 무엇을 제시하느냐가 사회 사상을 구별하는 기준이었다. 사회주의에는 근대 자본주의를 비판하지만 과거로의 회귀를 대안으로 생각하는 보수적인 입장도 포함되어 있다. 또 자본가들의 일부가 노동자계급의 이해관계를 부분적으로 수용한 사회주의도 있고, 종교적 색채의 사회주의도 있었다.

사회주의와 공산주의는 사회 개혁과 이를 위한 계급 연합의 대상 범위에서 차이가 있다. 엥겔스에 따르면 사회주의는 자본주의와 이윤에 대해 근본적 위협이 되지 않는 중간계급이 주체인 운동이기에 자신들의 작업을 더 급진적인 노동자계급의 운동을 의미하는《공산당 선언》이라 불렀다. 공산주의는 1848년에 이미 사회주의보다 더 급진적인 사회 변화를 지향했다. 특히 생산 자원에 대한 공적인 통제를 제도적으로 수행하기 위해 생산수단에 대한 사적 소유의 폐지를 지향하는 것이 공산주의의 핵심적 의미였다. 그리고 공산주의는 운동의 주체가 노동자계급인 정치적 운동이었다. 즉 "노동자계급의 해방을 노동자계급 스스로 달성하는 운동"을 공산주의라고 불렀다. 마르크스와 엥겔스의 용법도 정확히 고정되었다기보다 어느 정도는 유동적이었다. 《공산당 선언》 출간 당시만 해도 associationism, communalism이란 말이 공산주의와 유사한 말로 사용되고 있었다.

이념이 완전한 형태로 발전해도 현실이 역사적으로 발전하지 않는다면 사회주의와 공산주의는 공상에 불과한 것이다. 마르크스와 엥겔스가 보기에 전근대적인 사회주의, 공산주의는 해방의 물질적 조건에 미달한 사회의 표현일 뿐이다. 공상적 사회주의라는 명칭은 이런 이유에서 나온 것이다. 그러므로 자신들의 공산주의도 프롤레타리아트와 공산주의 이념이 만나 프롤레타리아트의 이해관계를 실현할 실질적 조건이 갖추어져야 현실이 될 수 있다고 보았다. 현실이 될 수 있는 사회주의가 '과학적 사회주의'의 또 하나의 의미다.

마르크스는 1875년 《고타강령 초안 비판》이라는 텍스트에서 '낮은 단계의 공산주의'와 '높은 단계의 공산주의'를 구분한다. 공산주의가 하나의 단일한 시기가 아니라 두 단계로 나누어진다고 본 것이다. 나중에 소련에서 낮은 단계의 공산주의에 해당하는 사회를 사회주의라고 부르고 높은 단계에 해당하는 사회를 공산주의라고 불렀다. 이때부터 공산주의의 전前 단계, 공산주의에 아직 도달하기 이전의 시기를 보통 사회주의라고 불렀다. 우리가 가지고 있는 통념 중에 사회주의는 공산주의보다 앞선 단계, 낮은 단계라는 것은 여기서 유래했다. 그런데 지금은 두 단어를 거의 구별하지 않는다.

3장에서 마르크스가 다루는 사회주의는 다섯 가지다. 이를 크게 다음 세 가지로 분류한다. 반동적 사회주의는 과거의 어떤 시기를 이상화한다. 보수적 사회주의는 자본주의사회를 적당히 개량한 사회를 지향한다. 그리고 유토피아 사회주의는 미래를 이상적으로 본다. 먼저 반동적 사회주의에 속하는 "봉건적 사회주의", "소부르주아적 사회주의" 그리고 "진정한 사회주의"를 소개한다. 이 셋을 소개한 이유는 당시 독일에서 영향력이 컸기 때문이다.

반동적 사회주의

반동적 역사관은 과거의 어떤 사회를 이상적으로 보고 자본주의 이전 상태로 돌아가기를 원한다. 그 상태는 실제의 과거일 수도 있고 허구의 과거일 수도 있지만 대체로 과거를 미화한 경우가 많다. 반동적 사회주의자들은 봉건적이고 가부장적인 사회가 대규모 산업에 의해 파괴되었기 때문에 현대 사회의 모든 병폐들이 나타났고 따라서 그 시절로 돌아간다면 그 문제들도 해결될 것이라 믿는다. 그러나 과거 사회에 현대의 문제들은 물론 그 시대만의 문제들도 없었다는 생각은 조작된 기억이다. 마르크스와 엥겔스는 과거에 대한 향수보다 부르주아사회가 보여주는 과거 사회를 파괴하는 혁명적 변화의 힘에 더 큰 인상을 받은 근대의 아들들이었다. 애초에 과거로 돌아가는 것은 가능하지도 않지만 근대의 성과들을 포기하는 어리석은 길이라고 판단했다. 그들은 반동적 사회주의를 다시 "봉건적 사회주의", "소부르주아적 사회주의", "진정한 사회주의"로 나눈다.

봉건적 사회주의

봉건적 사회주의는 주로 프랑스와 영국 귀족의 관점에서 근대 부르주아사회를 비판했다. "프랑스 정통주의자"처럼 1830년 7월 혁명 시기에 나온 흐름도 있고, 영국의 1832년 선거법 개정 운동에서 나온 "청년잉글랜드운동" 같은 분파도 있다. 이들은 모두 사적 소유와 근대국가를 기독교의 입장에서 비판하는 '기독교 금욕주의'로 봉건군주제를 바람직한 정치체제로 여겼다.

"프랑스 정통주의자"는 프랑스혁명이 몰아낸 부르봉왕조의 복귀를 지향한다. 그들은 귀족의 사회적 책무 차원에서 노동자와 빈민을 위한 개혁을 주장했다. 토지를 소유한 귀족이 농노들을 거의 죽을 지경까지 착취하지만 목숨만은 유지하게 해주는 것이 귀족의 사회적 책무다. 그래야 지속적인 착취가 가능하기 때문이다. 다시 말해 사회구조적 결함에 대한 인식에 근거한 것이 아니라 기독교 도덕의 영향을 받은 윤리적 의무감에서 사회적 약자를 최소한으로만 도와주려는 노선이었다. 이노선에서 약자들은 불쌍하고 수동적인 대상일 뿐이다. 사회적약자들을 스스로 자신들의 이익을 관철하고 사회의 구조를 바꿀 힘도 없는 존재로 여길 뿐만 아니라 그런 행위를 허용하지도 않는다. 현재도 종교의 힘이 강한 나라들에서는 유사한 전통이 이어지기도 한다. 인도의 힌두민족주의 노동운동이 좋은예다.

"청년잉글랜드운동"을 주도했던 것은 잉글랜드의 정치인, 문필가들이다. 존 매너스John Manners, 벤자민 디즈레일리Benjamin Disraeli 그리고 엥겔스의《영국 노동계급의 상황》에 자주 언급되는 토마스 칼라일Thomas Carlyle 등이 대표적 인물들이다. 그들은 부르주아사회의 부정적 현실을 예리하게 드러내는 글로 대중의 관심을 끌었다. 그러나 동시에 봉건적 위계의 사회를 찬양했다. 과잉생산, 대중의 빈곤과 도덕적 타락, 금전만능의 사회적 관계, 인간들끼리의 경쟁 같은 문제들을 봉건사회로 회귀해 해결하자는 것이 그들의 주장이었다.

마르크스와 엥겔스는 이들이 부르주아사회의 핵심을 찌르는 비판을 했다는 점에서는 긍정적으로 평가한다.《공산당 선언》에 나온 사회적 유대가 순전한 현금 거래 관계로 타락했다고 개탄하는 구절은 칼라일과 같은 목소리를 내고 있다. 그러나 봉건적 사회주의자들은 근대 역사의 전개 과정을 제대로 이해하지 못했고, 그들이 낭만적으로 이상화하는 "사랑과 명예"가 넘치는 봉건사회는 실제로는 결코 존재한 적이 없었다. 현실의 봉건사회는 모순으로 가득 차서 근대사회로 변화될 수밖에 없었다고 마르크스와 엥겔스는 보았다. 봉건적 사회주의는 부르주아지의 착취를 비판하지만 봉건사회 역시 농민과 노동자를 위한 사회가 아니었다. 따라서 이들의 정치적 주장은 일관성이 없을 수밖에 없다. 그들은 착취하는 부르주아지를 비판하지만, 노동자에 대한 억압적 조치, 법률에도 항상 찬성해 왔다.

이들은 "근대 역사의 경로를 전혀 이해할 수 없었기" 때문에 비현실적이고 비과학적인 한계를 가진다. 과학이 아니라 종교와 윤리, 관찰과 추론이 아닌 직관에 주로 의존하는 방법적 특징이 있다. 이들이 자본주의의 미래에 대한 "불길한 예언"을 남발하고 "미래의 위협"을 강조한 것은 "자신들의 역사적 지위"가 소멸하게 될 지위이기 때문이다.

그들이 부르주아지의 착취를 비판할 때 "그들의 착취 방법이 부르주아적 착취와 다른 모습을 띠었다는 것"을 명분으로 내세운다. 자본주의사회에서의 건조한 경제적 착취와 대비되는 이데올로기적 외피를 덧씌운 착취, 즉 신분 질서나 종교로 착취를 정당화하는 자신들의 행태는 착취가 아니라 신의 뜻을 실현하거나 세상의 이치에 맞게 사는 도덕적 행위라고 주장했다. 더 나아가서 봉건적 사회주의자들은 부르주아지의 건조한 경제적 착취가 혁명적 프롤레타리아트를 만들어낸다고 비판한다. 프롤레타리아트의 착취당하는 처지를 동정하는 듯 말하지만, 실은 프롤레타리아트의 곤궁이 계급 질서 전체를 무너뜨리는 지경까지 갈까 두려워하는 것이다. 봉건 지배계급과 부르주아지 사이에는 지배계급이라는 본질적 공통점이 있다.

봉건적 사회주의자들이 겉으로 내세우는 말과 사상에는 금욕주의 경향이 강하다. 그러나 이들은 경제적 이익 추구에서는 항상 부르주아지의 방식에 순응할 자세가 되어 있다. 기독교 금욕주의의 사례가 그런 특징을 잘 보여준다. 사적 소유, 결혼, 국가에 반대하는 기독교 금욕주의의 수사를 그대로 믿었던 순진한 성직자들과 신도들이 교회에서 받은 대우는 이단이라는 딱지였다. 예를 들어 성 프란체스코나 돌치노파의 가난에 대한 찬양, 가난한 이들을 위한 싸움은 변질되거나 이단으로 판정되어 화형에 처해졌다. 금욕의 시늉만이 사회질서 안에서 허용되었다.

"귀족들은 민중들을 자신의 뒤에 끌어모으기 위해 프롤레타리아의 동냥주머니를 손에 든 깃발처럼 흔들었다. 그러나 인민은…… 귀족들의 등 뒤에서 낡은 봉건 시대의 문장들을 발견하고서 크고 불경스럽게 웃으며 흩어졌다." 하인리히 하이네

Heinrich Heine 의《독일. 어느 겨울동화》의 구절을 패러디한 이 구절에서 알 수 있듯이 몰락해가는 귀족들이 부르주아지에게 복수하기 위해 가난한 민중들을 동원하려 했던 이 노선은 심각하게 상대할 필요는 없는, 정치적으로 큰 의미 없는 세력이었다. 하지만 이 노선의 특징들은 현대에 와서도 완전히 사라지지는 않고 있다. 전근대적인 사회구조의 잔재, 비합리적인 대중들의 문화가 자본주의의 부정적 국면과 만나면서 다시 생명을 얻기도 한다.

소부르주아적 사회주의

두 번째 반동적 사회주의는 소부르주아적 사회주의다. 여기서 소부르주아는 근대 부르주아사회에 의해 삶의 조건이 위협받는 중간 신분의 집단이다. 중세의 성외 시민층, 소농민층은 19세기 중엽 잔존하는 소부르주아의 대표적 집단이었다. 자본주의가 덜 발전한 프랑스 같은 지역에서는 주로 농민이, 영국처럼 자본주의가 더 발달한 나라에서는 소규모의 생산수단을 소유한 독립생산자들이 여기에 해당한다. 19세기에는 새로운 소부르주아층도 형성되었다. 중간 신분들은 대공업이 발전하면서 경쟁에서 패배하고 있었다. 이들이 종사하던 상업, 제조업, 농업은 근대적 기업과 노동자들이 대신했다.

근대적 대산업에 의해 생존이 불안정해지고 프롤레타리아트로 전락하고 있던 소부르주아지를 대표하는 사상가가 시몽드 드 시스몽디Simonede de Sismondi다. 그는 정치경제학자로서도 마르크스의 관심을 끌었지만 중세 이탈리아 도시국가의 연구자로도 유명했다. 그는 영국을 방문해 과잉생산과 노동자계급의 비참함을 목격하고 자본주의사회를 격렬하게 비판했다. 그는 농민과 장인들이 자족적이면서도 덕성을 지니고 살 수 있는 길드 같은 체제를 그 대안으로 주장했다.

　이 사회주의는 기계화, 자본의 집중, 과잉생산을 통해 근대적 생산관계가 파괴적인 사회적 결과들을 낳았다고 비판했다. 전통적 도덕, 가족 관계, 민족적 정체성의 해체, 소생산자, 소농의 붕괴, 프롤레타리아트의 빈곤, 부의 불균등한 분배가 자본주의에 의해 초래되었다는 것이 이들의 진단이었다. 소부르주아적 사회주의는 봉건적 사회주의와 비교하면 자본주의 현실에 대해 폭넓은 이해를 보여준다. 마르크스와 엥겔스는 소부르주아적 사회주의의 현실 비판에는 역시 긍정적 평가를 내린다. "근대적 생산관계들 안에 있는 모순들을 매우 날카롭게 해부했"고 "경제학자들의 위선적 변명들을 폭로했다"는 것이다.

　그렇지만 마르크스와 엥겔스는 이 사회주의의 사회개혁 제안에 대해서는 별로 동의하지 않았다. 이 노선은 자본주의 이전 시대의 소유관계의 틀 속에 근대적 생산수단을 제한하려 했다. 한마디로 "장인을 위한 길드 사회주의와 농업에서의 가부장적 관계", "춘프트 방식의 매뉴팩처와 농촌에서의 가부장적 경영"만이 이들의 대안이었다. 이 대안은 역사를 돌이키려 한다는 점에서 반동적이기도 하고, 실현할 수 없는 목표를 지향하기에 유토피아적(공상적)이기도 하다. 대자본, 지배계급에 맞서 자신들의 이해관계를 관철시키기 위해서는 하층 민중들의 힘이 필요한 중간계급에게 유용한 '진보' 이념이 소부르주아적 사회주의를 활용해 만들어졌다.

소부르주아적 사회주의가 부르주아지를 비판하는 잣대는 소상공인, 소농의 관점이다. 자본의 독점이 심화된 현대자본주의사회에서 새롭게 형성된 중간계급인 전문 지식인, 기업의 관리자층, 상층 노동자 등의 중간계급에게 19세기의 소부르주아 이데올로기는 유용한 자원으로 재활용되고 있다. 마르크스 당시에는 낡아서 반동적으로까지 여겨진 이 사상의 흐름은 신자유주의 시대에 부활한다. 신자유주의의 가혹한 현실 그리고 노골적인 시장만능주의 덕분이다. 또 다른 중간계급 이데올로기인 진보적 자유주의가 자본주의, 시장, 경제에 대한 노골적인 찬성으로 인해 하층 민중들의 반감을 사게 되자 윤리, 종교적 담론 그리고 공동체에 대한 강조를 뒤섞은 복고주의적인 분위기의 이데올로기가 힘을 얻고 있다. 경제성장과 정치적 민주주의 확대만을 내세운 진보적 자유주의에 윤리적, 정서적 보완물을 제공한 것이다.

독일 사회주의 혹은 '진정한' 사회주의

정치적, 경제적으로 영국, 프랑스보다 뒤처져 있던 독일 사회주의의 초기 대표자가 '진정한' 사회주의다. 당시 독일은 통일된 근대 민족국가가 되지 못한 채 봉건적 공국들로 분열되어 있었다. 근대적 산업의 급속한 성장이 시작되었기 때문에 그에어울리는 새로운 사회를 만들어야 한다는 요구 또한 높아가고 있었다. 그러나 신흥 자본가계급은 전통적 지배계급과의 대결보다는 타협을 선호했다. 노동자계급은 아직 수에서나 힘에서나 의미 있는 정치적 주체가 되지 못하고 있었다. 현실의 미발전은 이데올로기를 왜곡시켰다. "프랑스의 문헌들은 독일의 상황들과 마주하자 모든 직접적으로 실천적인 의미를 상실해버렸고 순수하게 문헌적 겉모습을 가지게 되었다. 그것은 인간적 본질의 실현에 관한 한가한 사변으로 나타날 수밖에 없었다." 마르크스와 엥겔스는 그 한가한 사변들에 대한 길고 격렬한 전투를 막 끝낸 직후였다.《공산당 선언》직전의《독일 이데올로기》와《철학의 빈곤》이 그 전투의 기록으로 남았다. 마르크스와 엥겔스가 획득한 전리품은 '과학적 사회주의'와 진짜 노동운동과의 만남이었다.

독일의 문필가들은 프랑스의 현실적, 실천적 사회주의를 독일식으로 번역해 수입했다. 마르크스는 현실을 뒤집어 철학적 헛된 말로 바꾸어버리는 독일식 사회주의를 공격했다. 그는 사회주의가 실천적 힘을 가지려면 독일 철학자들이 뒤집어놓은 것을 다시 뒤집어 현실로 돌아가야 한다고 생각했다. '뒤집기(전도)'는 마르크스와 엥겔스가 줄곧 사용한 방법이다. 현실을 뒤집어버리는 철학자들의 허상을 관념론이라 불렀고, 다시 현실로 돌아가기 위한 자신들의 관점을 유물론이라 칭했다.

"그들(독일의 문필가들)은 프랑스 원전 뒤에다가 자신들의 철학적 헛소리를 적었다. 예를 들면 화폐 관계들에 대한 프랑스의 비판 뒤에 '인간적 본질의 외화'라고 적었고, 부르주아국가에 대한 프랑스의 비판 뒤에다가는 '추상적 보편성의 지배의 지양' 등등이라고 적었다." 마르크스는 《공산당 선언》에 앞서 저술한 《독일 이데올로기》의 마지막 장에서도 이들을 비판한 바 있다. "진정한 사회주의"는 "철학적 조숙함과 경제적, 정치적 후진성"이라는 독일의 독특한 조건의 산물이며, 이 노선은 프랑스에서 푸리에, 생시몽 등의 사상을 수입해 독일의 전혀 다른 조건에 적용한 것이라고 마르크스는 평가했다. 이 사회주의의 대표자인 칼 그륀Karl Grün, 헤르만 크리그Herman Krieg 등은 주로 1842년에 나온 로렌츠 폰 슈타인Lorenze von Stein의 저서 《오늘날 프랑스의 사회주의와 공산주의》를 통해 프랑스 사회주의를 접했다. 그래서 제대로 된 지식을 가지지도 못했고 이것을 맥락이 전혀 다른 독일의 현실에 적용해 이론적으로나 실천적으로나 더 큰 오류를 범했다는 것이 마르크스의 비판의 요지다.

진정한 사회주의자들은 마르크스, 엥겔스, 레닌의 일어 중 역본을 대충 읽고서 한국 사회의 구체적 상황을 러시아혁명 사와 19세기의 사회이론에 억지로 끼워 맞추는 1980년대 한국 좌파들을 떠올리게 한다. 안타깝게도 그 시절에 그렇게 했던 주역들은 1990년대가 되면 프랑스 철학자들의 현학적 언어를 한국 사회 현실에 대한 명징한 해명이자 반드시 따라야 하는 미래의 대안으로 제시하며 생계를 이어나갔고, 또 그들 가운데 다수는 제도권 정당에 자발적으로 부역하고 있다. 일자리를 잃고 빈곤 상태에 빠진 노동자에게 '드디어 강제노역으로부터 탈주에 성공했다'고, 비정규직 노동자의 고용 상태를 '원할 때 일하고 쉬는 자유 상태'라고 그리고 그 노동자가 느끼는 불안감을 '억압으로부터 벗어나 존재가 고양되는 해방의 떨림'으로 미화하는 방식과도 닮아 있다. 생명만 겨우 유지하는 수준의 금액을 '기본basic'이란 모호한 표현으로 희석시키고, 지배계급의 계산된 호의에 의존하는 구걸을 '소득income'이라 불러 마치 대중들이 자신의 힘으로 정당하게 획득한 것처럼 착각하게 만드는 방식도 오래된 수법이다.

　'진정한 사회주의'의 거짓된 표현만이 문제가 아니다. 거짓된 표현이 이 사회주의 운동의 무력함을 감추는 게 문제다. 이 운동이 힘을 잃어버린 이유는 이렇다. "독일인들은…… 프롤레타리아의 이해관계 대신에 인간의 본질, 인간 일반의 이해관계를 주장한다. 그 인간은 결코 계급도 아니고 현실도 아니며, 철학적 환상의 뿌연 하늘에만 속해 있다."

　　그렇게 해서 이 운동은 사회주의를 표방하면서도 자유주의
와 적대하며 신흥 부르주아지의 위협을 받던 독일의 절대주의
정부에 봉사했다. 또 성외 시민 같은 과거의 유산인 중간계급
의 이해관계도 대변했다. 이런 식의 맥락을 무시한 적용은 사
회주의의 정치적 의미를 변화시켰다. 마르크스와 엥겔스가 이
노선을 반동적이라고 분류한 것은 이 노선의 실천적 의미가
독일의 노동자 운동에 미칠 반동적 효과를 의식했기 때문이다.
독일에서 '진정한' 사회주의는 "공산주의의 미숙하고 파괴적인
지향에 반대하고, 어떤 계급투쟁에 대해서도 편들지 않는 자신
의 숭고함을 공표"하게 되었다. 근대 부르주아사회의 조건이
현실에 존재하는 프랑스에서 부르주아지에 대한 비판이었던
사회주의는 부르주아지가 "봉건적 절대주의"에 대항하는 투쟁
을 막 시작한 독일에서는 전前 부르주아적 현 상태를 옹호하는
결과를 가져올 뿐이었다. 아직 존재하지도 않는 "대의제 국가,
부르주아적 경쟁, 부르주아적 언론 자유, 정의, 자유와 평등"을
비판하는 것은 독일의 전근대적 절대주의를 도와주게 된다. 그
결과 공산주의의 발전을 오히려 가로막는다. 그래서 마르크스
는 진정한 사회주의를 반동적 사회주의로 분류했다.

보수적 또는 부르주아적 사회주의

이 사회주의는 부르주아사회의 도래에 저항하거나 유감스러워 하지 않는다. 대신 "근대사회의 생활 조건"에 반드시 수반되는 "투쟁과 위험"을 완화시켜서 부르주아사회가 더 잘 유지되도록 한다. 이 노선은 유감스러운 "사회적 불만, 고충"이 제거될 수 있다면 현존 부르주아사회에 만족한다. 이 사회주의의 입장을 가장 체계적으로 대변했던 사람은 프루동이다. 프루동에 비하면 덜 체계적인 경우들도 있다 "경제주의자, 박애주의자, 인도주의자, 노동계급 처지 개선론자, 자선사업가, 동물 학대 철폐론자, 금주협회 헌금자 등의 잡다하기 그지없는 좀스러운 개혁가들 그리고 또한 이러한 부르주아적 사회주의는 완전한 체계로 완성되어 있다. 그 예가 프루동의《빈곤의 철학》이다."

마르크스는 프루동의《빈곤의 철학》에 대해 세 가지를 비판한다. 1. 자유롭고 평등한 교환 체계를 만들려 하는 프루동의 경제학적 관점. 프루동은 이런 체계가 당대 경제적 조건이 낳은 불로소득과 불평등을 피할 수 있다고 생각했다. 2. 정치 투쟁에 대한 적대적 태도. 프루동은 전투적 노동조합과 프롤레타리아트의 혁명 투쟁을 모두 거부했다. 3. 독일 철학 특히 헤겔 철학에 대한 오해에 기반한 열광.《공산당 선언》은 특히 첫 번째 이유에서 프루동을 비판하며 그를 사회를 전복시키기보다 개량하려 하는 보수적 사회주의자로 묘사한다. 덜 체계적이고 더 실천적인 보수적 사회주의 역시 부르주아사회가 적절하게 개량되기만 한다면 노동자계급의 이해에도 부합할 것이라고 본다. 보수적 사회주의는 혁명운동을 통해 정치적 변화를 가져오기보다 생활환경에 물질적 변화를 가져오는 게 더 낫다고 주장한다. 이 사회주의는 "물질적 생활 관계들의 변화를, 혁명적 방법으로만 가능한 부르주아 생산관계의 폐지로는 결코 이해하지 않는다. 대신 이 생산관계에 기반해서 진행되며 또 자본과 임금노동의 관계는 결코 변화시키지 않으며, 기껏해야 부르주아지의 지배를 값싸게 만들고 국가운영을 간단하게 만들어주는 행정적 개선으로만 이해한다." 마르크스와 엥겔스의 관점에서 보면 보수적 사회주의의 근본적 한계는 자본주의사회의 토대는 그대로 유지하면서 사회의 부수적 현상들만 개선하려는 태도다.

부르주아적 사회주의는 안전하고 쾌적하며 윤리적인 자본주의사회를 원한다. 마르크스는 이런 입장을 "프롤레타리아트 없는 부르주아지를 원하는" 것이라고 본다. 마르크스의 입장에서 부르주아사회에서 프롤레타리아트에게 닥치는 비참함은 우연한 것이 아니라 자본주의의 필연적 결과다. 부르주아지가 없었다면 즉 그들이 고용하지 않는다면 프롤레타리아트는 없다. 또한 프롤레타리아트가 없다면 부르주아지는 더 이상 부르주아지가 아니다. 둘은 뗄 수 없다. 보수적 사회주의는 프롤레타리아트 없이 부르주아지만 있는 실현될 수 없는 세상을 꿈꾼다. 그것은 부르주아사회의 유지를 바라는 부르주아지의 관점에 서 있기 때문이다. 사회문제를 윤리적으로 바라보고 판단하며 대안으로 부분적인 개량을 제안한다. 그러나 실제로 프롤레타리아트를 없애려 하지는 않는다. 프롤레타리아트가 없으면 부르주아지도 존재할 수 없다는 것을 알기 때문이다.

그들은 "프롤레타리아트가 사회에 대한 원한"을 버리고 기존 사회에 머물기를 원한다. 프롤레타리아트의 정서만 변화하면 프롤레타리아트는 정치권력을 전복하고 장악하는 시도를 포기하고 경제적 상태의 변화 정도에 만족할 것이다. 이때 변화하는 경제적 상태는 생산양식 같은 구조가 아니라 임금과 생활수준의 상승 정도를 의미한다. 즉 혁명운동을 하지 않는 사회주의, 노동운동을 내세운다. 마르크스는 이 입장이 노동계급을 위한다는 명분을 내세우지만 부르주아지의 이익을 위한 거짓 웅변에 지나지 않는다고 평가한다.

비판적-공상적 사회주의 그리고 공산주의

이 사회주의는 미래를 지향한다. 푸리에, 오언, 생시몽이 공상적 사회주의의 대표적 인물이다. 세 사람 모두 프롤레타리아트와 부르주아지의 투쟁이 막 시작되던 시기인 18세기에서 19세기로 넘어가는 무렵에 자신들의 사상을 완성시킨다.《공산당선언》에서는 공상적 공산주의자들이 누군지는 말하지 않았다. 1888년 영어판 서문에서 엥겔스는 에티엔 카베Étienne Cabet와 빌헬름 바이틀링Wihelm Weitling을 예로 든다. 참고로 홈콜로니Home-Kolonien는 오언이 만든 사회주의적 공동체로 1817년에 시작되었다. 작은小 이카리아Ikarien는 에티엔 카베가 토머스 모어Thomas More와 오언의 영향을 받아 쓴 책 속에 나오는 이상향의 이름인데, 후에 카베를 따르는 노선에서 꿈꾸는 유토피아적 국가의 이름이 되었다. 엥겔스는 이들에게도 장점과 한계가 같이 있다고 본다. 이번에도 장점은 당대의 부르주아사회에 대한 비판 부분이고 한계는 미래의 이상 사회에 대한 구상이다.

이들은 프롤레타리아트가 자발적으로 자신만의 고유한 정치운동을 할 것이라 생각하지 않았다. 이들은 프롤레타리아트가 계급으로 조직되는 것 대신에 이상적인 사회 계획을 선전하고 실행하는 방식을 선호했다. 그들은 프롤레타리아트가 가장 고통을 받는 계급이라는 윤리적 이유에서만 프롤레타리아트에게 주목했다. 그들은 계급 대립을 보지 못하고 착취받는 약자만을 본다. 그래서 계급투쟁을 통한 계급의 철폐가 아니라 초계급적 이상 사회를 해결책으로 제시한다.

공상적 사회주의자들은 정치적 행위, 특히 혁명운동 대신

모범적 사례의 교화 능력을 믿는다. 사회 전체를 대상으로 하는 사회 개선책을 제시하고 모든 사람들이 그것을 이해하면 당연히 받아들일 것이라고 기대한다. 혁명적 방식이 필요한 것이 아니라 본보기가 될 실험을 통해 사회를 바꾸려 했다. 작은 규모의 실험에 성공하면 대중들은 앞다투어 그 방식을 받아들일 것이고, 피비린내 나는 충돌 없이 새로운 세상이 올 것이라 기대한다. 누군들 그런 기대를 하지 않으며, 그 방식이 실현 가능하다고 할 때 마다할 이가 얼마나 될까. 팔랑주phalange, 홈콜로니, 작은 이카리아 등의 여러 실험들이 시도되었다. 1848년까지 그 실험들 중에 모범의 역할을 한 경우는 없었다. 실패해 타산지석의 역할을 했을 뿐이다. 마르크스와 엥겔스는 이 실험들은 실패할 확률이 높다고 보았다. 왜냐하면 자본주의라는 바다에 둘러싸인 사회주의의 작은 섬은 자본주의의 파도에 침식되어 타락하기 쉽기 때문이다.

마르크스와 엥겔스는 공상적 사회주의의 세 창시자에게서 미래 사회의 중요한 원리들을 일부 받아들였다. 기존의 가족제도와 임금노동의 성격 전화, 사람의 사람에 대한 지배인 정치와 국가를 사람의 사물에 대한 관리로 전환, 사회적 조화의 회복, 도시와 농촌의 분리 극복 및 인간과 자연의 분리 극복 등은 마르크스와 엥겔스의 사상에서도 핵심적인 지위에 있다. 그럼에도 공상적 사회주의가 결국 공상적인 것은 역사의 변화라는 현실에 관심을 가지지 않았기 때문이다. 특히 자본주의의 발전과 프롤레타리아트의 성장에 따른 계급투쟁의 격화라는 새로운 현실을 무시했다. 그 결과 프롤레타리아트를 가장 고통을 받는 집단, 동정과 연민의 대상인 수동적 존재로만 보았고, 프롤레타리아트가 주체가 되는 혁명적 정치투쟁은 상상할 수도 없었다.

공상적 사회주의자들은 자신들이 계급투쟁 위에 존재하고, 사회 전체에게 이익이 되도록 지도할 수 있다는 오만에 빠져 있었다. 인류 역사 내내 특히 인류가 더 부유해진 근대사회에 와서 너무나 자주 보고 듣는 상황 아닌가. 내가 너희 모두를 구원할 테니 내 말을 따르고, 내게 돈을 내놓아라. 공상적 사회주의자들은 자신들의 공상의 실현에 필요한 비용을 "부르주아의 박애적 심성과 돈주머니에 호소"해 마련하려 한다. 이런 사회주의가 노동자계급의 이익을 지킬 수 있을까? 자본가들은 이런 사회주의 현인, 지식인들을 어떤 속마음을 가지고 바라볼까?

마르크스와 엥겔스는 공상적 사회주의의 세 대표자들에 대해서는 비교적 높은 평가를 내린다. 그러나 그 후계자들에 대해서는 박하게 평가했다. "비록 이 체계들의 창시자들은 여러 가지 점에서 혁명적이었지만, 그들의 제자들은 항상 반동적인 분파를 이룬다." 제자들은 왜 그랬을까? 마르크스가 바로 답을 준다. "제자들은 프롤레타리아트의 역사적 발전에 직면해서도 스승들의 낡은 견해를 고집했다." 역사의 흐름에 대한 무지가 반동적, 보수적 경향을 낳은 원인이다. 세 창시자의 혁명성이 계승자들에 와서 흐려진 것은 프롤레타리아트의 성장과 자본주의의 발전이라는 역사적 조건이 달라져 있었기 때문이다. 자본주의와 계급투쟁이 미성숙했던 시기에는 혁명적이었던 주장들이 이제는 다른 실천적 의미를 가지게 되었다. 그래서 결국 "이론적 정당성"마저도 잃게 되었다. 계승자들의 입장은 당대의 진보적 운동에도 반대하는 보수적 입장으로 변질되었다. "영국의 오언파, 프랑스의 푸리에파는 영국에서는 차티스트에, 프랑스에서는 개혁주의자들(급진 자유주의 성향의 신문 La Reform을 중심으로 형성된 급진적 정치 성향의 집단)에 반대한다." 자신들의 '사회과학'적 실험의 효과를 과신하고 노동자들의 정치적 운동을 불신했기 때문에 일어난 일이다.

여기서도 마르크스와 엥겔스가 역사적 접근법을 강조하는 것을 보게 된다. 마르크스와 엥겔스는 그들 자신의 저서 《공산당 선언》 역시 역사적 문헌이라는 것을 1872년 독일어판 서문에서 강조했다. 《공산당 선언》만 그런 것은 아닐 것이다. 현실의 구체적 역사 속에서 가지는 의미를 떠난다면 마르크스주의는 더 이상 유물론이 아니기 때문이다.

각종 반정부당들에 대한
공산주의자들의 입장

《공산당 선언》을 쓸 무렵의 마르크스는 "독일 부르주아의 혁명은 프롤레타리아혁명의 직접적 서막이 될 수 있을 뿐"이라고 낙관했다. 그래서 "공산주의자들은 기존의 사회와 정치 상황에 반대하는 모든 곳의 모든 혁명적 운동을 지지한다." 그리고 "모든 곳에서 모든 나라의 민주적 당들 사이의 결합과 합의를 위해 노력한다"는 원칙을 세운다. 물론 어떤 경우에도 "소유 문제를 운동의 기본 문제로 내세운다"는 조건을 달기는 했다.

"공산주의자들은 노동자계급이 직접 당면한 목적과 이익의 달성을 위해 투쟁하지만, 동시에 현재의 운동 속에서 운동의 미래를 대변한다." 당면한 운동 과제와 운동의 미래는 어떤 관계일까? 마르크스가 반복해서 말했듯이 미성숙한 역사적 조건에서, 당면한 단기 과제가 프롤레타리아트의 이해관계를 온전히, 지금 바로 실현하지는 못할 것이다. 그러나 미래의 실현을 준비하거나, 프롤레타리아트에게 불충분한 이익이라도 주어야 한다. 또 전술적인 고려에서 프롤레타리아트만의 이해관계가 아니라 다른 사회집단과 공유하는 이해관계를 추구할 수도 있다. 이 경우에는 프롤레타리아트의 이해관계를 일부 포기하고 다른 계급의 이해관계를 인정하는 타협과 절충이 발생할 가능성이 높다. "현재의 운동 속에서 운동의 미래를 대변한다"
는 말은 제한된 실천인 부분적 개량이나 다른 계급과의 연대
는 미래에 궁극적인 목표를 실현하기 위해 도움이 되는 경우
에만 정당화될 수 있지 그 자체만으로 의미 있는 실천일 수는
없다는 말이다.

   좀 다른 관점으로 보자면 미래에는 실현해야 할 과제이지
만 현재의 조건에서는 그 과제를 수행할 조건이 갖추어지지
않았을 수도 있다. 마르크스주의 운동의 역사에서 당면 과제와
미래 과제 사이의 관계 문제가 기대만큼 순탄하게 해결되지
못한 경우가 너무나 많았다. 현재의 개량과 절충이 미래 과제
의 실현에 도움이 되지 못한 것이다. 당면한 현실을 아무리 부
분적으로 개량해도 기대했던 미래가 오지 않았거나 심지어 현
재의 절충이 미래로 가지 못하게 가로막기도 했다. 미래에 대
한 기대로 맺은 다른 계급과의 타협이 프롤레타리아트 운동을
약화시키고 다른 계급에 좋은 일만 해주는 일이 반복적으로
일어났다. 프롤레타리아트는 배신당하기도 했지만 자발적으로
배신의 공모자가 되기도 했다. 프롤레타리아트가 자신들의 대
의, 이해관계를 저버리는 역설적 상황이 일어난 것이다. 미래
의 궁극적 목표보다 당면한 목적만을 강조하는 태도는 실제로
는 지배계급이나 프롤레타리아트 상층 분파의 이익을 위해 하
층의, 더 주변의 프롤레타리아트 분파의 손해를 강요하는 것일
수도 있다는 것을 마르크스주의 운동의 역사는 보여주었다.

배신한 프롤레타리아트의 부도덕함을 비난할 수도 있다. 그러나 부도덕함은 원인이 아니라 결과다. 프롤레타리아계급 안에서 이해관계의 분리, 충돌이 발생한 것이 원인이다. 부르주아계급의 이해관계와 더 일치하는 조건에서 살게 된 프롤레타리아트 상층 집단이 자신들의 이해관계를 솔직하게 추구한 것이 나머지 더 아래의 프롤레타리아트에게는 배신이 된 것이다. 부르주아지 중에서도 소수파에 해당하는 분파는 프롤레타리아트 전체나 일부의 힘을 동원해 주류의 부르주아지 분파와 권력투쟁에 나선다. 부르주아지와 명시적인 동맹을 맺지 않는 배신의 방식도 많다. 부르주아지와의 동맹이 아니라도 프롤레타리아트 내부에서의 분열만으로도 부르주아지의 계급 지배에는 큰 도움이 된다. 그래서 부르주아지는 프롤레타리아트의 단일한 이해관계를 분할해 계급을 분열시키는 정교한 방법들을 고안해왔다. 분열된 이해관계들은 많은 경우에 당면한 과제, 어쩔 수 없는 현실적 제약을 명분으로 프롤레타리아트 전체 혹은 다른 프롤레타리아트의 요구에 반대했다.

마르크스가 《공산당 선언》에서 언급한 몇 개의 사례만 봐도 당면한 과제가 미래의 온전한 과제 수행을 보장하는 것인지 판단할 보편적이고 명료한 기준은 없다. 그러나 마르크스에게 원칙은 분명히 있다. "공산주의당은 노동자들이 부르주아지와 프롤레타리아들 사이의 적대적 대립에 관해 가능한 한 명료하게 의식하도록 잠시도 쉬지 않고 노력해야 한다. 부르주아지 자체에 대한 투쟁을 곧바로 시작하기 위해서다."

진보적 자유주의, 정치적 민주주의 특히 부르주아 민주적 제도의 확대, 전쟁 반대 등은 19세기부터 프롤레타리아트와 자유주의 부르주아지가 동맹한 대의들이다. 20세기에 오면 반파시즘 동맹이 추가되었다. 그 후에는 인권, 젠더 문제, 생태 문제 등이 현재의 당면 과제로 중요하게 떠올랐다. 19세기 말 이후 비서구 사회에서는 식민지 상태로부터의 해방, 반제국주의 투쟁이 프롤레타리아트의 사회주의혁명보다 역사적으로 더 먼저 일어나야 할 중요한 과제가 되었다. 식민지의 반제국주의 투쟁은 매판자본가 일부만을 제외하고 식민지의 거의 모든 사회집단의 동맹을 요구했다. 그래서 민족해방혁명은 현재의 당면 과제이고 프롤레타리아트의 사회주의혁명은 미래의 과제가 되었다. 일차적인 혁명은 부르주아민주주의혁명이 되어야 한다는 입장이 주류가 되었다. 그러므로 프롤레타리아트는 민족해방을 위해 다른 계급 특히 민족부르주아지와 중간계급인 농민과 타협해야 했다.

신식민지 방식이 확산되고, 새로 생긴 주변부 국가의 민중들은 주로 군부가 주도하는 권위적이고 억압적인 통치 아래서 신음하게 되었다. 이제 민족해방 대신 반독재 민주화가 당면 과제가 되어 프롤레타리아트 해방은 미래로 다시 연기되었다. 거듭된 연기로 마르크스가 세운 "적대적 대립에 관한 명확한 의식"은 점차 흐려졌다. 경제성장을 이룬 신생국에서는 그 현상이 더 두드러졌다. 그 나라의 프롤레타리아트의 이익을 위해 더 낮은 위계에 있는 나라들의 민중에게 손해를 전가할 수 있는 세계적 체제가 만들어졌기 때문이다. 단결한 만국의 프롤레타리아트가 일으킬 세계혁명은 더 먼 미래의 과제가 되었다.

1848년의 마르크스와 엥겔스는 혁명이 그리 멀지 않다고 생각했을 가능성이 높다. 그렇게 판단한 근거는 "프롤레타리아들은 족쇄 말고는 잃을 게 없고, 획득할 세계만이 있기" 때문이다. 그리고 그 혁명은 "지금까지의 모든 사회질서를 폭력적으로 전복시킴"에 의해서 달성될 것이라고 예상했다. 이때 "폭력적 전복"은 구체적으로 어떤 방식, 모습을 의미할까? 총파업인가, 무장봉기인가, 의회에서 압도적 다수를 차지하는 것일까? 이런 의문들에도 불구하고 프롤레타리아트가 혁명의 주체가 되어 자신들이 원하는 것을 얻기 위해 해야 할 것을 한 가지만 꼽으라면 무엇일까? 마르크스와 엥겔스는 이렇게 대답한다. "만국의 프롤레타리아트에게 이것 하나를 요청한다. 단결하라!"

그러나 지금처럼 노동자계급 내부에서 이해관계의 다양한 균열이 발생했고, 이데올로기 공세를 통해 계급의식은 형편없이 약해진 상황에서 단결은 대체 어떻게 가능할까?《공산당 선언》이 현재에도 실천적 의미를 가지려면 프롤레타리아트의 단결을 가져올 객관적 조건과 상부구조에서의 방안을 제시해야만 한다.

마르크스와 엥겔스는《공산당 선언》의 3, 4장도 시효가 지났다고 본다. 그들은 1872년 독일어판의 서문에서 "역사 발전이 거기에 열거된 당들의 대부분을 세상에서 소멸시켰기 때문이다"라고 말했다. 그러나 그들의 판단은 섣부른 것이었다. 1872년에 소멸한 것처럼 보였던, 그 두 사람이 열정적으로 논박했던 노선과 사상들이 그들의 사망 직후에 다양한 정치적 운동과 사상가들의 몸을 빌려 부활했다. 21세기인 오늘날에도 19세기에 만들어진 사회사상의 계승자들 간의 경쟁은 사라지지 않고 있다. 마르크스가 애써 쫓아낸 비마르크스주의 사회사상들은 마르크스주의와 노동운동과 경쟁하거나 노동운동을 좌파의 이름으로 위협하고 있다. 21세기인 지금,《공산당 선언》이 "역사적 문서"에 그치지 않고 현재적 의미를 가지는 것은 자본주의, 자본주의 이데올로기, 게다가 반자본주의를 표방하지만 마르크스주의와 노동운동을 몰아내려 하는 사상과 운동들에 포위된 노동자계급의 상황 때문이다.

《공산당 선언》 수용의 여러 갈래들

수용의 역사적 과정

마르크스와 엥겔스는 살아 있는 동안 뛰어난 정치운동 지도자로 큰 세력을 이루지 못했다. 심지어 태어난 나라에서 살지 못하고 망명지 영국에서 인생의 대부분을 살다가 죽었다. 그들의 사상은 그들이 살았던 영국에서의 노동운동 전통과는 상당히 달랐다. 영국에는 차티스트 운동에서부터 이후의 페이비언 사회주의 등으로 계승되는 독특한 개량적 노동운동 전통이 있었기 때문에 마르크스주의자는 영국에서는 소수였다. 고향인 독일에서도 말년까지 정치적 영향력이 그렇게 크지 않았다. 마르크스와 엥겔스의 사상을 중심으로 큰 정치적 세력이 형성되기 시작한 것은 마르크스와 엥겔스의 말년의 몇 년 정도부터다.

《공산당 선언》도 출간 직후에는 독일에만 약간 영향을 미쳤을 뿐이다. 《공산당 선언》이 나온 지 얼마 되지 않아 1848년 혁명의 열기도 가라앉았다. 1850년 영어 번역판이 출간되었지만 마르크스가 런던에 정착했을 무렵 《공산당 선언》은 사람들의 관심에서 멀어졌다.

제1인터내셔널(1864~1872)에서 마르크스가 유력한 인물이 되고, 마르크스를 높게 평가하는 '공산주의자 동맹' 출신 혁명가들이 독일에 두 개의 노동자당을 만들고 나서야 《공산당 선언》에 대한 관심이 되살아났다. 1871년 파리코뮌 직후 발간된 《프랑스 내전》으로 마르크스는 당시 유럽의 지배계급에게서 위험한 인물로 여겨졌다. 1872년 3월, 독일 사회민주당의 지도자인 빌헬름 리프크네히트Wilhelm Liebknecht, 아우구스트 베벨 August Bebel, 아돌프 헤프너Adolph Hefner의 재판 과정에서 《공산당 선언》이 대중적으로 알려지게 된다. 검사가 법정에서 《공산당 선언》의 일부를 낭독했던 것이다. 이 사건을 계기로 독일의 노동운동 세력은 《공산당 선언》을 대규모로 보급했다. 첫 출간 이후 시간이 많이 지났기에 마르크스와 엥겔스는 서문에 변화된 시대 상황을 언급했다.

1872년 독일어판이 그 후 출간본들의 기초가 된다. 1873년까지 여섯 개 언어로 아홉 개의 판본이 출간되었다. 러시아혁명이 일어난 1917년까지는 일어, 중국어를 포함해 30여 개 언어로 번역되었다. 그렇지만 마르크스주의의 영향은 여전히 프랑스에서 러시아 사이의 유럽에만 머물러 있었다. 유럽에서도 남서유럽에서는 상대적으로 영향이 적었다. 《공산당 선언》이 가장 여러 번 출간된 곳은 러시아였다. 공산당이라는 명칭을 처음 사용한 정치집단도 러시아 10월 혁명 이후의 볼셰비키였다.

19세기 말~20세기 초의 유럽 사회주의운동은 《공산당 선언》에서의 마르크스와 엥겔스의 사상에 충실했다고 평가할 수 있다. 1880년대 초부터 독일사민당을 통해서 마르크스주의 세력이 커지게 된다. 독일사민당의 뒤를 이어 유럽 각국에서 사회주의 정당들이 생겨난다. 이 세력들이 모여서 제2인터내셔널이라는 국제적인 조직을 형성했다. 이 국제조직을 이론적으로나 실천적으로 이끌고 간 독일사민당의 입장을 공식적으로 정리한 문헌이 〈에르푸르트 강령〉이었는데, 이 강령은 《공산당 선언》을 거의 직접적으로 계승했다.

마르크스와 엥겔스 이후의 계승자들이 창시자들의 사상과 텍스트를 교조적으로 받아들이기만 한 것은 결코 아니다. "마르크스주의의 교황"이라는 교조주의, 완고함의 상징 같은 별명으로 불렸던 카를 카우츠키Karl Kautsky는 1903년 《공산당 선언》의 폴란드어판 소개 글에서 "육십 년이 지났는데 《공산당 선언》에 세월의 흔적이 하나도 남지 않았을 리는 없다. 《공산당 선언》이 당시에는 포괄적이고 잘 들어맞았겠지만 반드시 점점 더 낡은 것이 되고 역사적인 문서가 되면서 현재에는 더 이상 딱 들어맞을 수가 없다"라고 썼다. 제2인터내셔널 시기에 마르크스주의 내에서 분파들이 생겨났다. 〈에르푸르트 강령〉을 고수하면서 스스로를 정통파라고 부르는 집단과 〈에르푸르트 강령〉이 틀렸다고 비판한 수정주의자들이 입장 차이를 보이며 갈라섰다. 결국 마르크스주의 역사 초기의 큰 두 흐름은《공산당 선언》에 대한 입장 차이로 나누어진 것이다.

운동의 발전이《공산당 선언》의 유포와 정비례하지는 않았다. 1905년 독일사민당의 수십만 당원이 선거에서 수백만 표를 얻었을 때도《공산당 선언》은 2000~3000부 정도만 발간되었다. 1891년 〈에르푸르트 강령〉이 12만 부 인쇄되었고, 당의 이론지인《노이에차이트》가 1905년 6400부 배포된 것과는 비교되는 발행부수다. 즉 마르크스주의는 당시 노동운동의 공식적인 이념이었지만 마르크스와 엥겔스의 저작을 읽고 그들의 사상을 잘 이해한 노동자 대중은 그리 많지 않았다.《공산당 선언》을 읽은 사람들은 운동 주체 모두가 아니라 운동의 기초가 되는 이론에 특별히 관심 있는 소수였다.

그러나 러시아혁명 이후 상황이 달라졌다. 볼셰비키는 모든 구성원들이 마르크스 이론에 대한 최소한의 지식이라도 가져야 한다고 생각했다. 이전까지는 실천적, 정치적 지도자와 이론적 지도자가 나누어져 있었지만 제3인터내셔널 이후에는 그 구분이 희미해졌다. 레닌을 비롯해 정치적 지도자들은 대체로 뛰어난 이론가였다. 모든 정치적 결정은 마르크스주의적 분석에 기초해 정당화되었고 마르크스와 엥겔스, 레닌의 텍스트를 인용해 권위를 세웠다. 소련에서는 마르크스, 엥겔스의 총서와 대중적 보급판이 국가사업으로 간행되었다. 냉전 시기 이후 서방세계에서 《공산당 선언》은 고전적 저작으로 여겨져 출판되었다. 더 이상 현실에 적용할 실용적 이론으로 여겨지지 않았다는 의미이기도 하다.

《공산당 선언》을 읽으면서 생각해볼 문제 중 하나는 《공산당 선언》 당시의 마르크스의 입장이 이후로도 지속되는가, 변화가 있다면 어떤 점에서 변화했느냐이다. 마르크스와 엥겔스는 1872년 독일어판 서문에서 1848년 저술, 출판의 과정과 그 이후 여러 번역본 발간 과정을 설명한다. "개진되어 있는 일반적 원칙들은 크게 보면 오늘날에도 여전히 완전히 정당성을 지니고 있다"고 평가한다. 물론 "몇몇 군데는 개선되어야 할 것이다." 그러나 "원칙들의 실천적 적용은 언제 어디서나 당대의 역사적 상황들에 의존하게 될 것"임을 분명히 한다. 그래서 2장 끝에서 제시된 과제들은 큰 의미가 없고 수정될 것이라 본다. 불행하게도 1848년 당시의 시급한 당면 과제들 중 상당수는 장기 과제가 되어버렸고, 이를 쟁취하기 위한 투쟁은 오늘날에도 일어나고 있다.

주제별 정리

국가 문제

많은 사람들이 《공산당 선언》 출간 시기의 단계와 이후의 단계에서 마르크스 사상이 크게 달라진 점은 없지만 특정한 한 문제와 관련해서는 아주 중요한 입장 전환이 있었다고 본다. 특히 정치 문제에서 획기적 변화가 일어났다고 주장한 대표적인 사람이 레닌이다. 그에 따르면 1871년의 《프랑스 내전》에서 《공산당 선언》의 정치적 입장과 다른 입장이 등장한다. 마르크스와 엥겔스 스스로도 이런 변화를 인정했을까?

마르크스와 엥겔스는 1872년의 서문에서 크게 두 가지 점에서 1848년과는 다른 상황이 되었다고 판단했다. "파리코뮌의 실천적 경험에 비추어볼 때, 이 강령이 몇몇 군데에서 오늘날 낡은 것이 되어버렸다"는 것을 인정한다. 코뮌은 "노동자계급이 기존의 국가기구를 단순히 장악하여 그것을 자기 자신의 목적을 위해 가동시킬 수는 없다"는 것을 증명해주었기 때문이다. 문제의 핵심은 부르주아 지배 사회의 국가를 프롤레타리아트가 장악해 자신들의 목적에 맞게 사용할 수 있는지 아니면 기존의 국가 장치는 프롤레타리아트혁명에 걸맞지 않기에 가급적 빨리 폐기하고, 완전히 다른 정치적 장치를 만들어야 하는지다. 기존의 국가 장치는 원래 부르주아계급 독재의 수단이기에 계급 철폐를 지향하는 프롤레타리아혁명에 적합한 장치가 아니다. 그래서 기존 국가 장치에 의지하는 과도기가 길어지면 계급 철폐라는 목적은 약화되고 또 다른 계급적 억압이 나타날 수도 있다는 것이 파리코뮌이 던진 문제의식이었다.

마르크스는 프롤레타리아독재가 장기간 지속되고 제도화되어 결국 혁명의 민주주의적 측면을 압도할 수도 있다는 문제를 본격적으로 다루지 않았다. 엥겔스는 1895년 독일사민당의 선거에서의 약진에 크게 고무되었다. 그는 독일사민당이 의회로 진입한 것과 노동자계급이 정치권력을 일부라도 장악한 것을 동일하게 여긴 듯하다. 다시 말해 엥겔스는 기존의 국가 장치를 이용하는 것이 최소한 전술적으로는 유용하다고 생각했다. 그러나 노동자계급(의 일부)이 억압적 수단으로 제도화된 권력을 행사하거나, 기존의 정치체제에 편입되어 권력의 일부를 나눠가졌다고 해서 정치의 계급 지배적 성격, 억압적 성격은 사라지지 않는다. 《공산당 선언》에서 "그들은 이 생산관계들과 아울러 계급 대립의 존립 조건들과 계급 일반을 폐기하게 될 것이고, 또 이를 통해 계급으로서의 자기 자신의 지배도 폐기하게 될 것이다"라고 선언한 것은 좀처럼 현실에서 실현되지 못했다. 20세기 후반에 소련 사회주의가 국가주의에 빠져 마르크스주의의 정치적 이상을 배신했다는 비판이 강력하게 제기된 이유가 이것이다. 또 마르크스 사상에서 국가론이 부족하다는 일부의 비판도 같은 맥락에서 제기된 것이다.

텍스트를 좀 더 자세히 살펴보자. 《프랑스 내전》 3부에 주목할 만한 구절이 나오는데 "노동자계급은 단순히 기성의 국가기구를 접수하여 자기 자신의 목적을 위해 그것을 행사할 수는 없다"고 한다. 《공산당 선언》에서는 기존의 국가기구를 장악해 사회주의적 조치를 실행하기 위해서 사용할 수 있다고 했는데 이제 그것이 불가능하다고 말한다. 이것이 두 텍스트의 결정적인 차이점이다. 이 구절의 의미는, 기존의 국가기구를 지금의 형태 '그대로' 노동자계급의 이익에 맞게 사용할 수 없다는 것이다. 즉 기존의 국가권력을 장악하고 난 후에 그것의 성격이나 내용을 변화시켜야 한다. 그래야만 노동자계급의 이해관계에 부합하게 사용할 수 있다. 다시 말해 기존의 국가기구를 파괴해나가야 한다. 이 과도적 과정을 프롤레타리아독재라고 부른다. 《공산당 선언》에서는 기존의 국가기구를 '그대로' 사용해서 사회주의로 이행하는 경로를 제시한다. 《프랑스 내전》에서는 프롤레타리아독재 시기에 국가권력을 장악할 것을 주장하면서도 동시에 기존 국가기구의 파괴 작업을 요구한다는 점이 《공산당 선언》과 다르다.

《프랑스 내전》의 이 구절은 이후에 마르크스주의의 여러 분파들에 의해 각기 다르게 해석된다. 《프랑스 내전》과 《공산당 선언》의 차이에 영감을 받은 레닌이 자신의 국가관을 전개한 책이 바로 《국가와 혁명》이다. 이 책은 《프랑스 내전》에 대한 해설서라고 할 수 있다. 그는 프롤레타리아독재가 국가권력을 장악함과 동시에 국가권력을 파괴하면서 새로운 정치체제를 만들어내는 것임을 보여주는 것이 파리코뮌의 교훈이라고 본다. 그리고 이에 근거해서 러시아에서도 기존의 국가기구를 장악함과 동시에 파괴하고 소비에트Soviet로 대체시켜야 한다고 주장한다.

아주 흥미롭게도 똑같은 구절을 레닌과 정치적으로 정반대편에 있던 마르크스주의자인 에두아르트 베른슈타인Eduard Bernstein도 인용한다. 사민주의의 이론적 출발점이라 할 수 있는 베른슈타인의 저서 《사회주의의 전제와 사민당의 과제》에서 똑같은 구절을 인용한다. 그런데 베른슈타인은 레닌과는 반대로 해석한다. 기존의 국가권력을 단순히 장악하는 것만으로는 혁명을 이룰 수 없다는 《프랑스 내전》의 구절을 베른슈타인은 국가권력을 장악하지 말아야 한다는 의미로 해석한다. 물론 《프랑스 내전》의 해당 부분을 읽어보면 베른슈타인의 해석은 왜곡이라는 것을 곧 알 수 있다. 아무튼 똑같은 구절을 다른 식으로 해석하면서 베른슈타인은 기존의 국가권력을 인정하고 그 안에서의 개량을 주장한다. 레닌이 기존의 국가기구로는 사회주의로 갈 수 없다고 주장한 것과 정반대의 입장이다. 이렇게 마르크스주의의 두 대립적인 흐름이 똑같은 구절에 근거해서 다른 입장을 전개했던 것이다.

서구의 사민주의는 부르주아 의회제라는 국가 장치에 적극적으로 참여했다. 이런 방향 전환을 처음 주도한 사람이 베른슈타인이다. 베른슈타인은 마르크스가 《프랑스 내전》에서 연방제를 옹호했고 연방제는 아나키스트들의 오래된 주장이므로, 마르크스는 아나키즘에 동조했다는 결론을 내린다. 이것은 베른슈타인이 자신의 국가주의적 경향을 정당화하기 위해서 한 이야기이다.

베른슈타인이 비판한 아나키즘의 국가에 대한 입장은 국가기구를 계급 지배의 결과물로 보는 것이 아니라 국가 그 자체를 계급 지배와 억압의 원인으로 본다. 마르크스주의 입장에서는 국가의 정치적 지배는 토대에 있어서의 계급 지배가 정치적으로 표현된 결과물일 뿐이다. 아나키스트들은 원인을 보지 못하고 결과를 원인으로 본다. 즉 국가기구가 생산수단을 소유한 지배계급이 생산수단을 소유하지 못한 피지배계급을 쉽게 착취하고 억압하기 위해 만든 것임을 인식하지 못한 것이다. 그래서 국가의 폐지, 모든 권위의 폐지, 모든 지배 형태의 폐지와 같은 주장만 하게 된다는 것이다.

베른슈타인을 계승한 수정주의는 기존의 부르주아지의 국가권력을 개량화해서 사회주의로 이행하려 했다. 다시 말해 국가주의적 성향을 띠었다. 반면《국가와 혁명》은 기존의 국가 파괴를 중요한 과제로 설정한다. 그리고《프랑스 내전》의 파리 코뮌과 유사한 정치체, 즉 러시아혁명에서 나타난 소비에트를 새로운 정치체로 제시한다. 기존의 국가기구를 파괴하고 새로운 국가기구를 만들어내지 않는다면 사회주의혁명은 불가능하다는 레닌의 입장은 일면 아나키즘에 더욱 가깝다고 볼 수 있다.

레닌은 기존의 국가기구 안에서 민주주의가 확대된다고 해서 자유나 민주주의가 신장되는 것은 결코 아니라고 주장한다. 반면 베른슈타인이 기존의 국가기구를 유지하더라도 그 안에서 민주주의를 계속 확장하고 충분히 발전시키면 그것이 온전히 사회주의라고 생각했다. 레닌은 베른슈타인의 생각에 반대해서 민주주의의 지속적인 발전은 기존의 국가기구 안에서는 불가능하고, 새로운 형식의 정치제도가 필요하다고 주장하는 것이다. 그런 의미에서 기존의 국가기구의 폐지와 새로운 정치제도인 소비에트 국가의 창설을 이야기한다. 말 그대로 진정한 민주주의나 자유가 실현되기 위해서는 거기에 조응하는 새로운 정치체의 설립이 반드시 전제되어야 한다는 의미다.

사회주의국가들의 붕괴 이후 신자유주의적 세계화 상황에서 국가의 역할은 다르게 보이기도 한다. 얼마 전까지도 신자유주의의 세계화 경향을 피상적으로만 파악해 국가가 소멸한다는 주장이 난무했다. 일부 서구 좌파들은 신자유주의가 기존의 민족국가를 약화, 소멸시키고 하나의 지구를 만들면, 자신들이 개입해 이 하나의 세상을 자본가가 아니라 민중에게 이익이 되는 도구로 만들 수 있다는 환상에 빠져들기도 했다. 진보적 EU라는 환상은 여전히 서구 좌파들의 판타지로 남아 있다. 그러나 세계화 과정에서 국가의 역할은 장기적으로 결코 쇠퇴하지 않았다. 작동의 방식을 일부 변경한 것뿐이다. 《공산당 선언》에서 국가를 자본가의 도구로 보았듯이, 세계화를 주도하는 초국적 자본에게 국가는 필수적인 것이다. 자본이 국가를 대신한 것도 아니다. 국가는 애초에 자본가의 통치 수단일 뿐이었다. 국가가 중립적이라고 착각한 이들만이 신자유주의 시대 국가의 소멸이라는 환상을 보았다. 국가 문제에 대한 입장 변화, 해석, 계승의 차이는 혁명의 과정과 양상에 대한 입장 차이에서 유래한다.

혁명 문제

1848~1849년 동안 전 유럽을 휩쓸었던 혁명의 바람은 부르주아지의 소극적이고 보수적인 태도로 금세 사그라들었다. 부르주아지는 프롤레타리아트와의 동맹보다는 보수 지주 세력과의 타협을 선호했다. 부르주아지가 권력을 잡은 나라들에서 부르주아지는 너무나 빨리 노동자계급을 배신하고 억압적 통치 방식을 사용했다. 1848년 프랑스의 2월 혁명과 6월 노동자 봉기의 실패로 마르크스와 엥겔스는 프롤레타리아혁명으로 가는 역사적 과정이 그렇게 단순하지 않을 것임을 알게 되었다. 그들은 정치경제학 비판을 통해 혁명의 경제적 조건을 해명하는 한편, 프랑스혁명사 연구에도 관심을 쏟았다.

《공산당 선언》은 부르주아지가 "아주 혁명적인 역할"을 했다고 주장한 것으로 유명하다. 부르주아지의 역사적 역할에 대한 평가는 프롤레타리아트가 혁명기에 부르주아지와 어떤 관계를 맺어야 하는지에 영향을 준다. 부르주아지가 전前 자본주의의 낡은 유산에 맞서 싸울 때 프롤레타리아트는 부르주아지와 동맹해야 한다는 것이 《공산당 선언》의 입장이었다. 그러나 마르크스와 엥겔스는 언제나 그래야 한다고 말한 것이 아니다. 단서를 단다. "독일에서 공산주의당은 부르주아지가 혁명적으로 행동하는 한"에서만 함께 싸운다. 19세기 중엽의 독일과 다른 사회에서, 부르주아지가 혁명적으로 행동하지 않는다면 부르주아지와 프롤레타리아트의 관계는 달라져야 한다.

1848~1849년의 혁명의 경험은 바로 그런 사례를 보여주었다. 이 시기에 대해 마르크스와 엥겔스가 숙고한 결과물이 〈프랑스에서의 계급투쟁〉과 〈루이 보나파르트의 브뤼메르 18일〉이다. 이 시기의 역사는 지나치게 다양하고 모순적으로 전개되었다. 《공산당 선언》은 프롤레타리아계급이 정치적으로 성장해 공산주의당이 현실화되고 있다고 선언했다. 하지만 50년이 지나 카우츠키는 《공산당 선언》의 오류는 부르주아지의 혁명적 역할을 과대평가한 것이라고 평가했다.

마르크스와 엥겔스는 《신라인 신문》 시기까지 실천적으로도 노동자계급 운동의 독자성에 상대적으로 덜 주목했다. 1848년 혁명의 후퇴를 겪고 나서야 부르주아지와의 연대에 대해 부정적으로 생각하기 시작했다. 1850년 3월, 〈동맹에 보내는 중앙위원회의 1850년 3월 호소〉에서 마르크스는 유럽의 혁명 경험이 프롤레타리아트에게 준 핵심 교훈은 "가능한 빨리 독자적인 정당(정치 세력)의 지위를 차지하는 것"이라고 주장했다. 부르주아지에게 정치적 지도력을 주어서는 안 된다는 것을 봉기에 실패한 노동자의 피를 값으로 치르고서 배웠다.

"또다시 1848년처럼 부르주아지에게 이용당하고 그들에게 질질 끌려다니지 않으려면 노동자당이 가능한 한 조직적으로, 가능한 한 일사분란하게, 가능한 한 독자적으로 행동해야 할 시점이기 때문이다." 독자적 세력이 된 노동자계급은 정치권력을 장악하고, 그다음으로 "적어도 결정적인 생산력들이 프롤레타리아의 수중에 집중될 때까지 혁명이 영속되도록 만드는" 것이 필요하다. 1850년 3월 "소부르주아 민주주의파에 대하여 프롤레타리아트의 입장, 특히 동맹의 입장은 어떠해야 하는가라는 물음이 제기된다." 그리고 마르크스는《공산당 선언》 4장의 입장과는 달리 "노동자들은 자신들의 계급적 이해에 눈을 떠야 하며 되도록 빨리 자신들의 독자적인 당적 입장을 취해야 한다. 노동자들의 전투는 이런 것이어야 한다. 영속 혁명" 이라 대답한다. 이것이 원칙이다. 그러나 원칙은 구체적 상황에 따라 다르게 적용되어야 한다.

마르크스는 1850년대에 공산주의자 동맹이 해체된 이유를 "혁명을 현실 상황의 산물로서가 아니라 의지적 노력의 결과로 여기는" 관념론에 유물론이 패배한 결과라고 진단했다. 그래서 "혁명의 실제 과정은 혁명적 선전 문구로 대체되어야 했다." 즉 마르크스는 혁명적 계급으로 프롤레타리아트가 성장하는 데 상당한 기간이 걸릴 것이기에 부르주아지의 혁명적 역할을 상대적으로 강조했다. 부르주아지가 자신들의 무덤을 팔 프롤레타리아트를 만들었다고 해서 프롤레타리아트가 현재의 모습 그대로 혁명적 계급의 역할을 하는 것은 아니다. 프롤레타리아트가 혁명의 주체로 형성되는 미성숙한 시기의 전술로서는 부르주아지와의 동맹이 효과적일 수도 있다는 것이다. 이처럼 프롤레타리아트의 독자성과 부르주아지와의 동맹 가운데 하나를 선택해 어느 상황에나 원칙적으로 적용해야 하는 것이 아니다. 현실의 조건이 전술을 결정한다.

로자 룩셈부르크는 1907년의 어느 연설에서 "역사유물론의 특징인 변증법적 사고는 현상을 정적으로가 아니라 운동하는 것으로 보기를 요구한다…… 마르크스와 엥겔스가 50년 전에 부르주아지의 역할을 언급한 것을 지금 현실에 적용하는 것은…… 《공산당 선언》의 저자들의 관점을 경직된 도그마로 변화시키는 것이다"라고 말했다. 역사가 증명하듯 주변부에서 자본주의 발전의 성격과 노동자계급의 정치적 전략에 대해 낡은 공식을 기계적으로 되풀이하는 것은 운동의 발전을 가로막았을 뿐이다.

특히 주변부 사회에서 부르주아지는 진보적 역할만을 하지는 않았다. 20세기 비서구에서의 혁명 과정에 대한 논의에서 자본주의 단계와 부르주아지의 정치적 역할이 논란거리였다. 주변부의 부르주아지는 구지배계급과 손잡거나, 독자적으로 억압적이고 퇴행적 방식으로 민중들을 통치한 경우가 많았다. 노동자계급이 부르주아지와 동맹을 맺고 구지배계급, 혹은 부르주아지의 보수적 분파와 싸우는 데 노동자계급의 힘을 동원한다고 해서 사회주의로의 발전에 도움이 되는 상황은 많지 않았다. 오히려 부르주아지의 지배권만 강화되고 프롤레타리아트의 계급적 이해관계는 침해받았다.

노년의 마르크스와 엥겔스는 주변부의 자본주의 발전과 사회주의혁명의 과정이 그 사회만의 독특한 것이 되리라는 것을 인정했다. 그 문제에 대한 연구가 의미 있는 결과를 남기기에는 그들의 생은 얼마 남지 않았다. 그렇지만 그들은 인도에 대한 영국 제국주의의 영향이나, 러시아에서 전통적 촌락공동체가 사회주의혁명 과정에서 하게 될 역할에 대한 그들의 언급들에서 《공산당 선언》의 낙관적이고 단순한 예상과는 다른 역사를 인정했다.

마르크스는 《공산당 선언》 1882년 러시아어판 서문에서 이렇게 말한다. "러시아의 농민 공동체 오브시치나obschtschina가 바로 공산주의적 토지 소유라는 다소 고차원적 형태로 이행할 수 있는가? 그렇지 않으면 반대로 그 이전에 서구의 역사적 발전에서 일어났던 동일한 해체 과정을 거쳐야만 하는 것인가? 이 질문에 대해 오늘날 유일하게 가능한 대답은 다음과 같다. 러시아혁명이 서구의 프롤레타리아혁명의 신호탄이 되어 이 두 혁명이 서로 보완한다면, 현재 러시아의 공동 토지 소유는 공산주의적 발전의 출발점이 될 수 있을 것이다." 이 표현의 의미는 이행 과정의 구체적 모습은 상황마다 다르다는 것이다. '오늘날 유일하게 가능한'이란 말은 다른 시간, 다른 사회적 조건에서는 다른 대답을 할 것이라는 뜻으로 이해해야 한다.

그러나 아주 중요한 문제 하나가 더 있다. 사회마다 가지는 특수한 상황이 세계 전체의 자본주의 발전과 아무 상관 없이 독립적으로 존재하는 현상이 결코 아니라는 것이다. 세계적 차원에서 자본주의 발전의 불균등함이라는 개념이 세계적 차원의 자본주의 발전이란 공통의 조건을 빼고 불균등함만 강조하는 것은 아니다. 특수성만을 강조하면 자본주의의 일반적 경향에 대한 과학적 분석이 아닌 다른 방식으로 사회마다의 특수성을 정당화할 위험에 빠진다. 즉 존재하는 모든 사회는 나름대로의 맥락이 있으므로 기존의 사회는 바꿀 필요가 없는 정당한 사회가 된다. 특히 제국주의적 질서의 영향을 빼고 한 나라의 상황을 이해하는 것은 비변증법적 사고일 뿐이다. 보편적 체계로서의 세계 자본주의, 제국주의가 불균등하게 발현되지, 개별적으로 동떨어진 여러 사회들이 아무런 상호작용 없이 발전하지 않는다.

20세기 이후 마르크스주의 운동의 역사에서 자본주의 발전의 경로, 그리고 그에 적합한 혁명의 방식에 대한 논의가 마르크스주의를 다양한 흐름으로 나누고 변형시켰다. 자본주의 발전의 세계적 불균등성은 자본주의 선진국에서나 주변부의 전 자본주의사회에서나 《공산당 선언》 무렵의 전망과는 다른 다양한 실천과 이론을 낳았다. 2단계 혁명론과 연속혁명론의 문제는 이런 맥락에서 논쟁거리가 된다. 연속혁명론은 주변부의 혁명 과정은 한번의 압축된 형태로 일어나고 국제적 혁명을 통해 완성된다는 주장이고, 2단계 혁명론은 후진 사회에서는 부르주아혁명의 단계와 프롤레타리아혁명의 단계가 나누어진다는 주장이다. 거기에 더해 주변부 사회들은 또 다른 방식의 혁명 과정을 거칠 수도 있다는 마르크스주의의 흐름도 나타났다.

경제 문제

《공산당 선언》의 많은 부분들은 여전히 유효한 지적이자 실천적 자원이다. 특히 이 텍스트에서 사용된 방법은 중요하다. 카우츠키는 그 방법을 "이미 만들어진 모델로서가 아니라 탐구의 방법"으로 이해해야 한다고 말한다. 마르크스는 《공산당 선언》 바로 전에 출간한 《철학의 빈곤》에서 부르주아적 제도, 부르주아적 생산관계가 자연스럽고 영원하다는 전제를 비판하면서 자신의 방법론을 정립했다. 방법의 핵심은 경제를 중심으로 현실의 역사적 과정을 보는 것이다.

《공산당 선언》에서도 부르주아지의 지배는 역사적인 것으로 묘사된다. 부르주아지는 수백 년에 걸쳐 진화해왔으며, 그들의 모습을 따라 세계를 다시 만들고 있다. 그 과정에서 자신들의 무덤을 파는 프롤레타리아트 또한 만들어냈다. 부르주아지의 계급 지배는 공간적으로는 전 세계로 확장되었고, 생산과 소비 활동, 문화, 도시, 가족, 법, 국가 등 사회경제적인 삶의 전반으로 침투했다. "강력한 생산과 교류의 수단을 불러내었던 근대 부르주아사회는 저승의 힘을 더 이상 통제할 수 없게 된 마법사와도 같다"라는 구절에서 말하는 통제할 수 없는 생산력은 부르주아 체제의 모순이다. 과잉생산에 의해 주기적인 상업공황이 발생한다. 《정치경제학 비판을 위하여》 서문에서 생산력과 생산관계의 모순이라고 개념화하는 이 상황이 혁명의 시대가 도래하는 객관적 조건이다. 이 모순은 부르주아지와 프롤레타리아트 사이의 적대적 관계로도 나타난다.

계급 적대의 문제는 《자본》 1권에서 "한쪽 끝에서의 부의 축적은 그와 동시에 '그들의 생산물이 자본'인 계급에게는 빈곤의 축적을 의미한다"고 정식화된다. 계급 간 적대라는 객관적 현실에 근거해 프롤레타리아트는 혁명의 주체로 상승할 수 있다. 즉 계급의식은 의식의 차원에서만 일어나는 주관적 의식 전환의 결과물이 아니라 노동자계급의 객관적 존재 조건에 대한 자각을 통해 발전한다. 그래서 자본주의사회의 계급투쟁은 부르주아지와 프롤레타리아트가 우연한 원인에 의해 적대적 관계가 되는 정치적 현상이 아니다. 생산 과정에서 잉여가치의 착취와 착취한 가치의 축적에 기반한 자본이라는 경제적 현실이 계급 적대가 필연적으로 발생하는 객관적 원인이다. 《공산당 선언》 이후의 저작에서 부르주아지와 프롤레타리아트의 관계는 자본과 노동의 관계로도 나타난다. 마르크스는 자본과 노동 간의 관계의 본질이 착취라고 봤다.

《공산당 선언》은 아직 노동과 노동력의 개념을 구분하지 못하고, 착취를 과학적으로 해명하지 못하지만 부르주아의 부의 원천이 노동자들의 노동이라는 점은 의식하고 있었다. 프롤레타리아트는 부의 생산자이면서도 착취당하기에 빈곤한 상태로 전락해 혁명적 계급이 된다. 《공산당 선언》에서 《자본》으로의 마르크스 사상의 발전의 결과, 마르크스 이후 마르크스 경제학자들은 자본-노동의 적대를 자본주의의 기본 요건으로 이해하게 되었다. 그리고 후대의 마르크스주의 경제학자들은 19세기 말 이후의 자본주의의 변화를 마르크스 경제학의 관점에서 연구했다. 루돌프 힐퍼딩Rudolf Hilferding의 《금융자본》, 폴 스위지Paul M. Sweezy와 폴 바란Paul A. Baran의 《독점자본》, 레닌의 《제국주의론》, 로자 룩셈부르크의 《자본축적》 등은 자본주의의 독점화, 금융자본의 상승, 제국주의의 전면화라는 새로운 현상을 설명하고 대안을 제시했다. 1970년대 이후 금융의 세계화, 신자유주의의 세계적 확산과 그 위기의 상황에서도 마르크스주의 경제학은 주류 경제학이 설명하지 못하고, 오히려 은폐하려 하는 자본주의의 모습을 밝히는 중요한 지적 자산이 되고 있다.

《공산당 선언》과 마르크스주의를 주로 정치적으로 그리고 주체적 실천의 '철학'으로 해석하는 경향도 존재한다. 이 경향은 경제적 문제를 도외시하고 자본주의의 객관적 조건과 분리된 주체적 실천, 상부구조의 영역으로 마르크스주의를 협소하게 만드는 식으로 전개되기도 했다. 이런 해석은 주로 서구의 지식인 사이에서 많았다. 그러나 이런 해석은 주관 객관의 변증법이라는 마르크스주의의 방법론에서 완전히 벗어난 것이다. 또 마르크스와 엥겔스 본인들의 의도와도 거리가 멀고, 현재의 실천적 효과를 약화시키는 한계도 가지고 있다. 이런 조류는 특히 신자유주의 시대에 신자유주의의 위험을 제대로 인식하지 못하게 하는 실천적 오류를 범했다. 신자유주의는 수많은 절박한 저항에도 수탈과 착취를 멈추지 않았다. 동시에 신자유주의, 자본주의 스스로가 초래한 경제적 위기에 의해서 신자유주의는 위협받고 있다. 자본가의 형상을 따라 세상을 바꾸는 작업이 세계 구석까지 확산되고 자본의 힘이 사회의 다른 어떤 주체보다 더 강력해졌지만, 주기적으로 되풀이되는 위기를 여전히 통제할 수 없다.

이런 상황에서도 어떤 한국 좌파들은 경제적 조건에 대한 과학적 탐구라는 마르크스의 유산을 부정하지 못해 안달이다. 그들에 의해 한국의 사회운동에서 사적 소유의 철폐라는 의제는 계급 의제와 함께 사라졌다. 모든 사회문제를 권리의 신장과 침해로 보는 방식의 유행은 오히려 소유권을 신성시하고 투기를 개인의 자유로운 활동으로 부추기고 있다. 19세기 말부터 20세기 중엽까지 서구의 노동자들을 매수했던 복지국가 체제는 더 이상 작동하지 않는다. 주변부에 대한 수탈의 이익을 서구 노동자들에게 더 이상 나누어주지 않기 때문이다. 신자유주의적 세계화는 약자들끼리의 투쟁을 노골화시켰다. 그럼에도 한국 진보 진영에서 사민주의적 복지국가에 대한 미련은 좀처럼 사라지지 않고 있다. 대안 체제의 구체적인 전망이 제시되지 않기 때문이다. 자본주의의 모순에 대한 대안을 자본주의 안에서 찾으려 하기 때문이다.

자본주의사회의 경제적 모순에 대한 분석과 대안 제시가 마르크스주의의 가장 큰 유산이라는 것은 자본가들, 자본주의의 일급 이데올로그들의 일관된 평가다. 그럼에도 불구하고 마르크스주의에서 객관적인 경제적 조건에 대한 과학적 분석을 제거하려는 시도는 어리석거나 악의적이거나 둘 중 하나다. 《공산당 선언》도 자본주의의 발전에 대한 역사적 분석을 상당한 분량으로 다루고 있다. 경제적 토대에 대한 과학적 분석이 빠진 주체적 실천은 마르크스와 엥겔스가 극복하려 했던 '유토피아 사회주의'로의 퇴행일 뿐이다. 마르크스의 경제사상은 경제로 세상만사를 환원해 설명하지 않는다. 자본주의라는 우리 삶의 '경제적' 조건을 넘어서려 한다.

계급 문제

《공산당 선언》은 집필 의도 때문이기는 하지만 혁명 이후의 정치, 사회에 대해 지나치게 과묵하다. 사회의 환경과 인간까지 완전히 새로워지는 역사적 과정을 거쳐야 한다는 원론적인 말 이외에 미래에 대해 알 수 있는 단서는 많지 않다. 특히 혁명 과정과 혁명 이후의 계급적 상황에 대해서도 충분히 말하지 않는다. 마르크스가 자본주의가 충분히 발전한 단계에서의 계급 구조가 단순화할 것이라 예상했기 때문일 수도 있다. 세계적 차원에서의 위계화, 한 나라 안에서의 자본주의의 불균등한 발전, 갖가지 분할에 의한 노동자계급의 분열을 고려한다면 혁명 이후의 계급적 상황이 단순하기는 힘들 것이다. 혁명으로 가는 과정에서 프롤레타리아트의 역할, 프롤레타리아트와 다른 계급 간의 관계, 프롤레타리아트 내부의 갈등도 마르크스의 예상만큼 간단한 것이 아니다. 특히 자본주의가 덜 발전한 사회의 계급구조는 《공산당 선언》의 입장에서는 설명하기 힘든 것이었다. 계급 간의 적대적 충돌, 갈등이 쉽게 사라지지 않으면 과도기의 프롤레타리아 지배가 단기간에 억압적 성격을 벗어버리지 못할 수도 있다는 의미다.

산업혁명 시기에 역사적 패배를 당했던 유럽의 노동자계급은 자본주의의 세계적 팽창과 고성장의 시기에 자신의 몫을 늘릴 수 있었다. 그래서 서구 노동자계급은 기술적, 산업적 혁신, 발전이 자신들의 지위를 강화한다고 믿게 되었다. 그러나 신자유주의 시대의 혁신과 자본가들의 경제적 진전은 노동자계급을 다시 패배시켰다. 노동자계급은 이미 무너진 복지국가

의 부활을 기대하는, 혁신을 가로막는 적폐의 위상을 택하도록
강요받았다. 이런 상황에서, 진보의 주류를 차지한 포스트주
의의 이데올로기 공세 앞에서 계급과 노동은 유통기한이 지난
낡은 노선 취급을 면할 수 없었다. 프롤레타리아트는 자본가에
게 착취당하는 계급이며 혁명의 주체라는 자신의 정체를 숨겨
야 한다고 세뇌되었다.

노동자계급의 단결과 노동운동의 변혁 지향적 성격은 신
자유주의 시대에 오면 바닥으로 떨어진다. 신자유주의적 반동
은 진보와 근대화를 표방한 반동이라는 점에서 새롭다. 그 주
장은 완전히 거짓말은 아니다. 자본가의 어느 분파(하이테크와
금융이 그 중심이다)에게는 진짜 진보와 근대화였고, 하층 민중
들, 특히 주변부의 민중들에게는 지옥 같은 삶으로의 복귀였기
때문이다. 신자유주의 이데올로기는 노동운동, 좌파, 노동조합
이 기술적, 사회적, 문화적 진보를 가로막는 낡은 세력이고, 자
신들의 기득권을 지키기 위해 미래 세대를 희생시키려 한다고
비난한다. 좌파 노동운동은 이 이데올로기 공세 앞에서 속수무
책이다. 사회적으로는 반동이면서 기술적, 경제적으로는 혁신
을 가져왔기 때문이다. 그 혁신의 주체와 이익을 나눠받은 수
혜자들은 근대 이래로의 진보 개념 자체를 재정의했다. 탈근
대, 포스트주의는 그 표현이다.

오늘날도 주변부의 사회들에서 민중들의 자생적인 저항운
동은 근대화된 엘리트 집단에 의해 전유되고 있다. 세계은행은

전 세계의 NGO들을 사업의 실행자로 활용한다. 민중운동의 대변자를 자임한 엘리트들은 그 운동을 기반으로 주류 사회로 진입한다. 이런 방식으로 민주주의는 유명무실해진다. 노동자계급 정치와 사회운동과의 분리는 세계적 추세가 되었다. 영국의 역사가 에드워드 톰슨Edward P. Thompson이 "자본주의적 구조나 그 자신을 변화시키지 않은 채 권력의 획득을 상상하는, 자본주의적 구조의 모든 복종의 특성을 지닌 노동자계급, 난 이 것이 자본주의 이데올로기의 고정된 전형적 사례 같습니다"라고 한 말처럼 프롤레타리아트가 변혁 주체로 형성되지 못하는 상황은 저항운동이 자본주의 체제를 다른 체제로 바꾸기를 지향하지 않기 때문에 일어나는 일이다. 《공산당 선언》의 3장에서 살펴본 여러 사회주의자들은 마르크스가 보기에 공통된 결함을 지니고 있었다. "노동자계급의 이익"을 위해 "노동자 운동의 바깥에 서 있으면서 오히려 '교양 있는' 계급의 후원을 구한" 사람들이 도입한 방책들에 따라 사회주의를 이해했다는 결함이다. 따라서 프롤레타리아트 스스로가 변혁의 주체가 되는 것, 그것이 최우선의 과제다.

지금, 주변부의 민중에게
《공산당 선언》의 의미

1904년 아시아에서는 처음으로《공산당 선언》이 일본에 번역되었다. 한반도에서는 1920년대 몽양 여운형이 처음 번역했다고 하는데 아마 일어본을 번역한 중역본으로 추정된다. 현재는 남아 있지 않다. 일제강점기와 냉전 시기를 거치는 동안에는 한국에서는 출판할 수 없어서 외국어로만 읽을 수 있었다. 1989년이 되어서야 다시 한글 번역본이 나오기 시작해 현재는 여러 번역본이 있다. 처음 출판된 지 거의 150년이 지난 지금, 저자들이 살던 곳의 지구 반대편인 한국에서《공산당 선언》은 어떤 의미의 책일까? 아시아와 주변부의 민중들의 실천에는 이 책이 도움이 될까?

《공산당 선언》과 이후 공산주의 운동의 역사적 경험을 지금의 현실에 곧바로 적용하기는 힘들다. 여러 번 보았듯이《공산당 선언》은 주변부 문제를 중요하게, 직접 다루지는 않는다. 그렇다면《공산당 선언》을 계승한 실천의 역사는 어떤가? 이름에서부터 국제적 연대를 지향함을 선언한 세 번의 인터내셔널들은 이런 국제적 연대에 충실했을까? 제1인터내셔널은 거의 유럽만의 노동운동과 여타 진보적 운동들의 느슨한 결합이었다. 제2인터내셔널은 노골적으로 유럽 제국주의를 옹호하고 한편이 되었다. 제3인터내셔널이 식민지 민중운동에 대해 이전 인터내셔널들의 유럽 중심주의적 태도보다 한 걸음 더 나아간 것은 분명하지만 소련과 다른 지역 간의 관계가 위계적이었다는 비판과 각 지역에 적합하지 않은 획일적 노선 제시로 인한 피해도 적지 않았다는 지적은 꾸준히 제기되었다. 그래서 20세기의 후반과 21세기에《공산당 선언》을 읽는 주변부의 민중들은 새로운 형태의 국제주의를 위한 자원을《공산당 선언》에서 얻을 수 있기를 기대한다.

주변부의 민중운동이《공산당 선언》에서 우선 참조할 만한 자원은 역시 자본주의의 지구적 확산에 대한 부분이다. 자본주의적 관계와 함께 부르주아 문화가 주변부를 왜, 어떻게 변화시키는지를 설명하기 때문이다. 신자유주의가 '세계화'라는 기만적 용어를 앞세우며 하나의 보편적 문화, 생활양식, 교육방식, 사고방식과 이데올로기를 확산시키는 상황에서는 더 그렇다. 세계화라는 중립적 뉘앙스의 용어는 제국주의라는 분명한 용어로 대체되어야 한다는 주장은 설득력이 있다. 자본주의적 관계가 세계 모든 곳에 보편적으로 확산되면서, 사회적 위기와 생태적 위기가 복합적으로 인류의 문명을 위협하고 있다. 제국주의가 위계적으로 분할한 세계에서 사회적, 생태적 불평등은 더욱 심화되고 있다. 과학기술이 비약적으로 발전해도 억압적 착취의 구조가 존재하는 한은 새로운 노예화, 소외, 비참함을 다시 만들어내는 데 사용될 것이다.

이런 상황에서 "공산주의자들은 그들의 이론을 '사적 소유의 철폐'라는 단 하나의 표현으로 집약할 수 있다"는 말은 더 의미 있게 들린다. 부의 극단적 집중과 함께, 공적 재화, 공공의 권력, 민중의 필수적 생활 수단들을 모두 사유화하는 상황에서 '사적 소유의 철폐'는 다시 한번 운동의 목표가 되어야 한다. 21세기인 지금도 주택, 교육, 의료, 물, 공기, 정보와 그것에 접근할 수단들을 폭력적으로 사유화하는 일이 지구 곳곳에서 발생한다. 마르크스가 이 책에서 다룬 엔클로저의 현대판이다. "만국의 노동자여 단결하라"는 구호는 당시 유럽인들에게 받아들여진 것과는 다르게, 피착취자와 피억압자끼리의 연대 그리고 제국주의 국가의 노동자계급과 식민지 민중의 연대로 해석할 수 있다.

마르크스주의 진영이 20세기에 들어 새롭게 마주했던 문제는 부르주아민주주의의 역할을 어떻게 보느냐였다. 서구에서의 부르주아민주주의가 주변부에서는 다른 모습과 의미를 가졌기 때문이다. 또 식민지 시기 민족해방운동에서도 그랬다. 식민지의 정치적 독립 이후 시기와 최근의 신자유주의의 세계적 확산 과정에서도 부르주아민주주의는 마르크스주의 운동에게 다루기 어려운 문제였다. 근대 유럽에서 일어난 정치 혁명의 성과인 부르주아민주주의는 주변부 지역에는 식민 지배와 뒤섞여 이식되었다. 연속혁명과 2단계 혁명 사이의 논쟁도 혁명 과정에서 부르주아민주주의 단계가 필요한가에 대한 논쟁이기도 했다. 식민지의 비참함에서 벗어나려 서구적 근대화를 추구한 주변부의 운동 노선 안에서조차도 부르주아민주주의가 식민지였던 지역의 진보에 바람직하고 유용한 정치체제인지에 대해 이견이 있었다. 냉전 시기 소련의 원조와 영향에 크게 의존해야 했던 나라들에서는 부르주아민주주의가 더 의심스러운 정치체제였다. 실제로 권위주의적 국가권력이 주도하는 근대화가 주변부 지역 발전의 더 흔한 방식으로 채택되었다.

지난 세기말 주변부 지역에서 국가 주도 발전주의 모델은 신자유주의로 대체되었다. 그 과정에서 경제적 신자유주의화와 정치적(부르주아) 민주화의 확산이 하나의 패키지로 주변부에 강요되었다. 정치적 민주화를 대가로 혹은 그것을 명분 삼아 신자유주의로의 구조 전환이 진행되었다. 《공산당 선언》의 "프롤레타리아트의 지배계급으로의 고양, 민주주의의 쟁취"라는 구절을 어떻게 실현할까는 현재도 주변부 지역의 과제다. 정치적 민주화와 경제적 질곡의 확대가 함께 나타나는 상황에서 노동자계급이 지향하는 민주주의는 어떤 모습이어야 하는가?

주변부의 민중의 관점에서 《공산당 선언》의 두드러진 한계 하나는 "지방들이 하나의 국민, 하나의 정부, 하나의 법률, 하나의 전국적 계급 이해, 하나의 관세 구역으로 통합"한 유럽 역사의 경험을 모든 사회에서 보편적으로 일어날 것이라고 예상한 점 그리고 자본주의의 발전과 함께 "민족적 토대"가 단기간에 사라질 것이라고 예측한 점이다.

유럽 방식의 근대 민족국가라는 정치적 단계와 자본주의의 충분한 발전을 거쳐, 자본주의가 세계적으로 보편화된다는 역사 모델은 주변부 많은 지역의 사회적, 역사적 조건과 맞지 않을 때가 너무나 많았다. 앞서 본 것처럼 마르크스와 엥겔스는 유럽의 역사 경로와는 다른 이행의 과정이 각 사회의 특수한 조건에 따라 나타날 것임을 분명히 인정했다. 그러나 20세기 마르크스주의 운동 안에서도 획일적(즉 유럽 중심적) 역사관이 주변부의 운동을 억누르고, 주변부의 민중들의 강박관념이 된 것이 사실이다. 식민지가 되기 전에는 민족국가의 틀, 단위로 사회가 구성되지 않았던 곳에서 제국주의의 지배권 분할, 영토 확정으로 인해 정치적 단위가 재구성되었다. 네덜란드령 동인도제도를 기본 틀로 만들어진 인도네시아가 대표적 사례다. 식민지였던 사회들이 서구식 근대 민족국가를 만드는 것이 이 지역의 민중들에게 어떤 의미일까를 고민한 마르크스주의 정치 세력은 드물었다.

마르크스주의 운동은 이런 과정을 크게 문제시하지 않았다. 근대적 민족국가 수립은 어쨌든 역사의 진보라고 생각했기 때문이다. 강요에 의해 분할되거나 통합된 기존의 사회집단들은 정체성 문제와 집단들 간의 이해 충돌의 문제를 떠안아야 했다. 오늘날도 사라지지 않고 심지어 격화되기도 하는 지역,

민족, 종족 간의 갈등은 민족국가를 정상적 정치체로 만든 과정의 부작용이다. 아시아, 아프리카, 아메리카의 원주민들 중에는 자신들만의 민족국가를 만들기를 원하거나, 국가 내부에 있더라도 독자적 사회를 유지하기를 원하는 경우도 있다. 예를 들어 라틴아메리카에서 사회당, 공산당은 원주민 공동체들의 자기결정권 문제에 대해 무관심했는데 이는 유럽식 근대국가의 건설이 정당한 방향이라 믿었기 때문이다. 계급주의 차원에서도 이 문제는 해결되지 않고 있다. 근대 민족국가에서 자본주의 발전은 농민계급의 소멸과 함께 일어나는 과정인데, 주변부의 농민들은 예상보다 더 오래 존재해왔다.

주변부의 민중들이 《공산당 선언》에서 부족하다고 생각할 만한 또 하나는 식민지, 반식민지 민중들의 반제국주의 투쟁에 대한 언급이다. 1848년은 이미 서구 열강들이 상당한 규모의 식민지를 점령했고, 빠른 속도로 확장시키고 있던 시기다. 아일랜드와 인도 식민지 문제를 마르크스는 알고 있었다. 그러나 《공산당 선언》은 진짜 만국의 노동자가 아니라 유럽과 북미의 노동자들을 독자로 생각하고 쓴 문헌이다. 라틴아메리카의 독립 혁명은 《공산당 선언》이 씌어지기 20년 이상이나 더 전에 일어난 사건이다. 불과 몇 년 전에 발생한 아편전쟁에 상당한 관심을 가졌던 마르크스지만 《공산당 선언》에서는 중포, 만리장성 등의 말로 지나치듯 언급하는 데 그친 것도 유럽의 프롤레타리아혁명과 식민지 문제 사이에 본질적인 연관 관계가 있음을 인식하지 못했기 때문이다. 이 문제는 정치경제학 비판의 과제를 상당히 수행한 이후에야 알 수 있는 것이기도 하다. 마르크스와 엥겔스는 유럽이라는 제한된 인식의 지평 안에 아직도 갇혀 있었다. '유럽인의 우매함'이 그들의 한계였다.

제2인터내셔널 시기 마르크스의 후계자들은 그 우매함을 고의로 확대시켰다. 그들은 제국주의와 한편이 되어 식민 지배에 사회주의적 정당성을 부여하기까지 했다. 이른바 "사회주의적 식민정책"이 그 산물이다. 제2인터내셔널의 회원으로 가입되어 있던 라틴아메리카 나라들의 사회당들은 도미니카공화국, 푸에르토리코, 쿠바, 파나마 등을 미국이 침략할 때 제대로 된 대응을 할 수 없었는데, 서구의 사회주의자들에게 그 사건은 역사의 진보, 문명의 확산이었기 때문이다. 〔이 문제에 대해서는 저자의 다른 책《맑스주의 역사강의》(한형식 지음, 그린비, 2010)의 제2인터내셔널 부분을 참고하기 바란다.〕 이유야 어쨌든 간에《공산당 선언》은 주변부의 민중들에게 실천의 지침이 되기에는 부족한 점이 많은 텍스트다.

제2인터내셔널을 비판하며 반제국주의를 전면에 내세웠던 제3인터내셔널 역시 유럽 중심적 한계를 완전히 극복하지는 못했다. 호치민은 제3인터내셔널 5차 대회(1924년에 개최)에서 영국과 프랑스의 공산당들은 식민지 민중들과 아무런 연계도 맺지 않고 있다고 신랄하게 비판했다. 소련이 붕괴될 때까지도 이런 비판은 끊이지 않는다. 제3인터내셔널의 지도자들은 세계혁명을 위해 소련과 식민지 민족해방의 연대를 강조했지만 진짜 세계혁명은 유럽 혁명으로 완성된다는 생각을 버릴 수 없었기 때문이다. 마르크스는 자본주의가 전前 자본주의적 요소들을 자본주의의 지속적 착취를 위해 얼마나 잘 활용할지를 예상하지 못했다. 전 자본주의는 자본주의에 의해, 현실의 역사가 보여준 것보다는 더 쉽게 사라질 것이라고 생각했다. 예를 들어 자본주의의 세계적 확산은 "외국인에 대한 야만인들의 완고하기 그지없는 증오심을 굴복"시키기도 하지만, 21세기의 자본가들은 외국인 혐오, 인종주의, 민족주의, 이슬람 혐오와 종교근본주의 등을 부활시켰다. 반이민법을 강화하고, 그들이 값싼 상품으로 무너뜨린 만리장성을 주변부를 향해 다시 쌓으며, 인종 차별을 격화시켜 정치적 지지자들을 결합시키는 전술을 구사한다. 임진왜란이 끝난 지 수백 년 뒤에 왜구가 토착화되어 다시 등장했다며 분노를 자극한다. 한계 상황으로 내몰린 민중들은 자본가들이 복고적 관념을 재가공해 만들어낸 구조 양쪽으로 찢겨지고 있다.

이런 상황에서 주변부의 민중들이 《공산당 선언》에서 예측한 과정, 즉 "프롤레타리아트는…… 국민적 계급으로 올라서야 하며, 스스로를 국민으로 정립해야만 하기 때문에 비록 부르주아지가 생각하는 의미에서는 아닐지라도 아직은 그 자체 국민적"인 단계, 방식을 진지하게 받아들일 필요가 있을까? 주변부의 민중들과 중심부의 노동자계급의 연대는 모든 나라의 프롤레타리아트가 국민적이 된 뒤에야 가능한 것은 분명 아닐 것이다.

반제국주의를 명분으로 내세우지만 실제로는 자국 엘리트들의 이익에만 몰두하는 퇴행적 민족주의가 노동자계급에게 더 위험한 이유도 여기에 있다. 폐쇄적 민족주의 안으로의 부르주아지와 프롤레타리아트의 연합은 프롤레타리아트에게 실익이 없다. 민족적 동일성에 기댄 두 계급의 연합이 제국주의에 맞서 강력하게 유지되기를 기대하는 것은 어리석은 일이다. 제3세계 프로젝트의 실패의 주체적 원인은 반제국주의 운동이 민족국가 수립으로 귀결된 이후, 하층 민중과 동맹관계에 있던 전통 엘리트들이 민중을 배신하고 제국주의 세력과 다시 손잡았기 때문임을 기억해야 한다. 〔이에 대해서는《갈색의 세계사》(비자이 프라샤드 지음, 박소현 옮김, 뿌리와이파리, 2015)를 참고하라.〕신자유주의적 세계화를 국제주의의 물질적 토대라고 아전인수하며 노동자 국제 연대를 주문처럼 외우고 있어서도 안 되고, 반제국주의를 민족주의로 퇴행시켜서도 길이 없다면 주변부의 민중들에게 남은 길은 무엇인가? 이 물음에 대해《공산당 선언》이 줄 수 있는 것은 무엇일까?

이런 한계에도 불구하고 마르크스주의는 주변부의 민중들이 신자유주의적 제국주의의 피착취자이자, 저항 주체로서 스스로 서기 위해 기여할 바가 있다. 주변부의 민중들은 노동자가 아니라고 부정하기 위해 갖가지 복고적 정체성을 불러내어 다시 야만화시키는 포스트주의의 거짓 급진성, 반동적 속셈에 맞서기 위해 마르크스주의는 주변부의 민중들의 투쟁의 노선이 되어야 한다. "부르주아지는 농촌을 도시에 의존하게 만든 것과 마찬가지로 야만적 및 반야만적 나라들을 문명국에, 농업 민족들을 부르주아 민족들에, 동양을 서양에 의존하게 만들었다." 이러한 의존을 극복하는 길은 의존 이전의 과거로 돌아가거나, 과거를 미화하는 거짓 기억에 취하는 것이 아니라 도시와 농촌, 서구와 주변부의 위계를 만든 자본주의 구조를 과학적으로 해명하는 데서 출발해야 한다. 그리고 상호 간의 발전을 가져올 새로운 관계를 만들어야 한다. 착취, 위계, 억압적 방식으로의 세계의 연결은 자본주의가 성립될 때부터 지금까지 지속된 현상이다. 자본주의 문제를 우회하고 이런 파괴적 세계화를 극복할 수는 없다.

주변부의 민중들이 자립적 주체가 되는 것을 가로막는 또 다른 이데올로기는 윤리주의적 거짓 진보다. 생산, 생산자들에 대해서는 말하지 않으면서 소비자 주권의 강화에만 관심을 기울이는 시장주의 이데올로기가 대표적인 사례다. 소비자의 선택은 존중받아야 하며, 의식적 각성을 하는 것이 바람직하지만, 생산자들 즉 노동자계급의 사회적 개입은 금지되고 의식의 각성은 불온시된다. 협동조합 식으로 생산자를 이야기해도, 생산자들을 소규모로 분산시킬 뿐 전국적 규모나 세계적 규모로 생산자들의 힘을 결합하는 것은 거부한다. 이런 태도는 표면적으로는 신자유주의적 세계화와 맞서는 것처럼 보이지만 세계화와 지역화라는 관념론적 이항대립으로 대중을 속이며 초국적 자본과 적대적인 공생 관계 속에서 기득권을 누리는 자들의 노선일 뿐이다. 초국적 자본은 주요 기반 시설, 주요 산업, 필수적인 사회 서비스망을 모두 집어삼켜 이윤의 수단으로 삼고 있는데 이들은 소비재 몇 가지를 소규모로 주고받으면서 현실을 외면하며 도덕적 자기만족에 빠져 있다. 더구나 이런 식의 윤리적 소비주의는 자본의 필요에 따라 언제든 손쉽게 윤리적 원칙들을 포기한다.

미국의 마르크스주의자 존 에렌버그John Ehrenberg는 〈시민사회를 넘어서〉(《선언 150년 이후》)에서 이 문제를 예리하게 다음과 같이 정리한다. "우파의 반反국가주의적 지향을 흉내내면서, 공동체주의는 우리에게, 지방주의와 특정 이해로 구성되는 소읍 농촌 사회질서라는 낭만화된 19세기적 시각을 수용하라고 요청한다…… 시민사회 논의에 대하여 거의 모든 당파들은, 지식은 지역적이며, 정체성과 '차이'가 현대 사회생활에서 핵심적 범주들이고, 인간관계들은 언어와 '담화'에 의해 구성되며, '문화'가 투쟁의 장소이고, 인간해방의 어떤 단일 주체도 이론화될 수조차 없다는 데 동의하고 있다…… 더 이상 집합적 주체들이 존재하지 않으며, 계급이 정치를 좌우하지 않으며, 고립된 개인들과 취사되어 조직된 그룹들이 그들 자신의 의미를 발견하고 창출하기 위해 투쟁한다…… 시민사회의 이론가들은, 문화가 현대 생활의 결정적 장소로서 노동을 대체했으며 시장을 제어하기 위해 국가권력을 활용하는 것에 대한 좌파의 전통적 강조는 곧바로 강제 노동수용소로 귀결되는 위험스러운 환상이라는 우파의 주장을 따라한다. 시장을 민주적 투쟁이나 공적 통제로부터 면제하려는 뚜렷한 경향은 정치만이 제공할 수 있는 시야의 넓이와 범위의 내용에 대한 '시민사회' 이론가들의 적대감을 반영한다."

또 이 입장은 자본가의 지배가 아니라 국가 자체를 악으로 취급한다. 그러나 이들이 국가권력의 충실한 하수인이 아닌 경우는 드물다. 이들은 국가기구와 국가의 경제적 보조에 주로 의지해 살아간다. 주변부 국가들에게 가혹한 조건을 협상으로 강요하는 독점자본과 그들의 소속 국가는 점점 더 몸집을 키우면서, 그들이 후원하는 NGO와 이데올로그들은 주변부 국가들에게 풀뿌리 민주주의라는 명분으로 중앙정부 권력을 지방으로, 소규모 행정 단위로 분산시키도록 요구한다. 둘 사이의 몸집의 차이만큼 협상력의 차이도 커진다. 결과는 민중들 삶의 황폐화다. 이처럼 주변부에서 자본의 착취는 19세기 유럽에서 자본주의 초기의 모습이 그랬던 것보다 더 노골적이다. 그러나 경제적이 아닌 윤리적 대안만이 선전되고 있다. 마르크스주의는 착취와 자본주의의 구조적 모순이 문제의 본질이라 보고 그것과 정면으로 대결한다. 마르크스주의가 주변부에 더 필요한 것은 이런 이유에서다.

환대를 넘어 연대로

1. 사례 하나. 1980~1990년대 후난성을 비롯한 중국 농촌 지역에는 유상 매혈소가 우후죽순으로 들어섰다. 혈액 제제를 생산하는 다국적 제약회사들이 약의 원료인 혈액을 싸고 대량으로 조달하기 위해 중국에 매혈소를 운영했다. 매혈의 대가는 당시 중국 노동자 연평균임금의 5퍼센트 정도로 중국 빈민들 입장에서는 상당한 금액이었다. 매혈이 대유행했고 가난한 농민들의 수입은 훌쩍 늘었다. 선진국들은 혈액 수입을 허용했고 중국 정부도 제약회사로부터 거두는 세금 때문에 매혈을 합법화했다. 중국 인민들의 피가 선진국으로 이동하고 돈이 중국으로 흘러들었다. 제약회사가 중국 농민들의 피를 사들인 것은 중국 정부의 규제가 느슨했고 관료들은 부패해 적은 돈으로도 매수할 수 있었으며 좁은 지역에 많은 인구가 밀집해 매혈 작업이

효율적이었기 때문이다. 그리고 결정적으로 선진국 사람들의 피보다 싼 중국인들의 피값 때문이었다. 즉 이윤을 최대로 하기 위해서였다. 제약회사들은 비용을 더 줄이기 위해 주사기를 재사용했다. 에이즈가 확산되었다. 지금도 정확한 감염자 수는 아무도 모르고 알려고도 하지 않는다.

　제약회사들이 더 도덕적이어서 매혈소를 위생적으로 운영하기만 했다면, 다시 말해 제약회사와 그들이 소속된 선진국들이 '매혈자의 인권을 보호하고 매혈자에 대한 혐오와 불관용에 맞서 싸웠다면' 문제가 없었을까? 매혈 실무자들이 중국 민중을 혐오해 고의로 에이즈를 퍼뜨린 것은 아닐 것이다. 이 과정에서 가장 큰 이익을 얻은 것은 다국적 제약회사들이었다. 중국 민중들도 이익을 얻었지만 제약회사들의 이익에 비하면 터무니없이 적었다. 중국 민중들이 얻은 피해는 감염뿐이었나? 이 사건의 핵심 원인은 선진국에 기반을 둔 대규모 독점 자본의 더 많은 이윤 추구이고, 중국의 개혁개방 덕분에 중국 민중들이 말 그대로 초국적 사업 체계 속으로 편입된 것 즉 세계화가 조건이었다. 그 실현 과정은 좀 더 도덕적일 수도 그렇지 않을 수도 있었을 것이다. 어느 쪽이든 본질은 다르지 않다. 이 이야기에서 피의 자리에 주변부 민중들의 노동력을 대입시키면 달라지는 것이 있을까?

2. 사례 둘. 2016년 9월 유엔^{UN} 193개 회원국들은 이주자와 난민 문제 개선을 위한 유엔 국제이주협정^{GCM}을 맺고 〈난민과 이주자들을 위한 뉴욕 선언〉을 채택했다. 이 선언은 어느 나라도 혼자만으로는 국제 이주자 문제를 해결할 수 없다고 밝히면서 '적절하게 관리되는 이주 정책을 수립하고 난민 수용을 각국이 공정하게 부담하며 이주자의 인권을 보호하고 이주자에 대한 혐오와 불관용에 맞서 싸울 것'을 규정했다. 다음 해에 트럼프가 집권한 미국은 이 협정에서 탈퇴했다.

한국인들은 이 기사를 보면 어떤 생각을 할까? 관용적인 좌파와 배타적인 우파, 상대적으로 개방적인 유럽과 인종차별이 만연한 미국, 세련되고 도덕적인 오바마의 민주당과 돌아이 파시스트 트럼프를 비교하진 않을까? 또 배타적 민족주의에 빠져 이주자를 혐오하는 우리의 저열한 인권 감수성을 반성하는 이들도 요즘은 적지 않을 것이다. 일단 다음의 통계도 보고 다시 생각해보자.

고소득 국가들의 인구에서 이주자들이 차지하는 비중은 2000년 9.6퍼센트에서 2018년에는 14퍼센트로 크게 높아졌다. 이주자는 전 세계적으로 2억 5800만 명으로 추산되며 이는 지난 2000년 이후 49퍼센트 증가한 수치다. 이외에도 여러 통계들을 보면 지금과 같은 대규모의 이주는 1990년대 말 이후에 단기간에 나타난 현상임을 알 수 있다. 한국의 경우도 비슷한 시기부터 이주자 유입이 증가했다. 지난 세기말에 선진국 사람들이 갑자기 개방적이 되기로 집단 결의라도 한 것인가? 그리고 불과 20년 전만 해도 관대하고 개방적이며 혐오를 모르던 선진국 사람들이 지금은 인권 감수성이 무뎌지고 혐오심에 불타오르는 인간으로 돌변한 것일까? 또 하나 주목할 것은 지금의 대규모 이주가 발생한 시기가 신자유주의적 세계화와 같은 시기에 일어났다는 것이다. 구체적으로는 자본주의 선진국들과 주로 그 나라들에 근거를 둔 독점자본들이 인위적으로 만들어낸 세계적 분업 구조가 성립하고 작동한 시기와 정확히 일치한다. 우연일까? 아니다.

이주는 세계적 분업 구조를 드러낸다. 동시에 그 구조 속에서 인구 송출 국가들이 처해 있는 경제적·사회적 곤경을 보여준다. 이주는 신자유주의적 세계화, 세계적 분업 구조의 틀 안에서 작동하는 유출과 유입 압력의 역학으로 이해해야 한다. 인구 유출은 유출 국가의 착취 구조와 그 결과인 불평등의 산물임을 주목하자. 가난한 사회에는 사람들을 밖으로 나가게 하는 압력이 존재한다. 반대로 부유한 중심부 국가에는 그 이민자들을 끌어들이는 강력한 힘 즉 더 많은 돈이 존재한다. 이주는 세계적 불평등의 결과다. 세계적 불평등은 심화된 신자유주의적 세계화의 결과이다. 국가 간 불평등이 심화되면 유출과 유입의 압력 차는 더 커져 대규모 이주의 조건이 갖춰진다. 신자유주의적 세계화로 상품과 자본과 노동력의 자유로운 이동이라는 제도적 조건까지 갖춰지자 순식간에 유례없는 인구의 대이동이 시작되었다.

1990년대 이후 시간이 지날수록 국가 간 불평등은 뚜렷하게 감소했다. 그러나 두 가지 문제가 있다. 부자 나라와 가난한 나라의 격차가 전체적으로는 줄었지만 중국과 인도의 기여를 빼면 격차는 크게 줄지 않았다. 또 베트남, 인도네시아, 필리핀, 말레이시아 등의 경제성장은 중국 경제성장에 힘입은 원자재 가격 상승과 양적 완화에 따른 국제적 유동성 증가 덕분이어서 불안정하다. 게다가 국가 간 불평등의 감소와는 반대로 국내 불평등은 전 세계적으로 확산되었다. 가난한 나라에서 더 벌어진 빈부 격차는 농촌에서 도시로의 국내 이주와 해외 이주를 부추긴 가장 큰 힘이다. 세계적 자본주의 체제에 편입된 주변부의 민중들은 이제 자본주의적 삶의 방식을 받아들여야만 한다. 과거에 공동체와 자연 환경이 제공해주던 생활 수단들과 노동력과 물건으로 교환하던 재화들에 모두 가격표가 붙었다. 보급된 대중매체 때문에 그들은 전에는 존재하는 것도 몰랐던 물건들을 소유하고 소비하려는 욕구에 사로잡히게 되었다. 그 중 가장 강력한 욕구 부추기기를 한국에서는 '한류'라 부른다. 이제 그들도 돈을 벌어야 한다. 그것도 과거보다 훨씬 더 많이 말이다. 그들에게 더 많은 돈을 벌 기회는 대체로 잘사는 나라의 노동시장에 있다. 선진국에서도 빈부 격차는 문제다. 그리고 선진국의 빈부 격차 확대는 이주자에 대한 선진국 하층민들의 반감의 주원인이다.

여러 나라에서 동시에 불평등이 심화된 원인은 무엇일까? 흔히 '세계화'와 '급격한 기술적 진보'를 꼽는다. 세계화란 주변부 국가들을 세계적 경제체제에 더 강력하게 통합시키는 과정이다. 세계화 과정은 큰 틀에서 세계적 생산 체제의 구조를 변화시켰다. 특히 운송비의 대폭 경감, ICT 기술의 발전 덕분에 국제적 가치 사슬value chain 즉 최종 상품이 생산되기까지 각 단계별 공정을 세계적으로 분업화하는 과정이 세분화되어 생산원가를 큰 폭으로 줄일 수 있게 되면서 전 세계적으로 생산 지역 재조정이 가속화되었다. 노동 집약적 상품 생산지는 개발도상국으로 이동하고, 자본 및 숙련노동을 풍부하게 보유한 선진국들은 기술 집약적인 상품에 집중한다. 가장 단적으로 이런 과정을 보여주는 산업이 의류산업이다. 유니클로, H&M, MANGO 등의 SPA 의류 브랜드의 급성장을 보라. 그리고 방글라데시 라나플라자 붕괴사건을 떠올려보라. 무너진 봉제공장에서 숨진 주변부 여성 노동자들이 만들던 제품이 바로 이들 SPA 브랜드의 옷이었다.

자본의 이윤이 늘어나고 경제가 일시적으로는 활기를 되찾았다. 자본, 숙련노동자, 원자재 공급이 상대적으로 부족해지면서 노동력을 제외한 다른 생산요소들의 가격이 올랐다. 생산요소 소유자들은 앉아서 돈을 벌었다. 이들은 각 나라에서 최상위층에 속한 사람들이다. 노동 절감 기술의 발전과 노동 유연성 강화 때문에 노동자들의 임금은 부자들이 소유한 생산

요소 가격만큼 오르지 않았다. 국제적 노동력 이동도 국제 노동시장에서 노동력 공급을 탄력적으로 만들어주었다. 세계화와 관련해서 불평등에 영향을 미치는 또 한 가지는 대규모 산업구조 조정에 동반되는 고용 불안 증대다. 제조업 생산 기반을 비용이 싼 지역으로 이전하자 선진국의 중위층 기술 노동력 수요가 줄어들었고, 따라서 이들의 실업률은 높아지고 임금은 줄어들었다. 이것이 지금 미국과 유럽을 휩쓰는 우파 포퓰리즘의 경제적 원인이다.

1980년대에는 중국이, 1980년대 말에서 1990년대로 넘어오면서 소비에트 연방과 인도가 본격적으로 신자유주의 정책을 수용하면서 자본주의 세계에 편입되었다. 이들 나라의 경제는 총량으로는 분명히 성장했다. 그러나 경제 개방과 함께 불평등도 심화되었다. 선진국에서와 마찬가지로 신흥국에서도 자산 소득 및 숙련노동 소득과 자산을 가지지 못한 중하위 소득의 격차가 그대로 나타나고 있다. 신흥 기업가, 자산가 계층에서 재산 축적이 빠르게 이뤄지면서 소득 집중이 더욱 심화하고 있다. 한국의 집값 상승이 소득 격차에 어떤 영향을 주었는지만 생각해봐도 쉽게 이해할 수 있는 현상이다. 게다가 신흥국의 경제성장은 지리적으로 지극히 불균등하게 일어났다. 경제개발 과정에서 흔히 나타나는 현상으로, 일부 지역 혹은 특정 도시가 발전 도상에서 유리한 위치를 점하면서 도농 간 격차가 극심해졌다. 이 격차가 주변부의 국내외 이주를 낳은 가장 큰 원인이다.

중국과 인도, 구소련에서만도 거의 10억 명에 달하는 비숙련노동자가 국제 노동시장에 새롭게 등장했다. 주변부의 노동력은 공급 초과 상태가 되었다. 한미 FTA에서도 쟁점이 된 것처럼 워싱턴 컨센서스가 요구하는 소규모 농민 지원 프로그램 축소, 소비자 가격 보조 금지, 민영 서비스 가격 인상, 교육 및 보건 비용 인상 등의 정책들은 모두 농민들을 농업과 자신들의 고향으로부터 떠나도록 강하게 압박했다. 세계난민기구의 기준으로는 이들은 경제적 이익을 찾아 이주를 기꺼이 선택한 자발적 이주민에 해당한다. 농업과 수공업 분야는 전세계에 비숙련 저임금 노동자를 거의 무한대로 공급했다. 이 빅세일을 놓치지 않으려는 자본가들은 이들을 기꺼이 적극적으로 받아들였다. 당연히 이주자들을 개방적으로 환대하는 관용의 자세를 보여주었다. 신흥국의 값싼 비숙련노동자들과의 경쟁에 내몰린 선진국 노동자들의 소득 감소는 세계화의 직접적 영향이었다. 가난한 사람들끼리의 경쟁에 내몰린 서구 노동자들의 불만을 정치적으로 올바르지 못한 천박한 태도라며 경멸하며 꾸짖었던 서구의 캐딜락 좌파들은 노동력 빅세일로 인한 이윤을 가장 많이 나눠 가진 이들이었다.

우회가 길었다. 하지만 이제 다시 〈난민과 이주자들을 위한 뉴욕 선언〉을 보면 다르게 보일 것이다. 세계적 구조 속에서 이뤄진 수억 명의 이주라는 사건에서 이주하는 당사자의 관점은 없다. 이주자를 떠나게 만든 구조적 조건도 언급되지 않는다. 이주자를 받아들이는 선진국의 관점만 있다. 관용과 개방은 노동력 수요의 관점에서든 인구 정책적 필요에서든 이주자를 필요로 하는 시기나 집단의 관점이고 배제는 수요가 줄어드는 시점의 입장을 표현한 것일 뿐이다. 둘 다 유입국의 관점이다. 떠나오는 자의 관점은 어디에도 없다. 최근 20년 동안의 대규모 이주는 그 이전의 이주와 분명히 다른 고유한 현상이다. 그것이 신자유주의 세계화와 어떤 식으로 관계를 맺고 송출국의 사회, 민중들 그리고 이주자 자신과 그 주변 사람들의 삶에 어떤 영향과 의미를 가지는지를 봐야 한다. 이주를 인간의 본성에 따른 행위로 보거나 역사적이기는 하나 항상 일어났던 현상이라며 각 이주의 구체적 조건을 사상하는 관념적 초역사적 접근은 이주를 낭만화한다. 또 다른 관념적 접근은 윤리적 대응만을 강조하는 태도다. 이주의 부정적 측면도 구조적 문제에 과학적으로 접근하는 방식이 아니라 도덕적으로만 보려 한다. 즉 이주라는 역사적이고 구조적인 현상을 권리의 문제로 환원시킨다.

사람들을 자기의 땅에서 몰아내거나 떠나도록 유인하는 체제는 그대로 두고 결과적으로 떠나온 사람들을 환대하느냐 배제하느냐만 따지는 것은 범죄물에 나오는 좋은 형사, 나쁜 형사 역할 놀이와 같다. 선진국들이 자신들의 필요에 따라 달면 삼키고 쓰면 뱉는 행태를 환대와 배제라 이름 붙이고 좌파와 우파에게 각각 수행하게 만든 것이다. 근대적 제국주의가 본격화한 19세기 말에도 나쁜 제국주의와 착한 제국주의의 역할놀이가 있었다. 심지어 사회주의적 식민 정책이란 것도 있었다. 이 중 어떤 것도 제국주의 자체를 철폐하려 하지 않았다.

이주는 자유로운 선택도 아니고 피할 수 없는 숙명도 아니다. 자유로운 이주의 권리만큼이나 자기 땅에서 자유롭게 살 권리도 보장되어야 한다. 아니 권리가 아니라 원하는 곳에서 원하는 이들과 살 힘을 가져야 한다. 객관적 조건도 갖추어져야 한다. 권리가 문제라면 프랑스혁명 당시 파리의 거지들에게는 다리 밑에서 잘 권리가 보장되어 있었지 않은가. 모든 것은 주변부 민중의 힘에 달려 있다.

3. 사례 셋. "공적 개발원조의 경우 대규모 자금이 복잡한 관료주의적 절차를 거쳐 시차를 두고 집행되는 반면 이주 송금은 정치적 장벽과 통제 면에서 다른 재화나 자본 이동보다 상대적으로 자유로우며 즉각적이다. 재화의 수요자에게 직접 전달되고 번거로운 행정 절차와 비용이 들지 않으며 부패한 정부와 관료들이 빼돌릴 가능성도 거의 없다. 기존의 전통적인 개발원조 방식을 대체할 유용한 원조 수단이라는 찬사까지 나오는 이유다…… 이주자 송금은 국제 이주가 이주자의 출신 국가와 사회를 조용히, 그러나 아주 뚜렷하게 변화시키는 것을 잘 보여주는 현상 중 하나다…… 송금은 수혜국의 민간 소

비를 늘리고 가난의 대물림을 경감한다는 점에서 특히 중요하다"(조일준,《이주하는 인간, 호모 미그란스》, 푸른역사, 2016).

　　다른 나라로 이주한 노동자가 자국으로 보내는 돈인 이주송금Remittance을 찬양하는 대목이다.《한겨레신문》의 국제부 기자인 저자는 당연히 이주도 찬양한다. 필리핀은 인도와 함께 이주 노동자의 국내로의 송금이 경제에서 차지하는 비중이 큰 대표적인 나라다. 그래서 인도는 NRINon Residence Indian, 필리핀은 OFWOverseas Filipino Worker라는 용어를 사용해왔다. 필리핀은 중국, 인도, 멕시코 등과 함께 세계 4대 해외 인력 송출국으로, OFW의 송금이 GDP의 약 10퍼센트를 차지한다. 송금액은 2000년대 이후 해마다 증가하고 있다. 국가별로는 미국, 아랍에미리트, 카타르, 싱가포르, 대만, 일본 등에서 일하는 노동자가 많다. 직종별로는 여성은 메이드, 남성은 선원으로 일하는 것이 대표적이다.

　　2018년 2월 쿠웨이트에서 메이드로 일하던 필리핀 여성이 고용주에게 학대 끝에 살해당해 냉동고에 1년 넘게 보관되다가 발각되었다. 역시 쿠웨이트에서 필리핀 메이드가 집주인에게 성폭행을 당하고 자살했다. 두테르테 필리핀 대통령은 격분해 쿠웨이트의 필리핀인 메이드를 모두 송환했고 두 나라 사이에 외교 분쟁까지 발생했다. 하지만 지금은 흐지부지 되어버렸다. 이런 사례는 책 몇 권으로도 담지 못할 만큼 자주 많이 일어난다. 대표적인 비숙련 저임금 노동이자 가장 위험한 일과 가장 하대받는 일인 선원과 메이드 급여의 총액이 GDP의 10퍼센트를 넘는다는 사실을 보고 선진국이 제공하는 일자리가 필리핀을 부유하게 만든다고 칭찬하는 사람의 마음은 어떤 것인지 궁금하다.

인도 케랄라 주의 사례는 이주 송금에 의존하는 경제의 구조적 문제를 더 잘 드러낸다. 1960~1980년대에 케랄라는 '케랄라 모델'이라 불린 가난한 나라의 복지모델을 만든 것으로 유명했다. 개발 경제학자들, 국제구호기구들, 사회정책 전문가들이 저렇게 낮은 경제 수준으로 어떻게 이토록 놀라운 복지를 제공했는지를 밝히기 위해 몰려들었다. 케랄라 모델 연구의 대표자인 아마르티아 센Amartya Sen은 노벨경제학상을 수상했다. 현재 이 성취는 상당히 훼손되었다. 케랄라 모델을 주도한 인도공산당 CPI-M이 다시 집권했지만 케랄라 모델을 복원할 능력은 부족하고 의지는 더 약하다.

인도는 자국으로의 이주 송금이 가장 많은 나라다. 2017년 송금액이 약 미화 690억 달러로 그해 전 세계 이주 송금액의 11퍼센트를 차지했다. 송금은 주로 중동 지역 그리고 미국에서 온다. 중동 지역은 케랄라 출신 이주 노동자들이 특히 많은 곳이다. 그래서 인도로의 이주자 송금의 19퍼센트가 케랄라로 송금된다. 케랄라의 인구는 3500만 명 정도로 인도 전체 인구의 4퍼센트에 못 미친다. 높은 인구밀도, 농지 부족, 취약한 산업구조로 인한 취업 기회의 부족과 빈곤 그리고 이에 비해 상대적으로 높은 교육 수준 등이 케랄라 주의 해외 취업이 많은 이유다. 오일달러로 개발 붐이 일었던 중동 지역에서 높은 임금을 제시하면서 해외 취업 붐이 일어났다. 한국에도 잘 알려진 두바이의 고층 빌딩 건설 현장이 케랄라를 비롯한 인도 출신 노동자들이 많이 일하는 곳이다. 제일 많을 때보다는 줄었지만 지금도 200만 명이 넘는 케랄라 출신 이주자가 해외에 있다. 이주자 송금은 상당한 기간 케랄라 주 내 총생산의 20퍼센트 이상이었다. 발전연구센터the Centre for Development Studies (CDS), Thiruvananthapuram의 조사에 따르면 케랄라의 이주도 세계적 추세대로 1998년부터 급증했다. 그리고 중동의 건설붐이 마무리된 2016년부터 이주자 수와 송금액이 줄기 시작했다. 줄어든 시기도 세계적 추세와 비슷하다.

이주 노동자들의 송금은 케랄라 사회에 어떤 영향을 주었을까? 민간 가처분소득의 증가는 상품 생산을 위한 생산 부문의 성장이 아니라 소비 부문의 성장을 낳았다. 막대한 액수의 해외 송금이 유입되면서 내구 소비재 산업, 주택 등 건설업, 교통 및 금융업 같은 서비스 산업 부문들만 성장했다. 가족의 송금으로 구입한 가전제품, 오토바이, 자동차 그리고 집을 짓는 데 들어가는 고급기술이 필요한 자재는 대체로 수입제품이었다. 주택 건설 붐으로 건설업은 성장했지만 주택 가격 상승으로 가난한 사람들은 더 큰 주거난을 겪어야 했다. 송금된 돈이 생산적 선순환을 할 수 없는 산업구조 때문에 토지 가격이 토지 생산성보다, 임금이 노동생산성보다 훨씬 높아지는 경제 거품이 발생했다. 농업이나 제조업 같은 생산 부문은 여전히 침체를 벗어나지 못했다. 특히 제조업은 경제 전체에서 상대적으로 적은 부분만을 차지하고 있었기 때문이다.

그리고 소비 경제의 거품은 지하경제를 부풀렸다. 지하경제는 토지 마피아, 모래 마피아(소비 붐으로 가장 수혜를 입은 건설 산업에 강과 바다의 모래를 공급하는), 산림 마피아(산림 자원의 유출에 관여하는), 술 마피아 등에 의해 지배되고 있다. 이들에 의한 범죄와 사회 불안이 증가했고 송금된 돈으로 차와 오토바이를 사는 사람들이 늘면서 원동기의 수는 1990년부터 10년 만에 3.6배나 증가했다. 이로 인해 교통사고 부상자와 사망자 수가 급증했다. 케랄라의 높은 의료 복지 수준 덕분에 주 정부의 의료비 지출 증가는 케랄라의 재정을 크게 압박했다.

케랄라 경제의 미래에 대해 회의적인 사람들은, 케랄라 경제가 지역 내 생산의 활성화가 아니라, 해외 송금에 의존한 것이기 때문에 구조적으로 취약하다고 평가했다. 케랄라 사람들을 해외로 나가도록 만든 그 취약한 경제구조가 피땀 흘려 번 돈을 건강한 경제구조를 만드는 데 쓸 수 없게 만들었다. 자기 고향에서 경제적 활로를 찾을 수 없게 된 이주 노동자들은 또다시 고향을 떠날 수밖에 없다.

송출국의 국가 수입이 송출국 경제에서 상당한 비중을 차지한다는 사실은 송출국 경제가 얼마나 가난하고 실업률이 높은지를 보여주는 지표로 봐야 한다. 이주는 유입국과 송출국 경제 모두에게 이익이 되는 것이라는 주장은 이주자가 떠날 수밖에 없는 송출국의 취약한 경제구조가 대규모 노동 이주를 발생시킨 신자유주의적 세계화의 산물임을 은폐한다. 바로 그 구조 때문에 송금으로 송출국의 경제가 발전하는 일은 거의 일어나기 힘들다. 또 질 좋은 일자리를 제공하는 생산적 산업을 박탈해놓고서 이주 노동으로 푼돈을 벌 기회에 감사하라는 태도는 송출국의 빈곤과 유입국의 부 사이의 격차가 벌어진 역사적 원인을 은폐한다. 그 낙후된 경제를 만든 것이 바로 제국주의다. 제국주의가 그 구조를 만들었고 신자유주의적 세계화라는 새로운 제국주의는 그 구조를 재편했다. 선진국의 독점 자본만이 대부분의 이익을 독점하는 구조라는 점에서는 그 둘은 크게 다르지 않다. 송금액의 증가가 후진국에 얼마나 큰 이익을 주었는지를 찬양하는 태도는 제국주의 덕분에 식민지가 근대화되었다는 주장과 같은 논리다. 미대륙 횡단열차 철도 건설에 동원된 중국 쿨리들의 송금이 미국과 중국 모두에게 도움이 되었나? 백을 빼앗아간 나라가 일 정도를 돌려준다고 감사해야 하나? 그것도 그냥 준 것이 아니다. 선진국 자본은 이주자들의 값싼 노동력을 이용해 이윤을 늘린다. 게다가 값싼 이주 노동의 유입은 선진국 하층 노동자들과 이주 노동자들의 갈등을 부추긴다.

이처럼 주변부에서 선진국으로의 송출 압력은 여전히 높지만 선진국에서의 유인 동기는 선진국의 경기 부진과 높은 실업률 때문에 현저히 약해지고 있다. 배제의 정치가 이주를 줄인 것이 아니다. 노동력 수요가 줄어든 것이다. 20년 간의 대이주의 시기가 끝나면서 이주를 둘러싼 갈등이 고조되고 있다. 그 갈등은 주변부의 유출 압력과 선진국의 유인력의 균형이 깨진 결과다. 선진국 사람들의 도덕성이 문제가 아니다. 관용과 개방은 선진국으로의 높은 유인 동기를 그리고 배제와 폐쇄는 그 동기가 줄어드는 상황을 정당화하기 위한 이데올로기에 불과하다. 지금 들리는 관용과 개방의 목소리는 인구 구조상의 노령화와 그로 인한 생산 가능 인구의 감소를 이주로 해결하려는 목적과 긴밀하게 연결되어 있다.

서구인들은 자신들의 관점으로 주변부의 유색인들을 재단한다. 당연한 일이다. 서구인들의 눈에 유색인은 빈민, 이주민, 난민 등등 백인이 도와줘야 하는 불쌍한 존재 혹은 종교적 극단주의에 세뇌된 광기 어린 테러리스트, 급속한 경제성장으로 금전만능주의에 빠져 우쭐대는 저속한 졸부 아니면 저임금과 장시간 노동에 시달리는 여성과 아동 노동자들이다. 서구인들이 엄청난 규모로 성장한 아시아의 남성 제조업 노동자들에게 거의 주목하지 않는 태도를 우리는 주목해야 한다. 서구 좌파들은 주변부 노동자들을 노동자라기보다는 노예에 가까운 모습으로 떠올린다.

이런 태도는 주변부 민중들의 자생적 실천을 서구의 관점으로 재단하고 간섭하며 서구인들이 만들어낸 정치적 사상적 틀 안의 것으로 거세시키는 결과를 가져오기에 위험하다. 서구인들이 설명하지 못하는 저항은 왜 모두 원초적 저항이 되어야 하나? 서구인들의 분류법에 들어맞지 않으면 왜 서발턴(지배 계층의 헤게모니에 종속되어 권력이 없는 하층 계급)이라 불러야 하나? 다양한 저항운동의 지향과 실천 방식이 왜 인권의 잣대에 들어맞아야 하나? 그들의 목소리가 내 귀에 들리지 않는다고 그들을 말하지 못한다고 보는 태도는 그리스어가 아닌 언어를 사용하는 이들을 바르바로이라고 부르던 고대 그리스인들의 나쁜 재현이다. 주변부를 어떻게 보든 모두 밖에서 보는 자의 시선일 뿐이다.

위의 세 사례는 이주민을 바라보는 시선이 누구의 것인지에 따라 현실이 어떻게 왜곡되어 나타나는지를 보여준다. 한국인들은 누구의 시선으로 주변부 민중들을 보고 있을까? 위에 인용한 조일준의 책은 이주 문제에 대한 유용하고 객관적인 정보를 가득 담고 있다. 하지만 저자는 그 어떤 정보에도 불구하고 이주를 찬양하고 이주의 부정적 면은 인간에 대한 사랑과 인권 존중으로 해결하면 된다는 윤리주의적 결론을 내린다. 몰라서가 아니라 그의 관점이 모든 정보를 재단하기 때문이다. 이런 관점은 이른바 한국 진보가 이주 문제를 바라보는 전형적 태도다. 정치적 올바름과 인권 감수성을 잣대 삼아 현실을 재단한다. 이 글이 이주 문제를 다룬 이유는 서구 사회에서 이주민을 바라보는 '정치적으로 올바른' 시선이 한국 사회에서도 바람직한 것으로 유포되고 있기 때문이다. 그 가치관은 미국과 북서유럽 진보가 고안해 오랫동안 조직적으로 유포한 것이다.

인간은 자신의 얼굴을 보지 못한다. 눈앞의 대상을 통해서만 자신의 얼굴을 본다. 나를 바라보는 다른 사람의 태도와 반응을 보고 그의 얼굴에 비친 내 모습이 어떤 것인지 안다. 그래서 내가 원망하는 나의 모습을 내 눈앞의 타인이 인정해주기를 기대한다. 그 모습이 내가 원망하는 나의 정체성, 나의 얼굴이다. 내가 생각하는 내 얼굴이 내가 타인을 대하는 태도를 결정한다. 또 대상을 어떤 시선으로 볼지도 결정한다. 대상을 판단하기 위해서는 판단의 준거인 내가 먼저 있어야 하기 때문이다. 한국인들은 주변부 민중을 어떻게 보는가? 이 물음은 한국인들은 누구의 시선으로 주변부 민중들을 보고 있냐는 물음과 같다. 다시 이 질문은 주변부 민중을 만날 때 한국인은 스스로를 누구라고 생각할까로 바꿔 물을 수 있다. 유색의 주변부 민중과 마주할 때 우리는 어떤 모습으로 그에게 보이기를 원할까?

"유럽 문화는 흑인에게 실존적 변형을 강제했다……흑인의 영혼이라고 부르는 것은 흔히 백인이 만든 것"(프란츠 파농, 《검은피부, 하얀가면》, 노서경 옮김, 문학동네, 2014)이라고 프란츠 파농Frantz Fanon이 설파한 이후로(1952년) 세상은 얼마나 달라졌나? 유색인의 영혼은 여전히 백인이 만든, 원하는 모습으로 존재한다. 달라진 점은 백인들이 유색인의 영혼을 지배하는 방식이 훨씬 더 교묘하고 정교해졌다는 점이다. 그래서 이제 유색인들은 많이 배운 이들일수록 자발적으로 백인이 원하는 모습의 영혼을 가지려 애쓴다. 유색인들은 다른 유색인이 내 얼굴에서 백인의 얼굴을 보기를 기대한다. 식민지 시대 잔인한 농장주의 얼굴이든, 가혹한 식민지 관료의 얼굴이든, 짐짓 유색인을 동정하던 선교사나 좌익 지식인의 얼굴이든 어쨌든 백인을 바라보던 그 표정으로 나를 바라보길 원한다.

진보적이고 개방적이며 관용적, 윤리적인 그리고 요새 유행하는 말로는 인권 감수성이 충만한 태도들은 실은 서구인들이 주변부 유색인들을 바라보는 태도 중의 하나일 뿐이다. 서구인들이 눈앞에 나타난 주변부의 유색인 민중들을 대하는 태도가 윤리적인지 비윤리적인지를 나눈 것 중 하나를 한국의 진보 지식인들은 보편적 태도여야 한다고 강변한다. 내 눈앞의 유색인이 나를 백인으로 봐주기를 기대하기 때문이다. 내 눈에는 보이지 않는 내 얼굴을 백인의 얼굴이라 믿고 싶기 때문이다. 유색인 지식인들은 자신들이 유색인을 옹호한다는 도덕적 명분을 지키면서도 문명화된 서구인들의 영혼을 잃지 않았다는 안도감을 동시에 느낄 수 있기를 원한다. 그렇게 착취와 억압 혹은 저항과 경제적 성취의 모순된 상황을 겪고 있는 현실의 주변부 민중들과 나는 다르다는 것을 확인받으려 한다.

이런 식의 대상화가 나와 타인 모두에게 폭력이라는 것을 우리는 이미 알고 있다. 나의 진짜 얼굴에 가해지는 무지막지한 주먹질이라는 것을 말이다. 우리는 머지않은 미래에 멍들고 부은 얼굴이더라도 내 민낯으로 다른 유색인의 민낯과 마주해야 한다. 그때가 되어서야 환대나 동정이 아닌 평등한 연대가 시작될 것이다. 그들은 이미 우리 앞에 있다. 우리는 또한 그들이다.

착한 자본주의의 허상을 넘어

2006년 사회적 기업, 마이크로파이낸스의 효시 격인 그라민은행의 설립자 무함마드 유누스Muhammad Yunus가 노벨평화상을 수상했다. 당시 미국 어느 좌파 저널은 유누스의 수상에 대해 이렇게 평하기도 했다. "방글라데시에서 토지 개혁을 주장하는 사람들의 뒤통수에는 총알이 박히고 유누스에게는 노벨평화상이 주어진다."

이 글에서는 그라민은행, 마이크로파이낸스, 더 나아가 사회적 경제 혹은 착한 자본주의의 의미와 실천에 대해 비판적으로 검토해보려 한다. 진보적이거나 도덕적으로 보이는 것들의 한계를 비판하면 흔히 나오는 반문이 있다. '좋은 것에도 한계가 있다는 것은 알겠는데 다른 대안도 없으면서 그나마도 하지 말자면 어떡하라는 거냐?' 혹은 '단점에도 불구하고 상당한 장점이 있는 것도 사실 아닌가, 단점은 줄이고 장점을 극대화하면 되는 것 아니냐?'는 것이다. 그럼 이 두 물음에 답을 해보도록 하겠다.

사회적 경제, 아주 오래된 익숙한 이야기

서두의 인용구가 첫 질문에 대한 대답이 될 수 있을 것이다. 방글라데시는 잘 알려져 있다시피 가난한 나라이다. 이곳의 빈곤 문제는 사실 땅 없는 농민들의 문제이다. 농민이 아직도 인구의 60퍼센트 이상을 차지하고 그들 대다수가 땅을 가지고 있지 않다. 소작 관계조차도 불안정해서 하루 벌어 하루 먹고사는 일용직 농업 노동자가 인구의 절반을 넘는다. 하지만 토지를 사회화하는 대안은 고사하고 근대적인 자본주의의 출발이 되는 자영농 중심의 토지개혁조차 거의 이뤄지지 않았다. 방글라데시에서 마오이스트 반군들처럼 토지개혁을 주장하는 이들은 더러 재판 없이 살해된다. 공산주의자가 아니더라도 마찬가지 대우를 받는다. 가장 상식적인 대안이 아예 차단되어 있다. 온건한 진보를 주장하는 이들의 흔한 논리가 대안이 없으니 작은 개혁이라도 해야 하지 않느냐는 것이다. 많은 경우 이 주장은 잘못된 전제를 깔고 있다. 기존 사회를 흔들고 지배집단을 위태롭게 하는 급진적 대안은 아예 차단하거나 배제하거나 말살해놓고 다른 대안이 없다고 말한다. 솔직하려면 대안이 없는 것이 아니라 원치 않는다고 말해야 한다.

두 번째 질문에는 동의할 수 있지만 두 가지 단서를 달아야 한다. 먼저 사회적 현상의 장점과 단점은 별개의 것이 아니라 연결된 경우가 많다. 그래서 단점에도 불구하고가 아니라 장점도 단점의 다른 얼굴에 불과하기 때문에 장점이 온전히 장기적으로 실현, 유지되지 못하는 경우가 많다. 그라민은행이 바로 그런 사례라는 것을 잘 보여준다. 두 번째 단서는 어떤 대안이 성공적인지, 또 장점과 단점은 무엇인지 객관적이고 공정하게 평가할 수 있어야 한다는 것이다. 예를 들어 평가의 기준과 시점이 어디냐에 따라서 성공과 실패의 판단이 달라진다. 그라민은행을 소개하는 전 세계의 대중매체들은 성공의 극적인 하이라이트만 보여준다. 한국에서 사회적 경제를 소개하는 글들 대부분이 장단점을 차분하게 비교하기보다 일방적인 선전물인 이유가 무엇인지도 생각해봐야 한다. 여러 가지 대안과 실험들이 정말로 의미 있는 것인지를 알려면 첫째, 다른 대안과 공정하게 비교하며 평가해야 한다. 둘째, 정말로 어떤 점에서 긍정적이고 어떤 점에서 부정적인지를 여러 각도와 장기적인 관점에서 측정해야 한다.

이 글의 주제인 사회적 경제 또는 사회자본론을 연구하는 학자들이 이런 말을 한다. "아주 흔한, 오래된, 익숙한 이야기에 붙여진 새롭고 신기한 이름." 이렇게 말하는 이유는 사회자본론과 사회적 경제의 구상과 실험들이 실은 비슷한 형태로 오랫동안 있어왔기 때문이다. 무엇이 그렇게 익숙할까? 바로 자본주의라는 경제적 현상에 대해 윤리적 대안을 내놓는다는 점이다. 자본주의가 등장한 이후로 수백 년간 이 노선은 '결과로서의 불평등'을 시정하려 했다. 그리고 그 대안은 '분배의 평등'이다. 이 노선의 사람들에게는 자본주의 자체가 문제가 아니라 자본주의의 비윤리적 결과가 문제이다. 그래서 대안은 착한 자본주의가 된다. 윤리적 관점에서 자본주의에 접근하면 어떤 문제가 발생할까?

착한 자본주의는 대체로 자본주의는 중립적이라는 전제를 깔고 있다. 따라서 자본주의 자체를 극복할 필요는 없다. 오히려 자본주의가 매우 효율적인 메커니즘이자 도구라고 여기기 때문에 자본주의를 윤리적으로 사용한다면 사회 문제를 잘 해결할 수 있다고 생각한다. 이게 바로 신자유주의적 버전의 착한 자본주의의 출발점이다. 이 노선의 최신 버전이자 가장 영향력 있는 노선인 박애 자본주의를 먼저 살펴보자.

박애 자본주의, 효율성의 극대화

박애 자본주의는 과거의 자선charity을 가혹하게 비판하면서 등장한다. 대표적인 인물들은 빌 게이츠Bill Gates, 워렌 버핏Warren

Buffett, 조지 소로스George Soros, 빌 클린턴Bill Clinton, 록그룹 U2의 보노Bono 등이다. 이들에게 가장 큰 영감을 준 사람은 앤드루 카네기Andrew Carnegie였다. (철강재벌 카네기는 복지재단을 만들어 빈민을 구제하면서 동시에 자기 공장인 US스틸의 노동자들이 파업을 하면 폭력배들과 경찰을 사주해 기관총으로 쏴 죽이기도 했다. 자본 가로서의 카네기와 자선사업가로서의 카네기, 그리고 구호 대상인 빈 민과 카네기에게 고용된 노동자의 모순된 존재 방식에 주목하자.) 카 네기의 다음과 같은 말은 착한 자본주의의 본질을 잘 보여준 다. "우리 시대의 가장 큰 문제는 부의 적절한 집행이다. 부를 적절하게 집행해야 인류 형제의 유대를 유지하고, 여전히 부자 와 빈자를 조화로운 관계 속에 묶어bind 두기 때문이다." 가난한 사람들이 너무 못살게 되면 파업을 하고 시위하며 반항을 하 게 되고, 그러면 사회가 혼란스러워져서 자기들을 부자로 만들 어준 이 시스템이 위험에 처하게 된다. 그렇게 되지 않게 하려 면 빈민들의 생존 자체가 힘들 지경이 되면 안 된다는 것이다. 그는 bind라는 단어를 썼다. "부자와 빈자를 조화로운 관계 속 에 묶어둔다"는 말은 빈민들이 부자들과 가족처럼 친하게 지 내고 공동체를 유지한다는 의미도 있지만 동시에 빈민의 처지 에서 빠져나가지 못하게 한다는 의미이기도 하다. 즉 카네기는 자선을 이 체제, 기존에 자신을 거대한 자본가로 만들어주었던 이 시스템 바깥으로 빈민들이 탈출하지 못하게 묶어두는 수단 으로 이용했던 것이다. 이것이 전통적인 자선사업부터 최근의 박애philanthropy까지 이어지는 공통점이다.

그러면 자선과 박애의 차이는 무엇일까? 전 시대의 자선 사업가들이 산업자본가들이었다면 신자유주의 시대 IT산업이나 금융산업을 통해서 부를 축적한 신흥 자본가들이 박애 자본주의를 주도한다. 그들은 카네기 유의 자선은 기껏해야 "술 주정뱅이, 거지, 창녀에게 푼돈을 나눠주는 데 그쳤다"고 지적한다. 자선이 대중적이고 비효율적이라는 것이 박애 자본가들의 생각인데 그 원인은 바로 자선과 자본주의적 가치를 분리시켰기 때문이고 본다. 그래서 박애는 가장 효율적인 수단인 자본주의의 원리, 비즈니스의 관행들을 이 분야에도 철저하게 적용시켜야 한다고 본다. 윤리와 경제의 분리를 경제로 환원시켜 해결하려는 노선인 것이다.

또 자선이 상처가 곪아터졌을 때가 되어서야 대중적으로 처방하는 거라면 박애의 처방은 근본적이고 구조적이다. 사회를 구조적으로 바닥에서부터 재건설하는 게 박애 자본주의의 목적이라고 명시적으로 얘기한다. 단순히 푼돈 나눠주는 게 아니라 모든 인류의 삶이 완전히 개선될 수 있게 세계 전체를 새롭게 구성하는 것이 목표이다. 근본적이고 구조적인 일을 하는 것은 쉽지 않다. 그래서 특별한 능력을 갖춘 주체가 필요하다. 박애 자본주의에서는 그 주체를 이렇게 부른다. hyperagency. 초능력자나 만화에 나오는 슈퍼히어로쯤이라고 보면 된다. 실제로 이들을 어벤져스에 비유하는 대중매체도 많다. 그 역할을 효율적으로 할 수 있는 사람들이 다행히 몇 있는데 바로 앞서 말한 워렌 버핏, 빌 게이츠, 조지 소로스, 빌 클린턴, 보노 등이다. 중요한 것은 도덕적이거나 이론적인 평가가 아니라 이 박애의 영웅들이 한 행위가 실제로 어떤 영향을 낳느냐는 것이다. 이들이 하는 박애 행위의 효과와 의미를 정말 가장 절박한 사람들에게 도움이 되는가라는 기준에서 구체적으로 검토해 보겠다.

박애 자본가들은 박애의 자본주의적 효율성을 강조한다. 이 말은 몇 가지 의미를 지닌다. 첫 번째는 좁은 의미로 그간의 자선 활동이 비전문가들에 의해 주먹구구식으로 운영되면서 실행과 전달 과정에서 손실이 너무 많았다는 것이다. 박애 자본주의는 우선 자선 재단, 단체들의 운영을 경영컨설팅 전문가들을 동원해 혁신한다. 기업 경영평가와 똑같은 기준과 방식이 적용된다. 기존의 자선 재단들도 거의 모두 이런 변화를 겪는다. 하지만 박애 자본가들의 비판의 칼끝이 궁극적으로 향하는 곳은 국가이다. 기술적 측면에서 가장 비효율적인 제도는 바로 국가라는 것이다. 박애 자본주의가 왜 갑자기 신자유주의 시대에 등장을 했는가 하는 문제도 이런 측면에서 이해해야 한다. 기본적으로 신자유주의적인 이데올로기를 공유하고 작은 국가를 지향하는 관점에서 국가의 비효율성을 말한다. 빈곤 문제에 대한 가장 효율적인 해결책은 거대한 국가기구나 막대한 재정이 투입되지 않아도 되는 값싼 것이어야 한다.

효율성의 두 번째 의미는 사업의 영역 혹은 성격과 관련된다. 대중적인 자선사업은 사업의 영역이 제한적이다. 가장 최악의 상황에 놓인 사람들에게 당장 필요한 뭔가를 주는 것에 국한된다. 그런데 이래서는 사회 시스템 전체나 물질적이고 정신적인 인프라를 재구성할 수 없다. 이런 성격의 큰 사업을 효율적으로 할 수 있는 주체는 대자본(가)밖에 없다고 주장한다. 이미 비효율적이라고 단정지은 국가나 평범한 개인, 즉 시민이나 노동자가 이런 일을 할 수는 없고 이런 일은 대기업이 가장 잘한다는 것이다. 기업을 운영하는 것과 똑같은 세계관, 똑같은 방식, 똑같은 관행에 의해서 이 사업을 해야만 효율적이 된다는 것이다. 빌 게이츠가 마이크로소프트 경영자 직을 그만두고 게이츠 재단에 전념하겠다고 하니까 재벌 회장이 갑자기 머리 깎고 산으로 들어간 것처럼 생각하는데 그렇지가 않다. 빌 게이츠가 하는 일은 똑같다. 미국의 사무실에서 일하다가 아프리카에서 더 많은 시간을 보내는 것만 바뀌었다고 스스로 얘기한다. 게이츠 재단의 사업이 운영되는 방식, 즉 박애 자본주의의 사업 영역과 방식이 자본주의적 기업 운영 방식으로 재편되었다는 것을 의미한다.

세 번째는 수혜자 측의 효율성이다. 박애 자본주의는 전통적인 자선사업이 몇몇 예외적인 경우 외에는 수혜자들을 그 상태로 머물게 한다고 비판한다. 자선단체에서 구호품을 받아가는 사람들은 항상 다시 와서 구호품에 의존하게 된다. 작년에 왔던 각설이가 또 돌아온다는 식이다. 박애 자본가들은 수혜자들의 삶이 바뀌지 않으면 밑 빠진 독에 물 붓기가 되니 비효율적이므로 수혜자들이 새로운 인간이 되어야 효율적이 된다고 본다. 새로운 인간으로 자기 삶의 방식을 바꾸지 않으면 빈곤을 포함한 사회의 공동 문제가 해결되지 않는다는 것이다. 이를 위해서는 객관적인 사회적 조건도 변화해야 한다. 그래서 박애 자본주의는 인프라 건설과 함께 교육을 특히 강조한다.

박애 자본주의는 주변부 지역의 물적·사회적 인프라를 구축하는 데 가장 큰 공을 들인다. 댐 건설과 상하수도망 건설을 포함한 물 관련 사업, 도로와 철도 건설, 통신망 구축 그리고 의료 체계 구축 등이 포함되는데 이것은 선진국의 자본가들에게는 엄청나게 큰 새로운 사업 기회를 주고 있다. 투기펀드들 상당수가 인프라 펀드라는 점을 생각해보면 그 의도를 짐작할 수 있다. 즉 투자와 자선 사업을 일체화한 것이 박애 자본주의이다. 다음으로는 대중의 삶의 방식을 자신들이 원하는 방향으로 바꾸려 한다. 아들 부시 시절 미국의 교육개혁을 주도해 한국의 자립형 사립고의 원형이라고 할 수 있는 차터 스쿨Charter school을 만들고 확산시킨 것도 바로 박애 자본가들이다. 주변부에 학교를 지어줄 뿐만 아니라 그 학교에서 무엇을 어떻게 가르칠지도 정해준다. 효율적인 사회가 지속적으로 유지될 수 있으려면 사회 구성원들이 그 목적에 맞게 재생산되어야 한다.

박애 자본주의는 윤리와 경제의 분리를 경제 중심으로 통일시켜 자본주의 자체를 착한 것으로 만든다. 하지만 이런 논리에는 자본주의에 대한 비판을 무력화시키려는 의도가 숨어 있다. 자본주의가 문제가 아니라 악한 자본주의, 비효율적인 자본주의가 사회적 비참의 원인으로 지목된다. 그리고 자본주의라는 경제적 조건이 아니라 의식, 문화, 사회제도, 혹은 경제의 일부인 정책이나 인프라를 새롭게 하는 것이 근본적인 해결책으로 제시된다. 경제와 윤리의 양립은 사라지고 경제를 폭넓은 의미에서 윤리로 대체한 것이다. 이런 접근 방식은 박애 자본주의만의 고유한 발명품이 아니다. 역사가 오래된 것이다. 최근에는 사회자본론과 사회적 경제라는 이름으로 이런 접근법이 확산되고 있다. 이 접근법은 주변부의 가난과 비참의 원인을 경제적 구조에서 찾지 않고 그 지역의 후진적 사회와 문화에서 찾는다.

노동운동 말고 시민운동을 해라

다음으로 사회적 자본의 개념을 살펴보겠다. 사회적 자본은 20세기 후반부터 사회과학계에서 가장 영향력이 컸고 많이 사용된 개념이다 보니 학자마다 조금씩 다른 의미로 사용된다. 또 사회적 자본 개념 자체가 모호해서 귀에 걸면 귀걸이 코에 걸면 코걸이 식으로 거의 모든 사회현상에 적용되기도 했다. 이런 유행의 대표자는 바로 로버트 퍼트넘Robert Putnam이다. 그는 세계은행과 미국 클린턴 행정부의 정책에 직접 자문 역할을 하기도 했다.

그의 주장을 한마디로 말하면 비공식적인 사회적 관계의 활성화와 정치·경제의 발전 사이에는 인과관계가 있다는 것이다. 예를 들어서 교회 합창단, 조기축구 모임, 식사 모임, 동호회 등의 사회적 관계가 활성화될수록 그 사회는 결속력이 강하고 효율성이 높아져서 민주주의가 발전한다는 얘기다. 이때 비공식적 사회적 관계를 사회적 자본이라 부른다. 퍼트넘은 이탈리아의 볼로냐 지역에 대한 사례연구를 통해 명성을 얻었다. 한국에 유행하는 협동조합이 볼로냐의 사례를 참조하는 것도 관련이 있다. 《사회적 자본과 민주주의》가 그를 유명하게 만든 책이다. 그는 그 명성을 등에 업고 미국으로 진출한 뒤 미국 사회를 사례로 비슷한 이야기를 한다. 그는 제2차세계대전 직후의 미국 사회를 사회적 자본이 제대로 잘 축적되었던 사회의 사례로 든다. 그랬던 미국 사회가 최근에 와서 사회적 자본이 쇠퇴하면서 온갖 사회문제들이 생겨나거나 심화되었다는 주장을 한다. 《나 홀로 볼링Bowling Alone》이 이런 내용을 담은 그의 대표 저작이다. 동호회에 같이 모여서 치던 볼링을 공동체의 사회적 자본이 해체되면서 혼자 치게 되었다는 것이다. 퍼트넘이 생각하는 좋은 사회는 자본주의 황금기 시절 미국과 유럽의 도시들이다. 그에 따르면 이른바 후진국이 후진적인 이유도 사회적 자본의 부족 때문이다. 전형적인 서구 중심주의이다. 퍼트넘의 논리는 수많은 학자들에게 조목조목 비판받았지만 세계은행과 미국 정부의 후원 덕분에 그의 권위는 흔들리지 않았다.

우리가 여기서 관심을 기울여야 하는 것은 사회자본론의 이론적 엄밀성, 현실 적합성보다는 퍼트넘이 미국 사회의 사회적 자본이 쇠퇴했다고 보는 시기가 바로 신자유주의가 전면화된 시기와 겹친다는 점이다. 사회자본론에 따르면 이 시기에 나타난 미국 사회의 실업, 빈곤화, 사회 갈등의 심화가 신자유주의의 결과물이 아니라 사회적 자본의 쇠퇴 때문에 일어난 현상이고 따라서 해결책도 경제구조를 바꾸는 것이 아니라 사회적 자본을 다시금 확충하는 것이 된다. 신자유주의가 강요한 경쟁의 격화, 비정규직이나 실업자의 양산, 빈부 격차의 심화, 범죄의 증가, 인종 갈등의 격화 등의 원인을 모두 사회적 자본의 쇠퇴에서 찾는다. 사회자본론은 경제와 정치의 영역보다 사회, 특히 사회의 문화적 특징이 가장 근본적이라고 보는 입장이다. 근본적이라는 말은 달리 말해서 사회적 관계가 원인이 되어서 정치적·경제적 결과가 나타난다는 것이다. 우리가 처음부터 다루고 있는 주제인 경제 문제에 대한 윤리적 접근이 체계적으로 이론화된 것이다.

이런 사고방식에 따르면 우리가 세상을 바꾸기 위해선 사회적 관계망의 주체인 개인, 시민 혹은 그들의 비공식적 모임이나 NGO 등이 중요한 역할을 하게 된다. 정치 영역의 주체인 국가는 한 걸음 물러서게 된다. 근대 이후 민주주의 정치의 핵심적 무대는 국가, 특히 의회였다. 의회 안팎의 정치 운동, 정치권력을 획득하기 위한 갈등과 투쟁, 경제정책의 개발과 실행, 경제정책과 노선을 둘러싼 투쟁, 그리고 무엇보다도 계급투쟁이라는 근대사회의 중심이었던 현상은 부차적인 것이 된다. 근대 이후의 사회에서 두드러진 특징이 정치와 경제가 우리 삶을 규정하는 제일 중요한 영역이라는 공감대, 합의였는데 이 관계를 역전시키는 것이다. 이 입장에서 전통적 좌파에게 해줄 말은 노동운동 말고 시민운동을 해라, 노조 말고 NGO를 조직하라는 것이다. 근본적으로는 자본주의 비판하지 말고 사는 방식을 바꾸라는 말이기도 하다.

이런 논리의 구체적 정책으로서의 표현이 사회적 경제이다. 사회적 경제라는 말은 경제라는 말이 붙어 있음에도 구체적인 정책들을 보면 경제정책보다 사회적 가치나 사회정책을 더 강조한다. 사회문제를 윤리적으로 대응하는 정책 패키지라고 볼 수 있다. 부동산 문제를 공동체 의식과 생활 방식의 전환으로 대응하는 것이 전형적인 예이다.

사회적 경제와 신자유주의

먼저 사회적 경제의 정의와 역사를 정리해보자. 사회적 경제에 대한 정의는 매우 다양한데, OECD 정의에 따르면 사회적 경제는 국가와 시장 사이에 존재하는 모든 조직들로 사회적 요소와 경제적 요소를 함께 가진 조직들이다. 이 정의는 너무 포괄적이라서 구체적인 의미가 없다. 사회적 경제에 대한 정의가 힘든 이유는 처음부터 사회적 가치와 경제라는 상이한 두 영역을 포괄하기 때문이기도 하고 선진국과 주변부의 역할이 다르다는 이유도 있다. 그래서 개념 정의보다는 역사적 과정을 아는 것이 더 나은 접근법이다.

사회적 경제라는 용어는 1900년대 초 프랑스에서 처음 쓰였다. 이때의 의미는 지금 우리가 쓰는 것과는 달랐고, 오늘날과 같은 의미로 사용된 것은 1970년대 프랑스에서인데 협동조합운동이나 공제운동, 민간의 결사체운동 등을 통칭하는 용어로 사용되었다. 그리고 사회적 경제가 대규모의 공식적인 사회정책으로 실현된 것은 제3의 길 시기이다. 제3의 길은 19세기에도 존재했다. 19세기 후반의 제3의 길은 자본주의와 공산주의 사이의 제3의 길, 즉 사민주의였다. 20세기 유럽 정치의 한 축을 차지했던 사민주의는 경제적으로는 케인스주의를 채택하고 이에 입각해 복지국가를 건설한다. 우리 사회의 많은 이들이 부러워하는 서유럽의 복지국가가 바로 이 사민주의 노선에 의해서 만들어진 사회이다. 복지국가가 1970년대 중반의 경제공황을 이기지 못하고 무너지면서 신자유주의가 대두했는데, 이때 두 번째 의미의 제3의 길이 등장한다. 즉 사민주의와 신자유주의 사이에서 새로운 경로를 모색한 것이 우리가 아는 제3의 길이다. 이 노선은 얼마 못 가 신자유주의로 거의 수렴된다. 제3의 길을 주장한 유럽의 사회주의 정당들은 경제 운영의 기본 틀은 신자유주의적으로 전환하고 기존의 복지정책을 후퇴시킨다. 그리고 그 빈 공간에 사회적 경제를 채운다. 사민주의적 복지국가와 제3의 길이 사회적 행위의 주체를 어떻게 다르게 설정하는지를 보면 사회적 경제의 의미를 이해할 수 있다.

사민주의에 입각한 복지국가 모델은 사회를 세 주체의 타협 모델로 이해한다. 자본가와 노동자라는 대립하는 두 주체와 그 사이에서 중립적인 성격을 가지고 중재하는 국가가 그것이다. 정치도 자본가계급의 이해를 대변하는 우파 정당과 조직노동운동을 근거로 하는 좌파 정당의 경쟁 구도로 전개된다. 그리고 누구의 편도 아닌 국가가 중재자 역할을 성공적으로 수행하면 사회 구성원 모두에게 경제적 안정과 민주주의의 발전이 주어진다고 생각한 노선이다. 제3의 길에서는 이 모델을 대체하는 새로운 삼각형을 제시한다. 국가와 자본은 여전히 사회의 주요 주체이다. 다만 자본이란 말 대신에 시장이라는 말을 더 선호한다. 달라진 것은 노동이 주체로 인정받지 못한다는 점이다. 그리고 노동의 자리에 시민사회가 들어간다. 시장 원리와 국가 개입 사이에서 시민사회가 시장(실은 자본)의 전횡을 막으면서도 과도한 국가 개입의 비효율성을 피해야 한다는 생각이 반영된 구도이다. 이 구도가 나온 배경은 당연히 신자유주의의 전면화라는 상황이다. 전면적인 신자유주의 정책의 실행은 복지국가의 혜택에 익숙한 대중의 강한 반발을 불러왔고 어느 정도 완화된 방식으로 수행되어야 할 필요가 있었다. 하지만 과거의 사민주의 모델로 다시 돌아갈 수는 없다는 대전제를 가지고 있었으므로 사민주의와 신자유주의 사이에서 시민사회가 완충작용을 해야 했다. 이때 시민사회가 사용하는 수단이 바로 사회적 가치와 윤리이다. 즉 자본주의 경제에 사회적이고 인간적인 윤리적 측면을 섞겠다는 얘기이다.

이 삼각형은 두 가지 문제를 가지고 있다. 첫 번째로 시민사회가 구체적으로 누구인지가 모호하다는 것이다. 실제로 시민사회의 구체적 주체로 우리 눈에 보이는 것은 NGO나 박애 재단들 정도인데 NGO가 시민사회를 온전히 대변한다고 말할 수도 없다. 시민 없는 시민운동, 즉 소수 엘리트들이 시민의 이름으로 활동하는 과잉 대표성도 심각한 문제이다. 하지만 더심각한 문제는 모호한 시민이라는 개념 덕에 자본이 시민의 얼굴을 하고 시민사회로 들어오는 것이다. 앞에서 살펴본 박애 자본주의의 주체인 재단들이 대표적인 사례이다. 시민사회의 목소리, 즉 시민운동의 의제 설정권이 그런 박애 재단의 자금

지원을 받은 대학이나 거대 NGO에게 독점되고 상명하달 식으로 전 세계로 확산되는 현상도 비판적으로 봐야 한다.

더 중요한 두 번째 문제는 노동자가 사회적 주체로 인정받지 못한다는 것이다. 노동자의 소멸이라는, 오히려 좌파들이 더 앞장서서 선전한 사회적 변화가 이 문제와 연결된다. 노동자의 소멸은 일단 과장되었거나 개념을 자의적으로 오용한 주장이다. 서구의 산업 노동자가 일부 줄어든 것은 사실이지만 그렇게 많이 감소한 것도 아니고 비정규직이나 실업자를 노동자로 분류하지 않는 방식도 근거 없는 것이다. 중요한 것은 노동자계급의 변화가 자연히 발생한 것도 아니고 자연법칙처럼 필연적으로 일어나는 일도 아니라는 것이다. 산업 노동자의 감소와 비정규직 등 불안정 노동의 확대는 신자유주의 산업정책과 그에 수반된 노동정책의 결과, 즉 자본가의 인위적 개입의 산물이다. 금융 위주의 서비스 산업으로 산업구조를 재편하고 생산 설비를 해외로 이전하는 신자유주의적 세계화의 현상은 자본의 이익을 위해 인위적이고 계획적으로 수행된 정책이지, 초월적이고 거스를 수 없는 필연적 원리의 결과가 결코 아니다. 노동의 소멸을 당연하고 피할 수 없는 것이라고 주장하는 것은 사회적 변화를 자연적인 질서인 것처럼, 천지만물의 보편적인 원리인 것처럼 생각하고 그걸 당연하게 받아들이는 태도이다. 이렇게 되면 불안정 노동과 실업의 증대, 그에 따른 빈부 격차의 확대와 대중의 빈곤, 특히 아동과 노인과 여성에게 더 가혹한 생활수준의 극적인 하락, 생태적 위기의 심화도 자연 재앙처럼 어쩔 수 없는 필연적인 것으로 받아들이게 된다. 노동자가 줄어든 것은 이미 기정사실이니 그걸 전제로 세상을 보고 사회문제에 대응하자는 것은 결국 신자유주의적 질서, 특히 경제적 질서를 용인하는 태도이다.

결국 제3의 길은 신자유주의적 경제 노선과 산업구조 조정, 노동정책을 자연스러운 것으로 승인하고 그것의 부작용을 보완하고 수정하는 역할을 하기 위해서 등장한 것이며, 이때 국가 역할의 축소는 대전제이다. 복지국가에서는 공적 영역이 수행하던 역할의 공백을 메우기 위해 구체화된 정책 패키지가 사회적 경제라고 이해하면 된다. 구체적으로는 사회적 기업, 기업의 사회적 책임, 공정무역, 자선과 자원봉사 등이 그 내용을 이루고 있다. 이처럼 사회적 경제는 윤리적 가치를 명분으로 사회정책에만 국한된 자본주의, 특히 신자유주의에 대한 대중 처방이라고 할 수 있다.

빈민들을 신자유주의 시장으로 편입시키다

이제 이 글이 다루는 주변부의 사회적 경제 문제로 넘어가보자. 사회적 경제를 주변부에 적용시키는 과정에서 세계은행의 역할이 결정적이다. 발전 국가 모델 확산에 주력하던 세계은행

초기의 역할은 신자유주의 시대에 오면 변화되어 IMF와 함께 워싱턴 컨센서스에 입각한 국제금융기구로서의 기능에 주력하게 된다. 한국이 1997년에 경험한 것처럼 금융 위기나 외환 위기를 겪는 나라들에게 위기 극복을 조건으로 신자유주의 경제로의 전면적 전환을 관철시키는 역할을 하게 된다. 하지만 이에 대한 주변부 민중의 저항이 거세지자 곧바로 포스트 워싱턴 컨센서스, 즉 인간의 얼굴을 한 발전 전략을 개발하고 주변부에 전파하는 "교육을 통한 원조" 전략으로 선회하게 된다. 이 전략의 핵심이 바로 거버넌스, 분권화, 풀뿌리 민주주의, 빈곤 경감이고 이를 위해 교육 원조에 집중한다. 교육 원조의 내용에 사회적 경제를 주도할 이데올로그와 활동가들의 양성이 주요한 부분으로 포함된다. 세계은행의 파트너가 앞서 소개한 박애 자본가들, 그들이 설립한 재단들이다. 당연히 사업에 필요한 자금 대부분도 박애 재단에서 나온다. 실행을 담당하는 것은 TANs^Transnational Advocacy Networks라고 불리는 거대 국제 NGO들, 그리고 거기서 지원을 받는 개별 주변부 국가들 내의 시민운동의 몫이다.

사회적 경제는 신자유주의적 세계화 과정에서 신자유주의를 주변부에 저항 없이 연착륙시키는 수단으로 사용되었다. 하지만 특히 마이크로파이낸스가 한 역할을 이해하기 위해서는 마이크로파이낸스를 통해 선진국의 거대한 자본이 어떻게 경제적 이익을 얻는지를 설명해야 한다. 자본가들은 이전에는 신자유주의 경제 안으로 편입되지 못했던 빈민들을 시장 안으로 새롭게 편입시키기 위한 전략을 세운다. 바로 BOP^{Bottom of Pyramid} 시장이다. 전 세계 사람들의 소득을 피라미드 모양으로 도표화하면 최하층 사람들은 주로 아시아, 아프리카, 라틴아메리카의 빈민들이다. 이들은 이전에는 너무 가난해서 소비 여력이 없다는 이유로 배제되어왔다. 주변부의 비참한 삶이 어제오늘의 이야기가 아님에도 특정 시기부터 갑자기 구호단체들의 선전이 우리 눈에 많이 띄는 이유는 무엇일까? 자본가들이 이 빈민들까지도 소비자로, 채무자로 혹은 노동자로 만들기로 결정했기 때문이다. 하루 2달러 이하로 생활하는 사람들을 새로운 소비자로 전환시키는 작업이 시작된다.

하루 2달러 이하로 생활하는 인구가 소비해봐야 얼마나 돈이 되겠느냐고 생각하기 쉽다. 상당한 수익이 가능하다. 일단 이들의 수가 너무나 많다. 통계가 너무 제각각이라 정확히는 알 수 없지만 30억 명을 넘는 것은 확실하다. 이들이 모두 물건을 사면 아무리 이윤이 박하더라도 총액은 상당할 것이다. 우리나라는 사실 세계 전체로 볼 때 상당히 잘사는 나라에 속한다. 그래서 우리 기준으로는 저가의 상품도 주변부의 빈민들이 보기에는 상당히 고가이다. 따라서 우리보다는 빈민들이 살 수 있는 새로운 제품을 개발해야 한다. BOP 시장 아이디어는 지금 선진국의 소비자가 쓰는 물건을 그대로 팔자는 게 아니라 이들에게 맞는 물건을 새로 만들자는 것이다. 새롭다는 것은 세 가지 의미에서이다.

첫째는 적정기술이다. 적정기술이란 가난한 나라에 물건을 팔려면 그 나라의 경제적·사회적 수준, 특히 물적 인프라 수준에서 소비할 수 있는 것을 팔아야 한다는 의미이다. 컴퓨터가 보급되어야 소프트웨어나 게임을 팔 수 있고 전기 공급이 원활해야 가전제품을 팔 수 있다는 얘기이다. 물 인프라가 취약한 인도에서 저가 정수기를 판매하는 것이 가장 좋은 사례일 것이다. 두 번째는 구매 가능성affordability이다. 인도의 대표적 재벌인 타타 그룹에서 판매하는 초저가 자동차 나노와 타타 그룹의 야심 상품인 초저가 조립주택 등의 예에서 보듯이 빈민들의 소득 수준에 맞는 가격을 책정해야 한다는 의미이다. 주변부까지는 아니더라도 저성장 시대에 돌입한 여러 나라들에서 중요하게 받아들이는 개념이다. 세 번째가 지금 논의에서 가장 중요한 접근 가능성accessability이다. 기본적인 의미는 물건을 사러 멀리 가거나 절차가 번거로우면 안 되고 가까운 곳에서 간단히 구매할 수 있어야 한다는 것이다. 이런 관점에서 유통 혁신이 요청된다. 그러나 더 본질적인 의미는 상품에 접근해서 내 것으로 만들 수 있는 지출 수단을 제공해야 한다는 것이다. 하루 벌어 하루 먹고 살기도 빠듯해서 저축도 거의 없는 빈민들이 지불 수단, 즉 돈을 어떻게 손에 쥘 수 있을까? 마이크로파이낸스의 하위 개념인 소액대출microcredit이 그 역할을 한다.

마이크로파이낸스는 주변부의 빈민들을 자본주의 시장의 새로운 주체, 즉 소비자이자 채무자로 변신시킨다. 그리고 이런 주체가 되는 것을 권리의 신장, 사회적 배제의 극복이라고 포장한다. 그라민은행의 구호 "Credit is Human Right"는 빚쟁이가 되는 것이 편리라고 말한다. 사실 이것만 가지고 마이크로파이낸스를 비판하는 것은 지나칠 수 있다. 빚을 내는 자본주의 영역으로 편입될지라도 주변부 빈민들이 가난과 가난이 초래하는 비참에서 벗어난다면 마이크로파이낸스는 긍정적으로 평가받을 수 있을 것이다. 마이크로파이낸스를 선전하는 측에서는 이것이 아주 성공적이라고 평가한다. 그래서 유누스가 노벨평화상까지 받게 된다. 이때 그들이 사용하는 성공과 실패의 기준이 무엇일까? 가장 중요한 기준은 채무 상환율이다. 그라민은행의 주장으로는 98퍼센트의 채무 상환율을 기록한 적도 있다고 한다. 사실상 돈을 거의 떼이지 않은 기적적인 수치이다. 사채업을 하는 조폭들도 이 정도의 채무 상환율은 올리지 못할 것이다. 그래서 조지 소로스를 비롯한 국제적인 투기자본이 앞다퉈 마이크로파이낸스 시장에 진출한 것이다. 우리가 지적할 것은 채무 상환율이 대출자의 관점, 금융자본가의 관점이라는 것이다. 왜 자본가의 관점에서 마이크로파이낸스가 성공적인지 아닌지를 평가해야 될까? 옹호자들은 대출을 받아 소규모 사업을 했던 채무자들이 사업에 성공해 빈곤에서 벗어났기 때문에 채무 상환율이 높아진 것이라고 주장한다. 과연 그런지 깜짝 놀랄 만큼 높은 채무 상환율의 실상을 알아보고자 한다.

그라민은행의 98퍼센트 채무 상환율의 진실

그라민은행이 빈민들에게 돈을 빌려주는 것은 소비 목적이 아니라 경제적으로 더 생산적인 일에 투자해 빈곤에서 벗어나도록 하려는 것이다. 그래서 소자본 창업을 권장한다. 방글라데시를 비롯한 남아시아는 아직도 농업이 중심이고 가난한 이들은 주로 토지를 소유하지 못한 농민들이다. 빈민들이 가장 쉽게 생각할 수 있는 가난을 벗어나는 길은 토지를 사서 가족의 생계를 유지할 수준의 자영농이 되는 것이다. 하지만 그라민은행은 가족의 생계를 지탱할 만한 토지를 살 정도의 금액보다 훨씬 낮은 액수만을 빌려준다. 마이크로파이낸스가 토지 소유 구조에 변화를 주는 것은 원치 않기 때문이다. 그렇다면 빌린 돈으로 무슨 사업을 해야 할까? 과일 행상, 인력거, 유실수 재배, 닭, 돼지, 양, 소 등의 가축 사육을 권장하고 있다.

그라민은행의 주장과는 다르게 사업에 성공한 빈민은 결코 많지 않다. 우선 너무 소액만 빌려주기 때문에 대부분 비즈니스의 진입 장벽을 넘을 수가 없다. 또 시장에서의 수요·공급이 교란되어버린다. 장하준 교수와 밀퍼드 베이트먼Milford Bateman

이 함께 쓴 《마이크로파이낸스에 대한 오해The Microfinance Illusion》에 흥미로운 사례 분석이 나온다. 유고 내전으로 황폐해진 발칸반도에도 그라민은행 모델이 진출한다. 그들은 빈민들에게 소액대출을 해주고 젖소 사육을 권장한다. 어떤 일이 일어났을까? 많은 개별 농가들이 소 한두 마리씩 키우기 시작한다. 그들이 우유를 시장에 내놓으니 출하량 조절이 안 되고 우유 가격이 폭락한다. 우유 값이 몇 달간 폭락하니까 대출금을 갚을 수가 없게 된 채무자들은 소를 팔아야 했다. 그러자 이번에는 소값이 폭락한다. 이를 통해 알 수 있듯이 산업구조 자체를 건드리지 못하고 주어진 경제적 조건 안에서 대응하는 방식으로는 구조적 한계를 넘어서기 힘들다. 한국에서도 자영업 과잉이 큰 경제 문제임에도 소규모 창업을 온갖 수식어로 포장해 권장하는 사회적 경제 옹호자들이 많지 않은가. 방글라데시도 마찬가지이다. 도로가에 서서 지나가는 차에 과일을 팔아 대출 원금을 갚고 살인적인 이자까지(그라민은행의 대출은 결코 저리가 아니다. 방글라데시 정부의 개입으로 이자상한법이 도입된 이후에도 공식 이자율은 28퍼센트 선이었고 연체 이자를 포함하면 훨씬 높다) 내기는 쉬운 일이 아니다. 창업으로 돈을 벌지 못했는데도 그라민은행에 빚을 상환할 수 있었던 이유는 무엇일까?

마이크로파이낸스의 '사회적' 성격이 가장 잘 드러나는 지점이 이것이다. 그들은 선진 자본주의 국가들에 비해 훨씬 강력하게 남아 있는 사회적 유대 즉 사회적 자본을 활용한다. 그라민은행은 촌락 공동체에서 한 명이 대출을 받으면 40명이 가입된 모임을 만들게 하고 그걸 다시 다섯 명에서 여덟 명으로 나눠서 소모임을 만든다. 이 모임을 통해 대출자를 통제한다. 만약 대출을 받은 사람이 일은 안 하고 술이나 마시고 있다면 모임의 구성원들이 그라민은행에 신고한다. 대출자가 못 갚으면 다른 구성원들이 갚아야 하니까. 즉 사회적 관계망을 통해 대출자를 통제한다. 바로 그 연대보증이 그라민의 높은 채무 상환율의 비결이다. 그라민은행 활동가들 입장에서도 채권 추심에 목을 매야 하는 이유가 있다. 채권 추심의 성과가 NGO 내에서 승진의 중요한 잣대이기 때문이다. 기존 관행에서는 NGO 활동가들을 기업에서처럼 엄격하게 평가하지는 않았다. 박애 자본가들의 관점에서는 이것이 대표적인 비효율의 사례이다. 박애 행위가 효율적으로 작동하려면 활동가들을 평가하기 위한 수량화할 수 있는 객관적 지표가 필요한데 채권 추심율이 그런 기능을 한다.

그렇다면 채무자들은 어떻게 빚을 갚았을까? 채무 상환율을 보여주는 건조한 숫자에는 그 돈이 어떻게 마련된 것인지는 드러나지 않는다. 정말 아껴둔 비상금까지 털거나, 가축이나 집을 팔거나, 팔 것도 없는 사람들은 더 높은 고리의 사채를 다시 빌려서 갚는다. 그러지 못하면 NGO 활동가들이 목수까지 데리고 가서 채무자의 집을 헐고 그 자리에서 자재를 팔아 빚을 갚기도 한다. 남아시아에서는 그라민은행의 빚 독촉에 못

이긴 채무자들의 자살과 야반도주가 속출한다. 마이크로파이낸스에서 따와 micro-debt라고 부르는 상황이 남아시아의 심각한 사회문제가 된 지 이미 오래이다.

사회적 경제에서는 이런 현실마저도 거래 비용의 감소라는 말로 포장한다. 선진국의 금융기관이 이 정도의 채무 상환율을 올리려면 상위 랭킹 MBA 출신 직원들이 엄청난 연봉 받아가면서 복잡한 프로그램 짜고, 시간을 들여서 채무자의 신용도를 평가해야 한다. 그라민은행은 거의 아무런 비용 없이 이 일을 해낸 것이다. 이것은 사실 비용이 감소된 게 아니라 자본주의 피라미드의 위에서 아래로 비용의 전가가 일어나고 있는 것이다. 그리고 마이크로파이낸스는 여기서 만족하지 않는다. 그라민은행은 엄청난 규모와 속도로 사업을 다각화한다.

자본주의는 그냥 자본주의일 뿐

그라민은행은 마이크로-크레디트에서 파이낸스로 성장한다. 먼저 보험업에 진출한다. 역시 거래 비용을 최소화하고 사회 자본을 최대한 활용하는 영업 방식을 사용한다. 기존에 확보한 대출자 집단을 영업 대상으로 삼는다. 대출을 조건으로 보험에 가입하게 하는 것이다. 우리나라 금융 관행에서는 '꺾기'라고 부르고 불공정 거래 행위로 제재하는 방식이다. 대출받은 돈에서 선이자를 떼는 것처럼 보험료를 빼고 대출금을 지급하는 일도 흔히 발생한다. 이제 채무자로 변신한 빈민들은 본격적인 상품 소비자가 될 차례이다. 첫 사례로 초국적 식품회사인 다농과 손잡고 요구르트 장사를 한다. 빈민들에게 균형 잡힌 식사를 제공한다는 명분을 내세운다. 물론 돈 받고 파는 것이다. (옥수수도 제대로 못 먹는 빈민들에게 요구르트를 먹으라고 권하는 장면은 어딘가 익숙하다.) 다농은 기업 이미지를 높여서 좋고, 박리다매 전략으로 이윤도 어느 정도 남아서 좋게 된다.

그라민은행은 계속해서 초국적 자본들과 합작회사를 설립하고 여기서 생산하는 물건을 구매할 돈을, 이 제품을 사는 데만 쓰도록 조건을 달아 대출해준다. 앞에서 언급한 BOP 시장의 조건인 구매 가능성, 접근 가능성을 실현하는 것이다. 실제로 돈은 그라민은행과 제조업체 사이에서 왔다갔다하고 빈민에게는 빚만 남는다. 그중에 최악은 그라민-몬산토이다. 요즘은 GMO로 유명하다. 고가의 종자, 화학비료, 살충제를 팔아서 인도 농촌의 지력을 고갈시키고 인도 농민을 빚더미에 앉게 만든, 그리고 썩은 면화씨를 팔아서 인도 농민 수천 명이 자살하도록 만든 회사이다. 그라민은 이 몬산토와 손을 잡고 몬산토에서 나오는 종자와 비료와 살충제를 사는 조건으로 대출을 받게 할 계획을 세웠다가 거센 비난을 받고 철회하기도 했다. 하지만 나머지 대부분의 합작회사들은 잘 유지되고 있고, 근래에는 이동통신 사업까지 진출해 높은 수익을 올리고 있다. 이

제 그라민은행은 자회사가 50개가 넘는 대기업으로 성장했고 미국에서 금융을 공부한 유누스의 딸에게 경영권이 승계되었다. 그라민은행의 성공에 영향을 받아 남아시아 거대 NGO들의 거의 40퍼센트 정도가 마이크로파이낸스 업체로 전환되었다고 한다. 그리고 이들은 선진국 투기금융의 투자를 받아 사업을 하고 그 이윤은 다시 선진국으로 흘러간다. 원조를 명분으로 내세우지만 선진국으로 다시 경제적 이익이 되돌아가는 역원조reverse aid가 마이크로파이낸스에서도 발생한다.

사회적 경제를 자본주의 부작용에 대한 완화책으로든 자본주의 자체에 대한 대안으로든 주장하려면 윤리적 정당성만 내세울 것이 아니라 구체적인 사례를 연구, 제시하고 이에 근거한 정책적·사업적 해결책을 만들어야 한다. 예를 들어 사회적 경제는 선진국에서나 주변부에서나 해당되는 경제 주체들이 소규모의 비공식 부문에 집중하게 한다는 점, 그래서 신자유주의가 거대 규모의 공식 부문을 비공식 부문으로 이행시키는 변화에 수동적으로 따라간다는 점, 경제 전체에서 여전히 작은 부분만을 차지한다는 점, 자본주의 경기변동에 종속되었다는 점(2008년 금융 위기 이후 사회적 경제를 뒷받침한 후원금이 삭감되면서 사회적 기업들이 위축, 도태된 사례), 기존의 산업 기반이 튼튼하고 그 기업들의 후원을 받는 대도시에서 주로 발전한다는 점 등이 문제로 지적되고 있다. 사회적 경제는 한국에서 선전되는 것과는 달리 이제 막 실험을 시작한 미래의 것이 아니라 이미 수십 년간 여러 국가와 지역에서 실행되었던 모델이다. 따라서 많은 자료가 축적되어 있고 우리는 여기에 더 많은 관심을 기울일 필요가 있다.

자본주의가 착하냐 악하냐, 혹은 착한 자본주의가 가능하냐는 물음은 공허한 것이다. 자본주의는 그냥 자본주의일 뿐이다. 민중의 관점에서 장기적으로 이익이 되느냐를 객관적으로 분석하는 것, 윤리적 외피를 쓴 대안이 자본주의적 착취의 새로운 방식이 아닌지를 과학적으로 분석하는 것이 필요하다. 자본주의의 악한 면이나 악한 개별 자본가가 아니라 자본주의 그 자체를 있는 그대로 이해하고, 필요하다면 넘어서는 것, 그것이 우리의 과제여야 한다.

참고자료와 더 읽을 거리

강유원, 《강유원의 고전강의 공산당선언》, 뿌리와이파리, 2006.

강철구, 《서양 현대사의 흐름과 세계》, 용의숲, 2012.

개러스 스테드먼 존스, 《카를 마르크스》, 홍기빈 옮김, Arte, 2018.

곽준혁, 《정치철학》, 민음사, 2016.

데이비드 보일, 《세계를 뒤흔든 공산당 선언》, 유강은 옮김, 그린비, 2005.

도미니크 르쿠르, 《마르크스즘과 인식론》, 박기순 옮김, 2010.

라인하르트 코젤렉, 《코젤렉의 개념사 사전》, 오토 브루너·베르너 콘체·라인
    하르트 코젤렉 엮음, 권선형 옮김, 푸른역사, 2010-2014.

마르셀로 무스토, 《마르크스의 마지막 투쟁》, 강성훈·문혜림 옮김, 산지니,
    2018.

마르크스 레닌주의연구소, 《마르크스 전기 1, 2》, 김대웅·임경민 옮김, 노마드,
    2018.

박영호, 《공산당선언 새로 읽기》, 지식을만드는지식, 2012.

보리스 까갈리쯔끼, 《선언 150년 이후》, 카피레프트 옮김, 이후, 1998.

블라디미르 일리치 레닌, 《제국주의, 자본주의의 최고 단계 대중적 개설》, 황

정규 옮김, 두번째테제, 2017.

블라디슬라프 M. 주보크,《실패한 제국》(1, 2), 김남섭 옮김, 아카넷, 2016.

비만 아자드,《영웅적 투쟁 쓰라린 패배》, 채만수 옮김, 노동사회과학연구소, 2009.

비자이 프라샤드,《갈색의 세계사》, 박소현 옮김, 뿌리와이파리, 2015.

서유석 외,《역사철학, 21세기와 대화하다》, 충남대학교출판문화원, 2015.

송병건,《세계사》, 해남, 2014.

알프레드 존 레텔,《정신 노동과 육체 노동:철학적 인식론 비판》, 황태연·윤길순 옮김, 학민사, 1986.

전용덕,《경제학과 역사학》, 한국경제연구원, 2014.

정문길,《마르크스의 사상형성과 초기 저작》, 문학과지성사, 1994.

존 몰리뉴,《아나키즘: 마르크스주의적 비판》, 이승민 옮김, 책갈피, 2013.

존 배리,《녹색사상사》, 추선영·허남혁 옮김, 이매진, 2004.

존 벨라미 포스터,《마르크스의 생태학》, 김민정·황정규 옮김, 인간사랑, 2016.

____,《마르크스의 생태학》, 이범웅 옮김, 인간사랑, 2010.

____,《생태계의 파괴자 자본주의》, 추선영 옮김, 책갈피, 2007.

존 벨라미 포스터·프레드 맥도프,《환경주의자가 알아야 할 자본주의의 모든 것》, 황정규 옮김, 삼화, 2012.

체 게바라,《공부하는 혁명가》, 한형식 옮김, 오월의봄, 2013.

카를 마르크스·프리드리히 엥겔스,《칼 맑스, 프리드리히 엥겔스 저작선집》(1~6), 최인호 외 옮김, 박종철출판사, 1993~1997.

케빈 앤더슨,《마르크스의 주변부 연구》, 정구현·정성진 옮김, 한울아카데미, 2020.

테리 이글턴,《왜 마르크스가 옳았는가》, 황정아 옮김, 길, 2012.

페리 앤더슨,《사적 유물론의 궤적》, 김필호 옮김, 중원문화, 2010.

프랜시스 윈,《마르크스 평전》, 정영목 옮김, 푸른숲, 2001.

한형식,《마르크스 철학 연습》, 오월의봄, 2019.

_____, 《맑스주의 역사 강의》, 그린비, 2010.

E. K. 헌트·마크 라우첸하이저, 《E.K. 헌트의 경제사상사》, 홍기빈 옮김, 시대 의창, 2015.